营销策划

主 编　余　敏　陈　可　沈泽梅
副主编　黄福明　李晓楠　杨仕梅

北京理工大学出版社
BEIJING INSTITUTE OF TECHNOLOGY PRESS

内 容 简 介

本书根据教育部"十三五"应用型本科规划教材的有关要求编写。全书系统地介绍了市场营销策划的经典理论和流程，同时引入近几年诸多新的研究成果，对新媒体环境下的营销策划技巧进行了剖析，并提供了丰富的营销实践案例，拟为相关专业学生提供一本专业化的、具有新思想和新方法的营销策划教材。

本书体系完整，脉络清晰，突出实践，强化应用。从理论基础到专业体系，再到实践操作，案例新颖、逻辑连贯，适合作为应用型本科经济管理类专业教材，也可作为其他相关专业的教学用书和参考图书。

图书在版编目（CIP）数据

营销策划 / 余敏，陈可，沈泽梅主编. —北京：北京理工大学出版社，2020.1
ISBN 978-7-5682-8119-5

Ⅰ. ①营…　Ⅱ. ①余…　②陈…　③沈…　Ⅲ. ①营销策划-高等学校-教材
Ⅳ. ①F713.50

中国版本图书馆 CIP 数据核字（2020）第 021577 号

出版发行 / 北京理工大学出版社有限责任公司

社　　址 / 北京市海淀区中关村南大街 5 号

邮　　编 / 100081

电　　话 /（010）68914775（总编室）

　　　　　（010）82562903（教材售后服务热线）

　　　　　（010）68948351（其他图书服务热线）

网　　址 / http://www.bitpress.com.cn

经　　销 / 全国各地新华书店

印　　刷 / 三河市天利华印刷装订有限公司

开　　本 / 787 毫米×1092 毫米　1/16

印　　张 / 16

字　　数 / 380 千字

版　　次 / 2020 年 1 月第 1 版　2020 年 1 月第 1 次印刷

定　　价 / 78.00 元

责任编辑 / 徐艳君

文案编辑 / 徐艳君

责任校对 / 刘亚男

责任印制 / 李志强

图书出现印装质量问题，请拨打售后服务热线，本社负责调换营销策划作为现代企业经营活动的主要内容之一，对企业营销活动有巨大的促进作用。在当前市场竞争日益激烈的情况下，国内企业对营销策划人才的需求量与日俱增，但与其形成鲜明对比的是，营销策划人才极其匮乏。因此，如何培养能够掌握营销策划的基本理论、方法和操作程序的学生，使之成为满足企业需要的营销策划人才，是目前高校经管类和市场营销专业教学研究一直在探索的重要课题。

本书系统地介绍了市场营销策划的经典理论和流程，同时引入了新媒体环境下的近期案例和最新研究成果，拟为经管类及相关专业的学生提供一本专业化的、具有新思想和新方法的营销策划教材。本书共分为十二章，主要内容如下。

第一章为导论，全面介绍营销策划的基本内涵、方法和程序，对营销策划业的历史和发展进行了梳理和展望。

第二章为营销策划的创意与方法，主要介绍了营销策划的创意技巧和培养途径。

第三章为市场营销调研，主要介绍市场营销调研的基本内涵，市场营销调研的内容与方法，市场营销调研的流程与调研报告的结构。

第四章为营销战略策划，全面介绍了营销战略的类型，目标市场营销战略的概念和内容，市场细分的概念、标准和程序，目标市场的概念以及选择目标市场的标准，市场定位的概念、方法和依据。

第五章为产品策划，主要介绍了产品策划的含义和内容，新产品开发的程序和推广策划的方法，品牌与包装策划的方法。

第六章为价格策划，主要介绍了价格策划的含义和内容，产品定价策划以及产品价格调整策划。

第七章为分销渠道策划，主要介绍了分销渠道的概念，分销渠道建设与管理策划。

第八章为整合营销传播策划，主要介绍了整合营销传播的概念，整合营销传播策划的主要内容，广告策划、营业推广策划、公共关系策划、人员推销策划的内容和流程。

第九章为网络与新媒体营销策划，主要介绍了网络营销的概念、特点及作用，常见的网络营销形式，网络营销组合策划，新媒体营销的概念、策略和技巧。

第十章为企业形象识别系统策划，主要介绍了企业形象识别系统的概念、作用以及导入的时机、步骤和内容，企业形象识别系统策划的内容。

第十一章为营销策划书撰写，主要介绍了营销策划书的内涵和作用、内容和结构、表现技巧、写作格式。

第十二章为营销策划的提案、实施以及评估与控制，主要介绍了营销策划的提案过程、实施过程，营销策划评估与控制的内容和方法。

综合上述内容，本书的写作思路、主要特色与创新体现在以下几个方面。

（1）迎合新环境，引用新案例。伴随"互联网+"的热潮以及社交媒体的全新传播方式的变化，市场上涌现出诸多成功或失败的"互联网+营销"案例，这些都成为本书中优先选择的案例资源。

（2）体系完整，脉络清晰。从理论基础到专业体系，再到模块实训，脉络清晰，逻辑连贯，适合市场营销学科教学需要。

（3）突出实操，强化应用。每章开篇设置学习导航、学习目标，加入引导案例；章末设置案例分析、实训任务，使学生在完成一章的理论学习后能够及时应用，实现理论到实践的迁移。

（4）章节中设置"案例赏析""相关链接"，对理论知识予以补充讲解，其中穿插大量有趣的故事、案例、人物介绍等内容，通俗易懂，妙趣横生，可以很好地激发学生的学习兴趣。

本书由编写团队协力完成。其中，余敏负责第一章、第二章、第四章、第十一章、第十二章的编写；陈可负责第八章、第九章的编写；沈泽梅负责第三章、第六章、第十章的编写；李晓楠负责第五章的编写；杨仕梅负责第七章的编写；黄福明负责教材案例的搜集整理。

在本书编写过程中，我们参阅了国内外同行的大量教材、专著、期刊、网络资料，在案例来源与参考文献中尽可能逐一列出，在此对各有关人士致以诚挚的谢意。

由于编者学术水平与编写时间的限制，书中难免存在疏漏和不足之处，敬请广大读者批评指正。

余　敏

2019 年 10 月

目 录

第一章

导　论

■■\ 学习导航

正如著名的市场营销大师艾伯特·W. 埃默里所说，"市场营销只不过是文明化了的战争冲突，在这场战争中，绝大多数战役的胜利是依靠文字、创意和严谨的思维取得的"。而文字、创意和严谨的思维，正是进行市场营销策划的过程和重要因素。市场营销策划是营销管理过程中的重要内容，也是企业营销活动中的关键环节。随着市场营销理论的普及，绝大多数的企业已经领悟到市场营销的实质，即"客户需求的满足"。然而，当今世界经济和技术的发展导致企业经营环境复杂多变，市场需求也瞬息万变，企业亟须灵活地进行资源规划和策略谋划以应对变幻莫测的市场，以此建立企业的竞争优势。因此，系统的营销策划方案及策略对企业而言就显得紧迫而重要。

■■\ 学习目标

- 了解市场营销策划的重要性。
- 理解策划与市场营销策划的含义。
- 了解营销策划行业的发展历程与趋势。
- 掌握市场营销策划的方法和程序。
- 熟悉营销策划的组织架构。

★开篇案例

三只松鼠为什么如此成功？

三只松鼠？你知道它是干什么的吗？

它是由知名坚果品牌"壳壳果"负责人新创的一个品牌，诞生在安徽，定位于多品类互联网森林食品品牌，主要销售坚果、干果、花茶等产品。由于这些产品天然、非过度加工，因此被归为"森林系"，而三只松鼠在这个基础上又提倡"慢食快活"的品牌理念。

三只松鼠于 2012 年 6 月上线，在 2012 年的"双十一"活动中完成了 800 万元的销售业绩，刷新了整个天猫食品行业的单日销售额最高纪录。之后几年，三只松鼠一路高歌猛进，2016 年"双十一"当天，三只松鼠天猫单店销售额仅 3 分钟就突破 1 000 万元，28 分钟突破 1 亿元，12 日零点，全渠道销售额突破 5.08 亿元！三只松鼠连续五年在全网零食行业获得冠军。

三只松鼠的品牌 Logo 采用漫画式的卡通松鼠形象，为什么要用松鼠呢？第一，坚果是松鼠的主要食物，这可以让人第一眼看见就联想到该品牌的产品类别。第二，松鼠的形象很可爱、很有趣，买家看到如此可爱的松鼠，怎能不动心呢？第三，也是最重要的，它非常便于识别，容易让人记住。它可以在品牌推广中塑造一种活泼可爱、富有亲和力的品牌形象，可以让人在相视一笑中对品牌产生美好的联想和印象。

为何只做互联网森林品牌，不做坚果细分品牌呢？作为一个垂直类的电商品牌，如果靠单品类则只能抓住一小部分市场。更何况坚果这个市场，每一家的产品都相同。包装也相似，甚至连克重都相当。三只松鼠唯有通过多品类化运作，才能增强自身的核心竞争力。更多的产品选择容易让消费者将自己的产品需求与品牌联系起来，也更乐于去该品牌店，因为在这个店里更容易找到自己想要的产品。

只要浏览其官方旗舰店，我们就会发现，几乎每款产品都有精心设计的故事和相关配图，毕竟如果单纯地扩展产品线，是不足以保持产品对消费者的吸引力的。所以，给产品制造故事也是一个特别重要的手段。从三只松鼠的品牌角度来说，故事对消费者的影响力也强化了其品牌的核心竞争力——情感体验。消费者会在听故事的过程中，因为被故事吸引、对故事表示认同、觉得与故事形成共鸣等而购买产品。总而言之，消费者购买产品，有一半是冲着产品本身，而另一半则是冲着故事的。

在进行了品牌创新、营销方式的创新后，三只松鼠在产品、服务模式层面也进行了全面的系统化创新。凭借形象可爱、超越顾客期望的一系列细节体验迅速形成口碑，这是三只松鼠的核心战略之一，是其他竞争对手所不具备的。三只松鼠的包装与众不同，富有动漫色彩，而且采用双层包装，突出松鼠形象。三只松鼠会在每个顾客的包裹里为其提供纸袋夹子，以便顾客吃到一半时进行袋子的密封。此外，里面还有垃圾袋、纸巾、微杂志等，吃坚果的工具基本上能在这个包裹里找到。三只松鼠有其独特的企业文化，在线上，三只松鼠的客服人员化身鼠小弟，让人忍不住想购买其产品。

（资料来源：根据三只松鼠官网中《叶茂中谈营销——三只松鼠》一文整理）

第一节　策划与营销策划

一、策划概述

营销策划是策划的一个方面，要理解营销策划就必须先理解策划。

策划始于军事领域，在古希腊神话和中国古代军事案例中就有策划的雏形。中国古代有

"谋士"，即为自己的"主公"或"主人"出谋划策之人。"策划"一词最早可见于《后汉书·隗嚣传》，"是以功名终申，策画复得"，其中"画"与"划"相通，"策画"即"策划"，意思是计划、打算。《辞海》也将策划解释为"计划、打算"。随着社会的发展，人们对策划的认识也在与时俱进，理解更加深刻，策划应用也更加广泛。

策划在我国《现代汉语词典》里解释为"筹划、谋划"。美国营销学家菲利普·科特勒认为，策划是一种程序，在本质上是一种利用脑能力的理性行为。而在日本，策划通常被称为企划。日本企业十分重视企划工作，一般设置有专门的企划部门。日本企划家和田创认为，企划是通过实践活动获取更佳效果的智慧，是一种智慧行为。

综上，策划是人们为了达到某种预期的特定目的，借助科学、系统的方法和创造性的思维，对策划对象所面临的环境因素进行全面分析，对所需要的资源进行重新组合和优化配置，从而进行的策略谋划和方案执行的过程。在策划中，策划人拟通过创新思维和科学方法，对资源进行整合和构思谋划，从调查分析、创意设计、方案制定、方案执行等方面全方位入手，以期以最小的代价达到预期目的，让策划对象获得更高的经济效益和社会效益。

二、营销策划概述

营销策划是策划的一个分支，是策划在营销管理活动中的运用，既有策划的功能，又具备营销管理的特点。市场营销策划忠实于市场营销学的基本理论，广泛汲取现代新兴学科的精华，立足于"强思辨性和操作性"，形成有别于市场营销学的新体系和新框架。

（一）营销策划的含义

营销策划，顾名思义，是对市场营销活动进行的系统谋划，是企业根据现有的资源状况，在充分调查、分析市场营销环境的基础上，以满足消费者需求为核心，激发创意，对企业的产品或服务、价格、渠道、促销等多个方面进行系统谋划，从而实现营销目标的过程。

营销策划是企业为了改变现状，立足于营销现状，而对未来的营销发展做出的战略性和策略性的决策和指导。企业从新的营销视角、观念和思维出发，对企业所面临的宏观、微观环境进行分析，寻求目标客户的利益需求，对企业可开发利用的资源进行优化配置，从而对企业的整体营销活动或者某项营销活动进行科学谋划。

营销策划是一项超前的决策，是对未来工作的决策。因此，营销策划方案在执行过程中会出现与现实不符的情况，营销策划的执行需要在遵循大的指导思想和目标的基础上，随时进行控制和纠偏。

（二）营销策划的特征

营销策划同时具备策划工作的特点以及营销管理工作的特点，是科学的思维以及精湛的营销艺术的结合。只有了解营销策划的特点，策划人才能更好地掌握策划知识，从事策划工作。营销策划具备如下特点。

1. 目的性

树立明确的营销目标是企业进行营销策划的首要任务。只有确定了目标，企业才能制定达到目标的具体路线以及采取具体的行动。企业营销目标的制定是通过一系列的营销活动或某次营销活动达成的，是服务于更上层的企业整体目标的行为。

2. 前瞻性

营销策划是企业对未来将要面临的营销环境进行预判，对未来的行动计划进行安排，并且还要对方案执行中可能遇到的障碍和难点有所预测，事先准备好应对措施。企业的营销活动具有一定的风险性，而营销策划通过巧妙的安排与应对措施的准备，帮助企业降低风险，取得出其不意的效果。

3. 艺术性

企业的营销策划要树立鲜明的特色，使企业的整体策划活动或某项策划活动在公众心中留下深刻的印象。这就要求企业的营销策划具备一定的创意和艺术性，能够出奇制胜。

4. 系统性

营销策划是企业的系统工程，时间上环环相扣，一个营销活动的结束意味着下一个营销活动的开始，如此循环往复，构成企业的营销活动链条。资源上也要系统组合，为了达到既定的目标，策划人要对各种因素、企业的各项活动进行调配和有机组合，从而推动产品或服务的销售。

5. 复杂性

营销策划是一项复杂的智力活动。首先，营销策划需要参与者具备大量的知识和经验，既有广博的知识支撑，又有对市场的充分了解和灵敏的预测能力；其次，营销策划需要对所获取的庞杂的信息进行处理，而获取信息、筛选有效信息、排除诱导信息、利用信息等，都是十分复杂的过程；最后，策划人需要在有效信息的基础上，打破陈规，经过思维的碰撞，激荡出新的思想和创意，并且通过语言和文字凝结出来，形成方案。由此可见，营销策划不是一件简单的事。

（三）营销策划的内容

营销策划主要包含三大板块的内容。

1. 营销基础策划

"凡事预则立，不预则废"。任何市场营销活动都需要进行市场预测，预测是市场营销决策的前提，而市场调研是市场预测的手段。由此可知，营销基础策划就是市场调研策划。企业进行外部环境和内部环境的调研，分析企业自身的困境和面临的外部威胁，对企业未来可能存在的市场机会进行捕捉；同时分析同样瞄准该市场机会的其他竞争对手，进行对比衡量，利用自身的优势，抓住机会，规避威胁，制定企业下一步的营销战略，在战略引领下完善营销策略。可见，营销基础策划是营销策划的基础，为企业制定下一步营销战略提供了信息基础及路线规划。

2. 营销战略策划

菲利普·科特勒认为，营销策划有三个重要过程，即选择价值、提供价值和传播价值。其中，进行营销战略策划的过程就是"选择价值"的过程，即企业选择恰当的市场进行目标营销的过程。营销战略服务于企业整体战略，在企业经营管理战略的基础上，制定营销活动的目标和计划。营销战略策划包含了市场细分策划、目标市场选择策划、市场定位策划等，又称 STP 营销战略策划。营销战略策划帮助企业确定所面对的目标市场，以及企业计划在目标市场上树立的特殊形象和位置，是企业制定下一步营销战术的依据。

3. 营销战术策划

菲利普·科特勒认为，企业的营销战术策划就是企业进行价值传递和传播的过程，即企业如何通过恰当的营销渠道，将企业策划的产品或服务以合适的价格传递到客户手中，实现产品或服务的交换。在这个过程中，企业通过一系列的营销传播活动，加强和客户的沟通，使其接收到最新的产品信息，与企业建立情感纽带。由此可见，营销战术策划是在营销战略的指引下，为特定的客户群体进行产品、价格、渠道、促销等内容的策划，以实现对客户需求满足的过程。营销战术策划又称"营销组合策划"。

（四）营销策划的价值

营销策划是企业实现长远目标的策略和途径。在当今日趋激烈的竞争环境中，企业必须对未来的计划进行合理安排，以应对瞬息万变的营销环境，保持企业活力。因此，营销策划对企业而言越来越重要，主要体现在以下几个方面。

1. 优化资源配置

任何企业的资源都是有限的，如何利用有限的资源，撬动更多的资源，带来尽可能高的营销收益，是营销策划应该解决的问题。企业通过精心的营销策划，对企业的资本、劳动力、技术、原材料等资源进行优化配置、重新组合，从而以尽可能少的资源投入，带来尽可能多的营销产出，由此拉开与其他企业的差距。在企业可利用的资源同等的情况下，更加善于进行资源整合的企业自然具备更强的竞争力。

2. 利用营销创意树立竞争优势

随着经济发展和社会变化，消费者的需求和偏好日趋多元化。企业为了满足消费者的需求而创造出纷繁多样的商品种类，竞争日趋激烈，而且随着知识经济的来临，创意将是凸显企业竞争力的关键砝码。美国未来学家阿尔文·托夫勒曾预言："主宰 21 世纪商业命脉的将是创意，因为资本的时代已经过去，创意的时代正在来临。"创意是一个企业保持活力的源泉，是企业走在时代前沿并且不易被其他企业模仿的无形财富，是企业的独特优势。而营销策划中所体现出的创意正是企业营销活动的独特亮点，是给消费者留下深刻印象的关键因素，因此也是企业保持核心竞争优势的要素。

3. 预防企业危机，保持企业活力

营销活动成功与危机并存，挑战与风险同在。营销策划在进行策略谋划时，会对未来面对的潜在危机进行预测或挖掘，制定应对措施，尽可能预防危机的发生或者减少危机发生所带来的损失；同时，营销策划的系统性工作便于企业将各项营销工作和活动进行有机整合和有效衔接，使企业营销工作形成环环相扣的循环，有效减少不可控因素发生的可能性。企业营销策划的目的就是对未来多一点准备，对突发情况多一分把握。另外，企业要想百年长青，就必须进行创新策划，对企业的陈旧资源进行创新利用，让企业充分运转起来，为企业注入新鲜活力，延长企业生命周期。

4. 树立企业独特形象，提升企业无形价值

营销策划不仅要求企业开发好的产品，制定有吸引力的价格，还要善于与目标客户进行

沟通，在目标客户心中塑造独一无二的良好形象。营销策划帮助企业策划特有的市场定位，并且通过一系列战术策划塑造企业独具个性、富有魅力的独特形象；同时通过企业形象识别系统策划，即企业理念识别系统、视觉识别系统及行为识别系统的整体打造，在文化、商标、广告宣传等方面呈现给公众一种整体的、周密的、相互契合的企业形象，提升企业知名度和美誉度，使企业的无形资产得以增加。

第二节　营销策划业的历史与发展

一、国外的营销策划业

国外的营销策划业最初以咨询实践的业态开始发展。英国是最早开展咨询业的国家，大约起源于1800年，最早以工程咨询为主。19世纪后期，由第一次和第二次技术革命所推动的工业革命以及由此推进的国际化大科技、大工业、大经济的发展，使得单凭个人或者少数人的经验无法满足竞争趋势，所以催生了依靠专家作为科学策划的现实需要。20世纪初，美国的咨询行业迅速发展，咨询企业数量迅速发展为世界之首，发展初期的代表人物是科学管理学说创立人泰勒，他主张提升劳动效率，进行科学管理。科学管理学说的推广极大地推动了当时社会的经济发展，也推动了管理咨询行业在各个国家的发展。

第二次世界大战以后，发达国家的策划咨询行业蓬勃发展，日本出现了企划公司，美国等国家出现了"头脑机构""智囊机构"等，如美国的兰德公司、斯坦福国际咨询研究所，日本的野村综合研究所等。相关资料显示，20世纪80年代，美国的独立咨询机构有3 500多家，英国有2 000多家，日本东京有200多家。

★相关链接

国外知名营销策划/咨询公司

◆波士顿管理咨询公司（BCG）

波士顿管理咨询公司成立于1963年，是一家全球性管理咨询公司，世界领先的商业战略咨询机构，客户遍及各个行业和地区。BCG与客户密切合作，帮助客户辨别最具价值的发展机会，应对至关重要的挑战并协助客户进行业务转型。该公司在全球38个国家和地区设有分支机构，拥有4 000多名咨询顾问。著名的"波士顿矩阵"就是BCG首创的一种规划企业产品组合的方法。

◆麦肯锡公司（McKinsey & Company）

麦肯锡公司是由美国芝加哥大学商学院教授詹姆斯·麦肯锡于1926年在美国创建的，现在已经成为全球非常著名的管理咨询公司，拥有1万多名具有世界著名学府的高等学位的咨询人员。麦肯锡把自己的企业形象塑造成一个"精英荟萃"的"企业医生"，致力于解决企业重大管理问题，其聚集最优秀的年轻人，恪守严格的道德准则，以最高的专业水准和最卓越的技术，为客户提供一流的服务，并不断提高公司在行业中的地位。

◆奥美集团（Ogilvy）

奥美集团由广告大师大卫·奥格威于1948年创立，目前已发展成全球知名的传播集团之一，为众多世界知名品牌提供全方位传播服务，业务涉及广告、媒体投资管理、一对一传播、顾客关系管理、数码传播、公共关系与公共事务、品牌形象与标识、医药营销与专业传播等。奥美集团在20世纪90年代初提出了"品牌管家（Brand Stewardship）"的管理思想。"品牌管家"实际上是一套完整的企业计划，用以确保所有与品牌相关的活动都反映品牌本身独有的核心价值和精神。简单来说，"品牌管家"意味着理解消费者对产品的感受，并将之转化为消费者与品牌之间的关系。

◆罗兰·贝格国际管理咨询公司（Roland Berger）

罗兰·贝格公司隶属于德意志银行集团，自1967年在德国建立以来，已经发展成全球最大的源于欧洲的战略管理咨询公司，目前在全球30多个国家和地区设有办事处。公司咨询顾问来自40多个国家，形成了行业中心与功能中心互为支持的跨国服务力量。借助紧密联系的公司内部网络和全球知识库，其咨询团队可以为客户提供国际水准的优质服务。

◆埃森哲（Accenture）

埃森哲是全球最大的管理咨询、信息技术和业务流程外包的跨国企业，客户包括世界500强企业、各国政府机构及军队，业务范围包括管理及信息技术咨询、企业经营外包、企业联盟和风险投资。2017年6月，《2017年BrandZ全球最具价值品牌百强榜》公布，埃森哲以272.43亿美元的品牌价值在百强榜排名第32。

（资料来源：根据上述策划机构官方网站信息整理）

二、中国的营销策划业

（一）中国古代的策划

中国在古代就已经开始在军事、政治和外交领域应用策划手段。春秋战国时期诸侯争霸，诞生了一批谋士、策士，为诸侯争霸出谋献策。这一时期，兵书巨著如雨后春笋般涌现，代表性的有《孙子兵法》《孙膑兵法》等，成为中国策划思想史的瑰宝。东汉末年三国鼎立，诞生了极具代表性的谋划人才，其中以诸葛亮最负盛名。刘备三顾茅庐，于襄阳隆中会见诸葛亮，问以天下统一大计，之后，诸葛亮辅佐刘备建立了蜀汉政权。中国古代各个时期都涌现了大批谋划人才，他们策划了许多经典事件，广为流传，对后世影响深远。

（二）中国当今的策划业

伴随着改革开放，中国市场经济快速发展，竞争日趋激烈，各大行业纷纷需要专业的策划人、策划公司为其出谋划策，提升营销能力，由此诞生了一批专业的策划企业和优秀的策划人。

从20世纪80年代至90年代，中国的策划业从启蒙走向成熟。最开始的策划主要集中于单打独斗，依靠策划人的个人智慧，即"点子策划"。当时中国市场经济刚刚开始发展，任何营销创新手段都能在市场上引起极大关注，策划人创造了一个又一个市场奇迹，推动了当时策划行业的发展。但是当时的营销策划不成体系，缺乏正规性，其成功和当时的社会背景密切相关，并不是基于对整体市场的洞察和理解。

进入 20 世纪 90 年代末，越来越多的外资企业进入中国，中国的策划环境随之发生巨大变化，策划业逐渐走向规范化、专业化，出现了真正意义上的策划公司。但此时在国内居主流的策划公司以外国咨询公司为主，中国的策划企业普遍规模较小，品牌影响力较弱。

自 21 世纪起，在企业新型商业环境的推动和国外咨询业的影响下，中国策划业的发展日渐成熟。2000 年，"中国十大策划案例"和"十大策划人"出炉，标志着中国策划业进入一个新阶段。中国的营销策划机构开始为企业提供全方位的整体咨询，包括战略策划、营销组合策划、网络营销策划等，企业和策划机构相互建立战略合作关系。这个时期的营销策划也广泛深入各行各业，如房地产、医药、通信、娱乐等行业。

★ 相关链接

当今中国著名营销策划人和策划机构

◆ 卢永峰——索象策划集团

由卢永峰创办的索象策划集团成立于 2003 年，在中国营销界有"整合营销首选索象"的说法。索象凭借深谙数字营销和传统营销相融合的双驱动整合营销服务体系，成功打造出一大批国际著名品牌。代表作品：东风汽车、吉利汽车、雅迪电动车、农夫山泉、劲酒、得力文具等。

◆ 叶茂中——叶茂中营销策划机构

叶茂中是中国著名广告人、资深营销策划人和品牌管理专家，极其擅长企业整体的营销策划和广告运动策划，惯于从没有"市"的地方"造市"，从没有"路"的地方"拓路"。其创办的叶茂中营销策划机构帮助 200 多家中国企业走向成功。代表作品：圣象地板、真功夫快餐、北极绒保暖内衣、大红鹰、柒牌男装、雅客 V9、361°、蚁力神等。

◆ 路长全——北京赞伯营销管理咨询有限公司

路长全是知名的营销实战专家，凭借对国际经典管理理论的深刻理解和对中国市场、文化的透彻剖析与把握，通过理性大胆的运作，帮助所服务的企业摆脱困境，走向发展之路。代表作品：鲁花花生油、洋河、汾酒、长寿花玉米油、克明挂面、公牛安全插座、美肤宝、法兰琳卡等。

◆ 余明阳——曾任上海交通大学品牌战略研究所所长

余明阳是著名品牌管理专家，是中国高校第一个品牌战略研究所所长。20 世纪 90 年代，取得营销博士学位的余明阳把美国企业形象（CI）理论引入中国，成立 CI 策划组，为中国企业提供策划服务。其学术观点与课题指导曾被几百家媒体报道，被媒体誉为"中国品牌博士第一人"和"中国公关少帅"。代表作品：长安汽车、沱牌曲酒、乐百氏、曲美等。

◆ 朱玉童——采纳品牌营销顾问有限公司

朱玉童是中国著名营销人，其创办的采纳品牌营销顾问有限公司最大的特色就是能够为企业提供全程品牌营销一体化咨询方案，以专业资深的品牌营销力服务上百家企业，被誉为中国营销界的"不老传奇"，备受营销人员推崇。代表作品：青岛啤酒、五粮液、美的健康电器、TCL手机、中国移动、苏泊尔、健力宝、修正药业等。

◆李光斗——李光斗品牌营销机构

在中国，李光斗品牌营销机构以"全方位品牌战略+营销广告规划"著称。作为中央电视台品牌顾问，李光斗本人也因为拥有丰富的品牌建设和市场营销经验而被誉为"影响中国营销进程的风云人物之一"。代表作品：小霸王电子、民生药业、古越龙山、广日电梯、名家国际、交通银行等。

◆李志起——北京志起未来营销咨询集团

在中国营销界，北京志起未来营销咨询集团另辟蹊径，深耕中国食品领域，首创"智慧+资本"模式，并以"现象级品牌"为核心能力的方法体系，帮助企业迅速成长。北京志起未来营销咨询集团成功为多家知名品牌提供了全方位营销解决方案，从而奠定了其在食品行业的营销霸主地位。代表作品：娃哈哈、东阿阿胶、汇源集团、水井坊、海新集团、金健米业等。

（资料来源：根据中新网《深度解析：2017中国十大营销策划公司哪家强?》一文整理）

（三）中国策划业未来发展的思考

随着信息技术的不断发展，企业竞争加剧，中国策划业在未来势必拥有更多的发展机遇，而营销策划业和策划人也需要顺应时代发展，迎接每一个由技术革新和商业环境转型带来的契机。

1. 网络技术革新为营销策划提供新的技术手段

麦肯锡研究指出："数据已经渗透到每一个行业和业务职能领域，而人们对于海量数据的运用预示着新一波生产率增长和消费者盈余浪潮的到来。"大数据时代已经到来。伴随着大数据的发展和运用，策划人对于市场信息的获取已不再局限于基础的市场调研，而需要借助大数据挖掘技术对更精确、更广泛的信息进行捕捉、管理和处理。

大数据和人工智能的发展使策划行业具备更加强有力的分析设备和先进的营销传播技术手段，也使营销策划的基础——对市场的洞察，变得前所未有的精确和深刻。这也对策划人提出了新的要求，即必须拥有对大数据的挖掘和处理能力，拥有更强的决策力、洞察发现力和流程优化能力，以此来适应海量、高增长率和多样化的信息资产。

★案例赏析1-1

碧欧泉的大数据营销分析

中国市场的男士护肤品牌主要集中在跨国品牌，这些品牌在国内都具有极高的知名度、美誉度和超群的市场表现，市场竞争十分激烈。如何从众多男士护肤品牌中突出重围，吸引更多男性成为碧欧泉的用户，同时有效增加男士护肤品的销量，成为碧欧泉亟待解决的难题。在这一环境下，碧欧泉请贝克汉姆作为代言人，开展一系列代言推广活动，以期获得更多高端商务用户，并期望能够在推广活动中通过用户数据挖掘，精准有效地定位目标人群，促进实际消费转化，并最大化提升投资回报率（ROI）。

根据碧欧泉提供的官网平台访问人群及历史积累的客户关系管理（CRM）等第一方数据，并结合京纬数据在历史广告投放积累的第二方数据，以及从 TalkingData、AdMaster 等数据平台获取的第三方监测数据，将不同来源方的数据在京纬数据的数据管理平台（DMP）内建立连接，实现对碧欧泉目标受众的精准刻画和建模。由此，碧欧泉对用户描绘的人群画像为：25~40 岁的高端商务人群，关注旅行、运动、健康、新闻等内容；个人年收入 15 万元以上，并以商务白领以及高管人群为主。

为了在预算范围内精准地锁定这一人群，用最少的成本来触达更多、更精准的目标受众，实现高效的销售转化，碧欧泉将营销的主要阵地选在机场。碧欧泉认为，在机场的差旅人群中有大量高端商务男性，这和碧欧泉自身的用户定位十分吻合。与此同时，大部分差旅人群在机场会有一段候机时间，这也使定向广告的品牌曝光频次得到了保证。在活动执行的过程中，通过选择利用多重技术手段锁定目标人群进行精准投放，直接带动消费转化。

在综合分析机场的客流群体之后，碧欧泉最终选定了北京首都机场、上海虹桥机场，以及上海浦东国际机场三大机场为主要营销活动定向地点。

同时，通过以往的投放经验以及对历史数据的收集、分析，挖掘出性价比较高的媒介渠道和展现方式，综合曝光量、点击效果、到达率这三个主要维度，综合得出在移动端的开屏和插屏广告中表现相对稳定。从投放的时间段来看，10 时到 15 时，以及 19 时到 23 时投放的效果最好。

在正式投放过程中，碧欧泉利用基于位置服务（LBS）技术对这三个目标机场中 3 千米以内的范围进行精准定向投放，并选择了新闻类、社区类、阅读类 App（计算机应用程序）为主要投放渠道。

这次活动不仅大幅提升了碧欧泉男士产品的知名度，同时在推广过程中有效实现了消费转化。

（资料来源：根据搜狐网《第四届大数据营销金比特奖全场大奖——碧欧泉：带着贝克汉姆去游韩》一文整理）

2. 企业经营模式的转型对营销策划业提出"整合+深耕"模式需求

随着经济发展，中国上市企业和大型集团日渐增多，企业的经营范围和规模也不断扩大。大型企业的业务范围可能涉及多个行业和领域，它们期待与一家优质的营销策划机构建立长期的战略合作关系，既能为集团品牌提供整体战略服务，也能为各业务板块提供特色营销策划服务；既考虑各业务板块的近期目标，也考虑企业的长远发展目标；既能树立产品特色，又能塑造企业整体形象。因此，对营销策划企业而言，未来的"整合+深耕"模式将成为一大方向。在这样的模式下，对客户方企业而言，将企业策划业务委托给一家优质策划企业，有利于优化企业资源配置，同时有利于解决各业务板块之间不协调发展的问题，更能简化企业管理问题，使其从"一对多"的复杂管理变成"一对一"的深入沟通。

"整合+深耕"模式既为营销策划业带来了新的发展机遇，同时也对策划企业提出了更高的要求。随着竞争加剧，有实力的策划企业无论是在人才吸纳上还是自身功能上，都需要做到对各行各业深入了解，并打造属于自己的核心竞争能力，不然就容易销声匿迹，淹没在中国策划史的滔滔大河中。

3. 行业规范和竞争加剧促使营销策划业更加科学化

策划人大都认为营销策划是一门艺术。不可否认，许多营销策划案例的成功都源于与客户情感的建立和价值观共识的达成，这确实是一门艺术。然而在当今这个信息爆炸时代，随着千禧一代（1984—2000年出生的人）逐渐成为市场主流客群，新生代客户的消费偏好不断发生变化以至于难以捉摸，过去的经验式营销屡屡碰壁，单纯依靠策划人的智慧和行业经验，难以保证营销策划的成功率。当今的策划人应该意识到，营销策划不仅是一门艺术，更应该是一门科学，除了经验和创意，还应该有系统的知识理论和先进的技术手段，这样才能使这个行业在未来得以发展。

第三节 营销策划的原则和程序

一、营销策划的原则

营销策划有其自身规律，策划人必须掌握其规律，在实践中按照其规律行事，才能有效提高营销策划的成功率。

（一）战略性原则

营销策划一般从战略的高度对企业营销目标、方法进行整体性和长期性的规划设计，营销策划方案一旦制定，就会成为企业在较长时间内的营销行动指南，营销工作必须按照所制定的营销策划方案实施。因此，在制定营销策划方案时，需要深思熟虑、反复推敲，力求周密完善。战略性原则要求策划人要有全局性观念，将策划作为一个整体来考察，在整体与部分互相依赖、互相制约的关系中进行系统、综合的分析，选择最优方案，以实现决策目标。

（二）信息性原则

市场信息是营销策划的基础，即营销策划要在掌握大量而有效的市场信息基础上进行。没有充分掌握市场信息的营销策划是盲目而危险的。市场信息帮助策划人做出科学的营销决策，同时调控营销活动。占有大量信息是营销策划实施成功的保证。

（三）动态性原则

古人云，"时移则势异，势异则情变，情变则法不同"。营销策划虽然要注重全局性和长期性，但是市场变幻莫测，策划人也不应故步自封，而要善于掌握市场的动态规律，以此把握全局。实践证明，策划不能一成不变，而是要随机应变，在策划过程中及时、准确地掌握策划的目标、对象及其环境变化的信息，以动态的调研预测为依据，调整策划目标并修正策划方案。

（四）创新性原则

营销策划一定要创新，不创新就没有特色，没有特色就没有生命力。如果营销策划缺少创新，就不叫策划，而应该叫营销操作。营销策划创新主要是对营销理念和表现手法的创新。

首先，营销策划主题要创新，也就是每次营销策划的主导思想、立意要创新。如果策划主题毫无创意，那么整个营销策划项目必然索然无味，从一开始就已经失败了。大到项目主题，小到活动主题、广告主题，都必须有创意，体现个性和差异。

其次，表现手法要新，要有新的艺术构思、格调和形式。信息过度传播的时代，只有创新性的信息和表现手法才会在众多的传播中引起关注，最大限度地降低传播成本，形成和消费者的真正深层次沟通。

（五）可行性原则

营销策划是企业在市场调研基础上通过科学分析，为实现企业战略目标而制定的一种整体谋划和策略。因此，在考虑营销策划方案的时候，必须考虑其执行的可行性，确保策划的到位。营销策划的可行性主要体现在三个方面：一是营销策划方案本身的可行性；二是策划目标的可行性；三是策划所需资源的可行性。

（六）效益性原则

效益性原则是指营销策划必须以最小的投入产生最大的收益。营销策划的直接目的是产生经济效益，如果企业在营销策划实施过程中投入太大，而产出太小，那么势必违背营销策划的初衷。营销策划的效益性原则要求策划人对于营销资源的利用要产生"1+1>2"的效果。这就对策划团队的聪明才智、营销经验、资源协调和应用能力等方面提出了很高的要求。

二、营销策划的程序

营销策划是一个较为复杂而又科学的运作过程，需要有一定的操作程序来保证。因此，在进行营销策划时，应该按照一定的流程逐步进行，通过分析企业内外部环境、制定目标、确定策划主题、制定战略、制定策略、实施与评估等一系列过程，提升营销策划的科学性、逻辑性和成功率。通常而言，营销策划可以按照图1-1所示的程序进行。

图1-1中所示的八个环节之间有从上至下的一个逻辑关系，同时又形成一个闭环。针对每个重点环节，本书对应的章节都有详细的思路和方法说明。下面，先对每个环节的大体内容作一个初步了解。

（一）分析营销环境

在进行营销策划之前，企业必须先了解所面临的营销环境，即先对企业的外部环境和内部环境进行调查与分析，认清自身所具备的优势和劣势，发掘外部机会和威胁。进行营销环境分析是策划的前提，

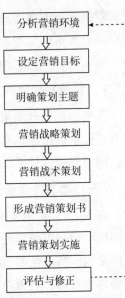

图1-1 营销策划的程序

只有科学的营销环境分析才能为营销策划指明方向，不然，营销策划就像空中楼阁，毫无可信度和可执行性。

营销环境分析主要包含外部环境分析和内部环境分析两方面的内容。

1. 外部环境分析

分析企业面临的外部环境可以从几个方面着手：一是要调查分析宏观环境对企业的影响，包括政治法律制度、经济发展、社会文化及人口分布、技术改进和革新等；二是要调查分析企业所面临的行业环境的影响，主要是企业所在行业的发展前景、市场规模、进入障碍、产业利润的来源，同时包括企业面临的替代者和潜在进入者的威胁、供应商的合作程度等；三是要调查分析企业面临的经营环境，经营环境是对企业盈利影响最大的群体，分析企业的经营环境包括确定企业的竞争对手，对竞争对手的市场占有率、营销战略、优势产品进行分析。同时，要对企业的消费者进行系统研究，营销策划的目标便是让产品更好地被消费者认知并使其产生购买行动，因此对消费者的研究至关重要，要从消费心理、购买行为等方面对消费者进行系统分析，为制定营销战略提供依据。

2. 内部环境分析

所谓"知己知彼，百战不殆"。企业的营销策划必须量力而行，一切应该建立在企业自身实力的基础上，而不是好高骛远，只追求华丽的外表。

企业的内部环境分析包括对企业整体目标的分析，营销策划目标应该服务于企业整体目标，因此，对企业目标的了解尤为重要；内部环境分析还包括对企业自身的资金实力的分析，企业的财务状况和筹款能力反映了企业营销策划的费用调配，继而影响营销活动的规模和频率。同时，对企业技术力量、组织结构、自身产品、公共关系等方面的了解也会对企业营销策划的顺利开展起到重要作用。

营销环境分析将在本书的第三章中予以详细讲述。

（二）设定营销目标

进行营销环境分析后，企业对自己和身处的外部环境便有了清晰的认知，下一步便是设定营销目标。营销目标服务于企业总体目标，是指通过本次营销策划将要完成的任务，也就是营销策划将要实现的期望值。因此，企业制定的营销目标是对未来工作结果的一种设想，当然，这种设想也不能随意做出。通常，营销目标设定应该遵循 SMART 原则，即目标设定要遵循具体（Specific）、可衡量（Measurable）、可操作性（Available）、现实性（Realistic）、时限性（Timed）原则。总体而言，目标的设定要尽量具体化，以便于测量、指明操作方向；目标的设定要合理，在计划的时间段内能够完成，不宜设定过高，如果始终无法达到，会造成团队士气低迷，也不宜设定太低，如果不需要努力便可轻易完成，则起不到激励作用。

营销目标可以从以下几个方面进行设定：营销利润期望，如一个季度的盈利增长 5%；营销份额期望，如一年内使企业的市场份额扩张 10%；新产品上市认知度提升的期望，如有效提升新产品在市场上的知名度；老产品销量提升的期望，如使某产品在未来一年内的销量提升 20%；品牌塑造的期望，如提升品牌知名度和美誉度；抗击竞争对手的期望，如抢占某竞争对手的客户，使之转化为企业的现实客户。营销策划的目标可以是单一的，也可以是多种目标并行，但要协调好相互之间的优先顺序，不要顾此失彼，功亏一篑。

（三）明确策划主题

营销策划主题是整个营销策划的基石和内核，它统领整个营销策划方案的创意、构思、策略等。策划主题拟订的成功与否，直接关系到整个策划的进行。营销策划主题的确定，要考虑到策划对象的特征、策划的目标以及信息传播渠道的特点。通常，营销策划主题要做到独特、新颖、醒目、通俗易懂，要具备传播性。例如，2016年，宜家的家居指南主题是"从细微处感受生活"，这个主题侧重表现在厨房发生的、与美食有关的生活。为了继续推进这个主题，知名广告公司奥美为宜家打响了"Together，We Eat"营销战役，拍摄了单亲素食家庭、拉美家庭等的厨房生活的视频，想通过不同家庭的晚餐来证明自己的产品适合所有人。

（四）营销战略策划

营销目标为企业指明了"要去哪里"，而企业下一步应该弄清楚"怎么去"的问题。营销战略策划为企业勾画了如何到达目的地的整体框架，在整个策划流程中占据十分重要的地位。通常，营销战略策划包含市场细分策划、目标市场选择策划、市场定位策划，也就是营销活动的STP战略。

1. 市场细分策划

市场细分就是按照目标客户的特征、购买行为、需要等将一个市场划分为若干个不同的购买群体。每一个群体都是由具有共同的需要、购买能力或者同一个地域、年龄阶层、性别等的人群组成的，他们对产品的特征和功能有类似的需求。

2. 目标市场选择策划

目标市场选择，就是企业在对各个细分市场进行充分的了解后，根据自身目标和实力，选择要将哪些市场作为自己进驻的目标市场，将企业的资源都投入该市场，以期达到营销目标。目标市场可以是一个，也可以是多个。

3. 市场定位策划

市场定位是确定企业或其产品在市场上要占据什么样的位置。一是产品定位，即产品在客户心中是何种特殊的形象；二是市场竞争定位，即和竞争对手相比，企业想要成为市场领导者、市场挑战者、市场跟随者，还是市场补缺者。

营销战略策划将在本书的第四章中予以详细讲述。

（五）营销战术策划

相比营销战略而言，营销战术策划更加具体、内容更多。营销战术策划涵盖一系列的营销手段，是可操作性最强的一个环节。这些营销手段都是企业在确定了目标市场以后，基于对目标市场的了解，专门针对目标客户群体开展的。营销战术策划包含传统的4P营销组合体系，即产品策划（包含品牌策划）、价格策划、渠道策划、促销策划，也包含新兴的网络和新媒体营销策划等内容。

营销战术策划是系统而复杂的，要充分考虑所有的策划要素，也需要推陈出新。虽然几乎所有营销策划的战术策划内容相差无几，但是只有在传统体系之上的创新营销手段才能带来出其不意的效果。

营销战术策划将在本书的第五章到第十章中予以详细讲述。

（六）形成营销策划书

进行了一系列的思想策划以后，要将所有思考讨论的结果形成书面材料，即撰写营销策划书。营销策划书是营销策划思想成果的书面载体。营销策划书是撰写人通过高超的语言文字艺术和逻辑思维写出的清晰、有吸引力的行动方案，通常要遵循一定的写作格式。

营销策划书的撰写思路和要求将在本书的第十一章中予以详细讲述。

（七）营销策划实施

企业相关部门审核通过策划书，并进行了部门间的沟通后，就进入实施环节。营销策划实施是将所策划的所有方案转换为具体行动的过程。营销负责人应该协调本方案中涉及的所有人力、物力、财力资源，各就各位、相互配合，把策划方案的内容落到实处。

（八）评估与修正

营销策划在实施的过程中，不可能完全按照既定目标和行动路线去完成，因为现实的营销环境可能与预期的存在差异，也可能瞬息万变；同时，营销活动的具体执行者可能并没有完全理解营销方案的具体思想，也可能加入了个人的想法和兴趣。因此，在营销策划实施过程中，随时监测其实施效果尤为重要。负责人在对既定目标和实际达成目标进行对比之后，如果发现实施效果与预期的一致，甚至比预期的还要好，则无须对目前的行动路线多加管控，只要控制可能存在的风险即可；但是若发现实施效果与预期的相差甚远，那么就需要进行纠偏处理，即对存在的问题进行梳理，对不利的影响因素进行修正。营销策划评估可以通过设定阶段性目标以及进行阶段性考核来达成。

第四节　营销策划的组织与工作流程

一、营销策划的组织

营销策划准备工作的第一步就是建立营销策划组织机构。通过建立完备的组织机构，吸纳优秀的营销策划人才，保障营销策划工作的顺利开展。

（一）营销策划机构的组织构成

营销策划机构，一般也称作营销策划组织委员会或者营销策划团队、营销策划小组。它将营销策划活动所需的各种人员整合在一起，是在充分发挥策划主创人员智慧的基础上形成的团结合作的组织系统。营销策划机构是企业为了实现营销策划目标、发挥营销策划功能、保障营销策划实施而建立的专门机构，然而，不是所有企业都具备营销策划机构，不同的企业可根据实际情况，通过不同的途径开展营销策划。大型企业通常有专属的营销策划部门，有专人负责企业的营销策划工作；也有很多企业借助外部机构进行营销策划，即寻求专业的营销策划咨询机构的帮助。营销策划咨询机构也称策划组织的"外脑"，专门为各类企业提供专业策划服务。

★ 相关链接

营销咨询公司

营销咨询公司是为企业营销工作提供咨询服务的智力公司,是企业制定营销战略和具体营销策划等相关工作的"外脑"。营销咨询公司既要拥有帮助企业提供整体营销策划工作的实例,又要拥有做好整体咨询工作的相关经验,是能力与经验的结合。专业的营销咨询公司有各种专业的人才,具有应付复杂局面、解决不同难题的丰富经验,可以针对客户所委托的任务提供相应的策划服务。因此,一般大型企业除了组织自己的策划班子,还聘请专业营销咨询公司的营销顾问协助。也有一些企业将技术性较强的营销策划,如市场调研、预测、广告项目、营销活动的策划等,委托专业的营销咨询公司。营销咨询公司提供的服务有以下几种。

1. 市场调研咨询

一般而言,进行市场调查需要丰富的经验和专门的技术,如通过民意测验、座谈、访问、资料分析等调查手段,保证企业获得较高质量的调查结果。因此,许多企业除了自己进行市场调研,还会向营销咨询公司进行调研咨询。双方签订协议后,根据委托人的具体要求,由营销咨询公司拟订调研计划,并实施具体市场调查,分析资料,写出调研报告。

2. 项目咨询

营销咨询公司受企业委托完成某项营销工作,这项工作内容一经完成,即自行解聘。如公共关系作为一种特殊的管理职能,是现代企业市场营销中不可或缺的重要组成部分,它能通过多种手段与企业的目标公众沟通,树立企业的良好形象,为企业的生存与发展创造协调的环境条件。然而,对于中小型企业而言,可能没有条件建立专门的公关职能部门,或者有公关部门但无法承担全面的公关活动,这时就可以委托营销咨询公司完成公关的专门项目。由于营销咨询公司拥有各类专业人才,因此它可以从项目策划开始,直到圆满完成项目策划方案为止。

3. 全权代理

营销咨询公司按照委托人的要求,在一年甚至数年的时间里,负责合同规定的部分营销职能的全部工作内容。如广告策划是专业性要求相当高的活动,尤其是对于系统性的、具有较大规模的、对同一目标进行多种广告活动的整体广告策划,企业广告部门往往无法胜任,从而将企业一段时间中的广告策划,全权委托营销咨询公司完成。营销咨询公司根据委托人的具体要求,从市场调查与市场分析开始,针对消费者的需求,对企业的营销活动全面协调,使企业真正为市场需求而运作,并通过具体广告推销企业的产品或服务。

(资料来源:王学东.营销策划——方法与实务[M].北京:清华大学出版社,2010:106-107.)

无论是企业自己的营销策划部门还是专业的营销咨询机构,其组织形式虽然没有统一标准,但通常都由策划总监、策划经理、主策划人以及其他成员共同构成,如图1-2所示。

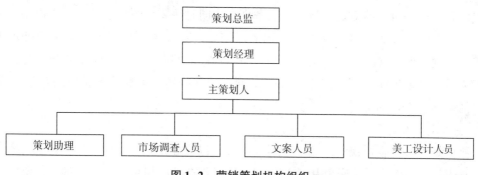

图1-2 营销策划机构组织

（二）营销策划人员的职能

1. 策划总监

策划总监全面管理一个营销策划机构，其主要工作职责是确定目标、协调资源、监督工作。营销策划实施过程中可能会遇到各种阻力，而策划总监的任务便是帮助策划成员协调各方关系、调配各项资源，保证策划工作的顺利推进。企业可以设定专业的策划总监负责该项工作，也可以由公司的副总经理或者营销负责人兼任。

2. 策划经理

策划总监一般会设立策划经理专门来负责统筹各项目营销策划工作。策划经理的职责包括设定策划目标、构建策划团队、确定策划方向、统筹各项目策划工作、协调策划部门和销售部门之间的关系等。策划经理有可能同时负责多个项目的策划工作，其直接汇报人是策划总监，直管下属是各项目的主策划人。

3. 主策划人

每个项目必须配备一名主策划人。主策划人是策划组织的关键人物，直接负责一个项目的营销策划工作。主策划人通常具备丰富的营销策划经验，对市场的敏锐度很高，熟悉营销策划的全流程；同时思维灵活，富有创新精神。一般一个项目的营销策划工作，由主策划人确定创意思路，其余成员根据主策划人确定的思路开展各项工作，最后由主策划人审阅定稿，向上一级的策划经理汇报。

4. 策划助理

策划助理一般辅助主策划人实施具体的策划工作，类似于一个学徒，是主策划人培养的后备力量。策划助理的一般职责包括与市场调查人员一起搜集市场数据、对接策划实施中的宣传物料印刷、销售现场包装等。

5. 市场调查人员

在营销策划中，营销战略和策略的提出需要以精确的市场数据作为支撑，因此，营销策划机构中必须配备市场调查人员。市场调查人员的主要职责是搜集市场数据、分析整理市场数据、预测市场发展趋势，继而向营销策划团队进行汇报。市场调查人员应该具备较强的责任心、敏锐的洞察力，同时要有吃苦耐劳的精神，能够通过努力获取专业的市场信息。

6. 文案人员

营销策划中的文案人员一般有两种：一种专门负责策划方案的撰稿，另一种专门负责广告文案的写作。一份营销策划书除了要具备创意，同时还要求逻辑清晰、行文流畅、有较强的可读性，专业的文案撰稿人通过对文稿的修饰可以增加策划报告的感染力和冲击力。同时，营销策划工作包含了广告策略的规划，而广告标语的设计、广告词的构思，都依赖于广告文案人员的妙笔生花。广告文案人员就如同一位化妆师，能够把平淡无奇的脸修饰得生动、美丽又不失本来的特征。

7. 美工设计人员

营销策划中涉及企业视觉形象、商标、广告、包装等方面的设计工作，这就需要专业的美工设计人员。美工设计人员利用美学原理，通过创造性的想象，对企业的宣传资料进行美化，设计出独特且具有创新性的产品形象，让产品充满感染力，在消费者心中形成独特的印象。

（三）营销策划人的能力和素质要求

美国著名的咨询公司兰德公司曾经宣称："上帝不能的，我能！"这既是兰德公司一则优秀的广告宣传，也充分体现了策划人才对于策划业的重要性。优秀的策划人才是营销策划机构正常有序开展策划工作，并且不断迸发新的创意，将理念和创意有效组织、付诸实施，高效达到营销目标的保障。一名优秀的策划人应该具备以下能力和素质。

1. 敏锐的市场洞察力和市场把控能力

作为策划人，需要时刻关注时事、社会热点，思考这些事件给人们的生活、观念和消费行为带来的影响；要时常用前瞻性的眼光保持对整个市场的洞察，精准地预测市场，及时发现市场机会和威胁。而对市场的把控能力取决于对市场走势、行业变化趋势等的敏锐察觉，一旦发现了市场机会，策划人就要迅速反应、调整策略，占得市场先机。

2. 分析、判断与决策能力

策划人应该善于综合分析、判断和决策。首先，在系统、全面的基础上考虑各种因素，在整体和全局中把握营销的时机和策略。其次，要善于处理、判断信息。判断是认定优势因素与劣势因素的过程，是决定市场策划是否展开或继续的前提。要求策划人能对大量的原始信息进行必要的预先处理和分析，将信息进行归类排列，去伪存真，提取精髓，巧妙运用。最后，从本质上讲，营销策划是一个决策过程，因而在营销策划的每个阶段进行择优决断就成了策划人能力的重要方面。一个优秀的策划人必然是具备战略胆识、敢于做出营销决策、敢于承担责任的团队核心人物。

3. 敏捷的创新思维和想象能力

营销策划工作是一种特殊的思维创新活动，只有建立在丰富的想象和创新基础之上的营销策划才能引起公众的广泛关注和支持，从而取得出人意料的效果。策划人的创新能力在于出奇、求新、突破，而想象是创新的基础，这就要求策划人敢于打破常规，不拘一格地探寻问题答案，即有创造性思维。想象力是人的知识积累和智力开发的结果，没有知识、阅历作为基础，不可能有丰富的想象力，也不会体会到思维碰撞的乐趣。因此，策划人应该培养自己广泛阅读的习惯，或者通过其他各种方式积累知识，增加阅历，为自己的想象能力打下基础。

4. 表达沟通和文案写作能力

策划方案、市场策略要说服决策者或客户，必须具有极强的说服力。因此，策划人的语言表达能力、论述技巧、策划方案的逻辑结构、写作手法，都起着至关重要的作用。创意再好，理念再新，如果不能巧妙而有效地传达给客户、顺畅地说服决策者，必然令策划方案大打折扣。相反，具有说服力的写作方式和表达技巧会令策划方案熠熠生辉，会让客户或者决策者跟着策划人的思路前进，很容易就理解策划内容。

5. 卓越的审美能力

审美是对美的辨别、追求和创造。不同的时代有不同的审美观，因此策划人的审美能力还应该与时俱进，符合时代的大众审美标准。营销策略要打动消费者，迎合消费者的品味，甚至超越消费者的品味，使消费者感受到新奇、美感，符合时代气息，那么策划人必然要具备卓越的审美能力，对产品形象的设计、广告策略的制定、营销活动的安排都需要建立在审美能力的基础之上。

6. 优秀的综合素质

首先，策划人应该是集理论与实践于一体的复合型人才，不仅应具备市场营销、管理学、经济学、美学、社会学等综合知识，还必须具有广博的社会阅历和丰富的实践经验。其次，策划人应该具备强烈的责任心及良好的职业道德。策划人在营销团队中发挥着确定目标、引领方向的重任，必须具备强烈的责任心，对策划项目保持百分百的热情，敢于承担责任，果断做出决策。同时，策划人的策划成果应用于商业，服务于社会，在策划作品中除了考虑商业要素，还应该兼顾社会公众利益，传递正确的价值观和道德观。除此之外，策划人还应该具备良好的身体素质和心理素质。营销策划人员只有勤用脑、勤锻炼，才能以旺盛的精力去应对激烈的市场竞争及繁忙的市场运作，在纷繁复杂的环境中保持相对平静的心态，以静制动，从而更加冷静地分析和处理问题。

二、营销策划机构的工作流程

营销策划机构有一系列的工作流程，要合理分工，各司其职，以保障每一个策划项目的顺利开展。营销策划机构工作流程如图1-3所示。

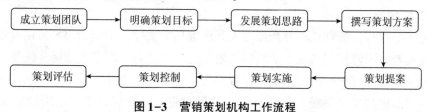

图1-3 营销策划机构工作流程

1. 成立策划团队

在策划机构内部，针对不同的策划项目或者服务对象，一般会设立专门的策划团队，有针对性地对该项目或服务对象提供策划服务。因此，开展营销策划的第一步便是成立策划团队。

2. 明确策划目标

策划团队负责人通过分析上级决策者或者客户提出的营销目标，拟定本次策划将要达到的目标，指明通过本次策划将要完成的任务，也就是营销策划将要实现的期望值。

3. 发展策划思路

有了明确的目标，策划机构内部通过充分的沟通、协商，发展策划创意、提出策划主题、理清策划思路，在头脑中形成本次策划的全部流程和注意事项。

4. 撰写策划方案

有了策划思路之后，根据工作分工和任务安排，开始将策划理念和思路形成文字报告，即撰写策划方案。策划方案的内容一般参照营销策划的程序进行撰写。策划方案是整个策划团队对本次策划所有思考的体现，是策划工作的行动方案。

5. 策划提案

策划方案撰写完毕后并不能立即付诸实施，而是必须向决策者或者客户进行提案汇报，经过确认之后，才可以实施。策划提案，即策划团队将策划方案形成汇报性的材料，通过书面和口头的形式，向决策者或者客户进行汇报（企业内部策划机构向上级汇报，第三方策划机构则向委托方汇报），方案通过对方审核确认后，策划团队才能开展下一步工作。

所谓"养兵千日，用兵一时"，前期所有的策划努力能否得到认可，策划方案能否通过，关键就在提案这个环节。提案者必须充分发挥自己的才智和魅力，向评审委员会展示自己的策划方案，合理解答相关决策者提出的疑问，充分获得对方的信任，这样才能使策划方案顺利通过。

一般而言，策划提案在大方向没有出错的情况下，决策者会要求策划团队按照提出的意见进行几轮修改，直至最终确认定稿，策划方案才算通过。

6. 策划实施

策划方案经过提案，确认通过之后，接下来就进入实施环节。策划实施是将策划方案转换为具体行动的过程。对于整个营销策划活动来说，策划的实施才是最为关键的一环。这其中的道理其实很简单，策划得再好，谋划得再周全，如果策划本身缺乏可行性或者不能使策划方案有效地实施或付诸实践，那么一切都是空谈。对策划活动的领导者来说，能否让策划书中的各项措施落到实处，能否让策划者的意图得到真正的体现，将直接影响策划活动的效果及策划目标的实现。策划的实施要做好人员的分工、部门的协调、资源的调配等工作。

7. 策划控制

策划实施的同时，策划机构要指派专人开展策划方案控制工作。市场营销策划控制是指市场营销管理者为了监督与考核企业营销策划实施过程的每一环节，确保其按照预期目标运行而实施的一整套规范化约束行为的工作程序或工作制度。市场营销策划控制是对营销活动现状的把握，即控制对象是现实的营销活动过程本身。在管理学中，控制被定义为"监视各项活动以保证它们按计划进行并纠正各种重要偏差的过程"。由此不难看出，所谓的控制，其实就是一种"纠偏"行动，策划控制就是对策划实施过程中可能出现的偏离目标的一切行为即时监控、及时调整的行动。

8. 策划评估

策划评估就是策划实施工作结束后，对策划方案的实现情况以及实施结果进行的评定与分析。只有对策划结果、实施过程、操作手段等内容进行认真评估，才能有效判定策划工作的成绩，找出工作中的不足。同时，评估工作也是对策划活动进行反思和总结的过程，以便为下一次策划积累经验。

本章小结

营销策划是营销管理过程中的重要内容，也是企业营销活动中的关键环节。本章作为导论，介绍了策划与营销策划工作的内涵，策划业的发展历程；陈述了营销策划的具体内容，营销策划工作的程序和方法，以及策划机构的组织构成和工作流程。本章能让学习者对于营销策划及营销策划行业有初步的认识和了解，为下一步学习营销策划的专业知识打好基础。本书后续各章会对本章提到的营销策划程序的各个重要环节进行针对性介绍。

思考题

1. 试述策划与营销策划的内涵。
2. 你认为营销策划未来的发展趋势是什么？
3. 营销策划的程序是什么？
4. 营销策划机构一般由哪些人员组成？工作流程是什么？

案例分析

现代企业需要什么样的营销策划？

策划的目的是通过对企业品牌进行准确的定位、系统的规划、有效的推广、科学的管理、持续的建设，达到全面提升企业品牌形象与市场竞争力的目的。

首先是战略目标。没有目标，一切无从谈起，这个战略目标应该符合企业的自身条件。然后是品牌定位。中国企业最缺少的就是品牌定位，通常情况下，企业看到市场上什么好卖就跟着生产销售，结果将产品推向市场后却发现没有那么简单。只有方向对了，企业才能持续发展，否则就是南辕北辙，向隅而泣。

习惯上，企业应多按"产业链"进行品牌定位。

示意：原料供应→规模生产→招商推广→终端销售→顾客消费。

一直以来，经营管理者的视觉都会被一种直线的过程所阻碍。一端代表着企业内部（产品），另一端代表企业外部（顾客），理论上讲，只要生产出好的产品，顾客自然会购买，于是"产品决定顾客"的思维逻辑在不断误导企业行为。很快，企业就发现了其中的荒谬，发现顾客对好产品的认知比产品本身更重要，于是围绕产品上下游进行系统的建设，如上游的原料供应、开发设计，下游的渠道开发、终端促销，它们围绕一种产业，形成今天熟知的产业链。相对过去企业个体的"独立产品"认知，产业链已经是一种进步。

但在市场经济形式下，一切品牌营销策划必须围绕"消费链"进行。

示意：生活方式→目标群体→关联因素→关联产品→产品配置与组合。

在消费链时代，旧的商业原则被生活方式彻底颠覆了，因为今天，顾客已经是一个独立的运行系统，有自主而独立的选择权。"皮包是皮包，衣服是衣服"的旧产业观念被彻底打翻，需要考虑皮包是否与衣服搭配。企业不能再替消费者做主。企图将"标准化产品"集成起来，形成一个无缺陷的产业链来满足顾客，这是很笨拙而幼稚的错误。以生活方式打造的消费链，其关键在于归还消费者的选择权。这是企业营销策划的重要意识形态。生活方式正在打造消费链，其关键是消费者根据自己的生活方式选择产品。对企业个体来说，其将不再是提供完整产品，而是要提供生活方式的元素。消费者购买一辆汽车，会发生一连串的消费行为，会组合选择一系列产品。但这种排列组合不是被企业，而是被消费者自己组合起来的。如果更多的人在淘宝网上购买产品，请记住：这并不是好的产品在影响他们，而是"网络购物"这种生活方式在影响他们。

顾客的消费认知非常不可靠，他们是实实在在的"盲流"，在不同的产品间跳来跳去，他们朝三暮四，并不专一、忠诚，他们只受生活方式的影响。而生活方式是在顾客之间传播的，并不依赖于企业对顾客的广告宣传。

如何理解消费链在营销策划中的重要性呢？消费链时代彻底颠覆了"产品决定顾客"的说法，所谓的好品质、坏品质，只取决于它在一种生活方式中的位置。即使它的品质再好，如果无法匹配目标群体相应的生活方式，那么，它只能是垃圾产品。我们可以这样理解消费链的基本法则——消费链是基于消费者生活方式的串联。企业不再只是单一地提供产品，而必须提供及时的生活元素，必须基于目标群体的生活方式，传播相对应的品牌思想主张，并重新定义竞争者，重新定义合作者。在消费链中，重要的不是新品的不断供给，而是消费观念的不断引导、关联因素的不断串联；重要的不是产品与顾客之间的互动，而是顾客与顾客之间的联动；在产业链的情况下，同行是冤家，是竞争者，但是在消费链时代，非同行业也完全可以成为竞争者，或成为必不可少的合作伙伴。

消费链与生活方式是息息相关的。生活方式在重新分配市场，我们必须围绕消费群体的生活方式重新考虑产品的营销。在一种"生活方式"的世界里，存在着产品次序，任意组合就会产生不同的效果。因而，我们需要思索如何融入消费者的生活方式。

（资料来源：梅花网，《现代企业需要什么样的营销策划》）

【案例分析】

1. 通过阅读案例，你认为现代企业对营销策划服务提出了怎样的新要求？

2. 为了达到现代企业对营销策划服务的要求，你认为作为一名策划人应该培养和提升哪方面的能力和素养？

项目实训

实训目的：掌握营销策划工作流程。

实训内容：选取一家专业的营销策划咨询机构，研究该咨询机构的组织架构，选择其正在策划或者曾经策划过的项目，调查其完整的策划流程和工作机制。

实训形式：以小组为单位，完成一个企业的资料搜集或实地调研，找到关键人物进行访谈，最后形成一份《××企业营销策划流程调查报告》。

第二章

营销策划的创意与方法

▰▱ 学习导航

流传于古亚细亚的一则寓言曾讲到，几百年前，弗吉尼亚的戈迪亚斯王在其牛车上系了一个复杂的绳结，并预言解开这个奇异的"高尔丁死结"之人注定会成为亚洲之王，但所有试图解开这个结的人都以失败告终。率军征战的亚历山大大帝兴致顿生，手起刀落，一下子把结割为两段，并大声宣布："这就是我自己的解结规则！"于是他成了亚洲之王。这个故事也道出了"创意"的真谛，大多数人没有想到的、新奇的想法成就了好的创意。创意是策划的灵魂，是赋予营销策划精神和生命的重要活动，是营销策划者通过对策划活动的构想、设计，通过策划主题、内容等形式，进行的创造性的思维活动。一份有生命力的营销策划案，必须有好的创意加持，平庸的营销策划案最终会无人问津。而一个有想法的营销策划者，必须有源源不断的创意，否则也难以在策划行业中立足。

▰▱ 学习目标

- 了解创意的内涵。
- 理解创意对于营销策划的作用。
- 掌握营销策划创意的技巧。
- 了解创意思维的培养途径。

★开篇案例

神妙策划——法国赢了世界杯，华帝赢了世界

2018年7月15日，世界杯决赛中，法国队4：2战胜克罗地亚队，继1998年后再夺冠军。此次，中国品牌——华帝公司也大放异彩。一起来回顾一下华帝这次营销活动的始终。

1. 事件策划

2018年5月31日，华帝在其官方微博上公布"法国队夺冠，华帝退全款"的消息，表

示为了庆祝华帝正式成为法国国家足球队官方赞助商，并迎接"6·18"的到来，公司做出若法国国家足球队在2018年俄罗斯世界杯中夺冠，则对在2018年6月1日0时至2018年6月30日22时期间购买华帝"夺冠套餐"的消费者，按所购"夺冠套餐"产品的发票全额退款的决定。这一决定赚足了眼球。

除此之外，2018年6月5日，华帝世界杯主题微电影《最燃的我们》正式上映。这部由亨利主演的微电影一时间刷屏了朋友圈。这部8分23秒的微电影讲述了大人物的职业生涯点燃小人物足球梦想的故事，放在世界杯开幕前播放，无疑给所有的球迷打了一张情怀牌，让所有球迷、非球迷都找到了一个情感共鸣点。

在世界杯开幕之前，一则"法国队夺冠，华帝退全款"的分众电梯广告，就已经在都市白领主流风向标人群中引爆了话题。这起由传统媒体发端，在社交媒体上发酵，随后在分众电梯媒体引爆主流人群的悬念营销，不仅让华帝成功实现品牌造势，而且通过寓"售"于乐的手法有效调动了世界杯观赛人群的积极性，最大限度地将流量变为销量，由此引发其他品牌纷纷跟风效仿，借势将这一波世界杯推向了高潮。

2. 世界杯营销方式

中国企业借助世界杯营销的方式大致分为两种。一种是直接和世界杯官方组织合作，成为官方赞助商，直接在赛场投放看板广告。另一种是通过签约球队或球员的方式营销，比如华帝，就签约了法国国家队；同为厨电企业的万和，则签约了阿根廷国家队；冰箱企业美菱，签约了比利时国家队。其实还有第三种，既不是官方赞助商也未签约某一支球队或某个球员，而是以打擦边球的方式"蹭"世界杯热度。

这次世界杯，华帝公司从开幕到结束，几乎每天都推送法国队的比赛信息，在大众心目中建立起"华帝&法国队"的新连接，加之"华帝免单"的热点，在球迷及其他受众的心中留下了刻痕。

3. 法国夺冠后爆点传播

法国队夺冠瞬间，华帝一则退款启动书引爆了话题关注度，几乎一夜之间成为各大媒体机构的头条。目前，个人作为流量平台进行信息传播服务的比比皆是，这样的传播往往依靠的是明星或者自媒体博主个人品牌的力量，再与实体经济进行对接，实现流量的变现。华帝这次选择的是自己的形象代言人，通过及时转发华帝的最新动态，借助明星流量的优势让事件持续发酵。

4. 效果分析

世界杯是一次超级盛典，任何公司都不可能放过这次事件营销的机会。数据显示，2018年俄罗斯世界杯期间，各国企业投入的广告费用共24亿美元。其中，中国企业世界杯期间的广告支出达8.35亿美元（约合53亿人民币），超过美国的4亿美元，更远高于东道主俄罗斯的6400万美元，全球排名第一。据第一财经报道，本届世界杯的赞助商有7家中国企业，分别是万达、海信、蒙牛、vivo、雅迪、指点艺境以及帝牌。

华帝此次总部承担的成本约为2900万元，经销商则需承担5000万元，总共不过7900万元。这是很小的一部分广告费，但是效果是显著的——全世界都认识了华帝。

其实，这个营销方案，从一开始就稳赢。如果法国队夺冠，虽然华帝会因此支付几千万元的退货款，但华帝是法国赞助商，法国队的夺冠无疑会给华帝带来不可估量的品牌曝光度，其价值远远大于几千万元。如果法国队没有夺冠，消费者奔着这个噱头购买了产品，华帝也达到了促进销量的目的。因此，无论法国队是否夺冠，华帝都是此次世界杯的最大赢家，既去了库存，又赢得了广告宣传，让品牌更加深入人心，这就是营销策划的神妙之处。

（资料来源：根据"三顾咨询"微信公众号文章《案例解析丨"大神策划·价值2亿"，华帝世界杯——"赌法国赢了，退全款"》一文整理）

第一节　认识营销策划的创意

一、创意的内涵

（一）创意的概念

"创意"一词最早出现在汉代王充的《论衡·超奇》中，意思是"创出新意"。这个词现在广泛应用于一些语句之中，成为十分流行的词汇，如"文化创意""创意经济""广告创意"等。创意适用于企业形象设计与策划、广告艺术创作、市场营销技巧以及现代文化娱乐活动等。

创意包含两层意思：一是指创造欲望，是人们心理上的一种强烈的发现问题和解决问题的冲动；二是意想不到的能带来效益的解决问题的方法，也就是创造性组成的一连串的"点子"。可以将创意理解为人们在经济、文化活动中产生的思想、点子、主意、想象等新的思维成果，或是一种创造新事物、新形象的思维方式和行为。

（二）创意的实质

1. 创意是主体的意象与客体的表象的结合

客体的表象是感性认识的产物，不具备理性的内容。人们的表象会转化为意象，即表象作为意念、思绪、情感深深地印在人们的脑海里就变成意象。这个由表象向意象的转化过程完成后，进一步进行创造性思维，就可以形成创意。这种创意一旦作用于企业形象策划或其他有关领域，就可以形成别具一格的方案。

2. 创意产生于创造性思维

创造性思维是一种辩证思维，即认为事物是运动、变化、发展的，并要用逻辑思维去把握、驾驭整个世界万事万物的变化，而不是以形式逻辑的静态固定要领进行推理。也就是说，创意思维是发展和变化的。

3. 创意来源于对生活的积累

创意要求创意者深入观察生活、积累资料、提高知识素养，文学、美学、经济学、管理学、工艺学、结构学、心理学等知识都要涉及，处处留心、事事思考，日积月累、厚积薄发。

（三）创意的特征

1. 积极的求异性

创意思维实为求异思维。求异性贯穿整个创意形成的过程，表现为对司空见惯的现象和人们已有的认识持怀疑、分析和批判的态度，独树一帜，引起关注。

2. 睿智的灵感

很多创意源于突发的灵感，但灵感产生于有准备的头脑和一定的知识积累。

3. 敏锐的洞察力

敏锐的洞察力是创意者提出构想和问题解决方案的基础。缺乏洞察力就会遗漏大量的创意资源。

4. 丰富的想象力

想象力包括联想、设想、幻想，是思维无拘束的自由驰骋，也是智慧的发散和辐射。想象力应该奇妙，只有出奇，才能在"山重水复疑无路"时，"柳暗花明又一村"；只有美妙，才能产生诱惑力并打开色彩斑斓的世界。

★ **相关链接**

创意的六要求

（1）关联：所创意的元素要有必然的联系。

（2）原创：可以借鉴，但如果照搬被发现，那是很尴尬的事情。

（3）震撼：表现的手法要大气，好的创意需要好的推广。

（4）简明：内容诉求简洁明快，受众的关注时间很短。

（5）独特：具有个性差异。

（6）合规：国家的规定高于一切。

二、营销策划的创意

营销策划是一种创新行为，要创新，就要把创意贯穿于营销策划的过程之中。好的创意是营销策划成功的关键，从某种意义上说，创意是营销策划的灵魂。由创意的内涵可以引申出，营销策划的创意具有以下三方面的含义。

1. 创意令竞争者无法模仿

创意是策划者的思维活动，来源于策划者的独特心智，或集体创作的心智结晶。因此，创意应该是鲜有人提出过的、与众不同的想法和概念，是竞争者难以模仿的。同时，创意必须以市场营销策略为依据，但高明的创意又不是市场策略的灌输，不能把营销策划简单地文字化。创意同时反哺于营销策划，为营销策划指明方向。

2. 创意是用新的方法组合旧的要素的过程

美国广告创意设计大师詹姆斯·韦伯·杨曾经说："创意不是发明创造，创造也不是无中生有，创意是将一些司空见惯的元素以意想不到的方式展现给消费者，从而令消费者和品牌之间建立某种关系。"这就揭示了创意的本质——创意其实就是不断寻找各种事物、事实间存在的一般或不一般的关系（要素之间的关系），然后把这些关系重新组合、搭配，使其产生奇妙、变幻之处。

3. 创意并非简单的花招

真正使营销策划方案的实施取得奇效，影响到消费者购买意向的是创意的内容，而不是它的形式。因此，策划创意并非投机取巧的小花招。真正决定购买行为发生的，归根结底还是为之进行策划创意的产品。

★案例赏析 2-1

"世界上最好的工作"：大堡礁全球推广的绝妙策划

澳大利亚大堡礁尽管久负盛名，但因为全球升温以及游客增多，大堡礁的珊瑚虫一度濒临灭绝，经过一段时间的休养生息，大堡礁的生态环境得到了恢复，知名度却已大不如前。于是，昆士兰旅游局决定通过一个精心策划的活动来推广其旅游产业。

2009 年 1 月 9 日，澳大利亚昆士兰旅游局网站面向全球发布招聘通告，主题为"世界上最好的工作"，并为此专门搭建了一个名为"世界上最好的工作"的招聘网站，招聘大堡礁看护员。网站提供了多个国家语言的版本，短短几天时间便吸引了超过 30 万人访问，导致网站瘫痪，官方不得不临时增加数十台服务器。"世界上最好的工作"共吸引来自全球200 个国家和地区的近 3.5 万人竞聘，包括 11 565 名美国人、2 791 名加拿大人、2 262 名英国人和 2 064 名澳大利亚人等，来自中国的申请者有 503 位。这样一次招聘活动吸引了全球的目光，据昆士兰旅游局称，整个活动的公关价值已经超过 7 000 万美元。

2009 年 5 月 6 日，澳大利亚大堡礁"看护员"的全球选拔工作结束，幸运儿英国人本·索撒尔获得了这份"世界上最好的工作"，他将有 6 个月的时间徜徉于白沙碧海之中，向世人展示大堡礁的风情美景。

（资料来源：节选自豆丁网《创造思维与创造发明讲座》）

三、创意对营销策划的作用

对于营销策划而言，创意是最为关键的要素之一，任何策划都必须和创意联系在一起。一份有生命力的营销策划案，必须有好的创意，平庸的营销策划案最终会缺乏关注，无人问津。创意对营销策划的具体作用体现在以下三个方面。

1. 创意使营销策划更具独特性和创新性

在创造性思维的过程中，各种新奇的想法、主意、点子随之出现，成为营销策划的创新要素，增加营销策划的活力，使之更独特、更富有创新魅力。同时，创意会有效解决营销策划的乏味瓶颈，推动策划走向成功。

2. 创意提升营销策划与消费者之间的沟通效率

营销策划的最终目的是获得更多消费者的关注，并推动产品销售。好的创意增加了营销策划的生命力，更能吸引消费者的注意，激发消费者的兴趣和需求。同时，好的创意本身也会促使消费者主动传播产品内容，继而降低营销传播的成本。

3. 创意有助于品牌的增值

市场的丰富性使品牌的重要性日趋显著。品牌代表消费者对产品的态度和情感，成功的品牌需要引起消费者的共鸣，而创意是品牌对消费者的价值召唤。品牌对消费者具有实用性、情感取向和社会角色等象征性价值。营销创意以此为切入点，展现品牌的想象空间，促成消费者对品牌的情感归属，从而延伸品牌对消费者的影响力，实现品牌增值。

第二节 营销策划创意的过程与方法

一、营销策划创意的基本过程

从心理学的角度看，创意过程指个体从开始创造到产品落实的一段心智历程。创意本质上应该是丰富多彩、灵活多样、不受拘束的，不应该墨守某种成规和固定某种模式。但为了便于领会创意过程和开展创意工作，可以将创意的过程归纳为以下几个步骤。

1. 界定问题

界定要解决的问题，是创意工作的首要任务。要多角度、多方位、立体式思考面临的问题，将问题弄明白并界定清楚。

2. 明确目标

这里的目标是指创意的目标，也就是拟通过创意达到什么效果。尽可能去设想最佳的效果，这将为创意的开发提供努力的方向。创意工作大多数是在委托的情况下开展的，在这个阶段，创意者必须清楚委托者的本意、要求，即主题，把有限的时间和智慧专注于主题，避免资源浪费。

3. 创意构想

一个好的创意是从"联想"开始的，通过联想，会有千千万万个创意涌现，通常将这种联想称为创意暗示或灵感、模糊的印象、灵机闪现等。当然，一个策划案并不是只能容纳一个创意，而是可以同时容纳几个创意。此外，针对一个策划主题，往往不只做一个策划案，而是可能做出多个策划案。

因此，在这个阶段，策划者应该尝试走出熟悉领域，通过尽情联想，大胆构思，迸发创意的火花，构建创意的雏形。

4. 寻找线索，构建关联

创意雏形可能只是灵光一现的思维，接下来，策划人应该寻找有力的线索，将创意构成策划案的核心思想。不管有多么新颖的点子，如果不能融入策划案中，化为可能实现的内容，便不能称为创意。所以创意的关键在于是否能够顺应策划主题适时想出有效的创意。那么如何寻找线索，将创意体现于策划案中呢？策划人可以从以下两个方面着手。

（1）从已有的知识、情报中探求。企业是社会经济活动的一种组织形式，因此，创意工作也必然与社会有密切的信息交流。所谓已有的知识、情报，是指发表于杂志、图书的知识，或登在专业刊物上的信息等。策划人可以阅读经济报纸、行业刊物等，可以收集相关图书、学会报告，可以收集竞争产品、周边领域产品的说明书、业务员手册等，可以出席相关研讨会、展示会、展览会、样品展销会等，可以与相关部门的产品、技术、销售专家交流，可以与销售部门、中间商交流与面谈等。多渠道搜集与产品有关的信息，有助于策划人将自己的创意雏形应用于策划案中。

（2）借助集体的智慧。策划人有了创意雏形，而后走入思维瓶颈时，可以借助他人的智慧来完善创意思路。例如，拜访同业前辈及不同行业的人士，多听座谈会，并在会中勤发问，甚至到海外考察。此外，依策划主题的需要，有时也有必要访问厂商、批发商、零售商和消费者，从各种关系人士那里获得各种灵感暗示；或者在集体会议中对创意雏形进行讨论，根据别人所提出的想法，加上自己的情报，产生新联想。

5. 初选方案

经过前面的工作，或许好的创意已经构建，或许策划人脑海中不只一个创意，难以取舍。这个时候，应该建立自己的评判标准，尽可能挑选出成功率高的创意，用于进一步开发。通常，可以根据创意与策划主题的关联程度、创意新奇程度、创意的可行性等进行挑选。在掌握创意思维规律的基础上，必须结合创意的实际情况，限定行为规范，应遵循以下四条工作原则。

（1）博采众长原则。能者为师，以虚心学习的态度，吸取中外成功创意的经验，集众人之长，补己之短。

（2）集思广益原则。一人计短，众人计长。有了好的创意，要广泛收集意见，这样才能有效及时地将创意完善，付诸实施。

（3）重点明确原则。集中力量解决创意中遇到的主要矛盾，才能取得事半功倍的效果。

（4）风险控制原则。大胆创意，慎重实施。每一个创意都要经过反复的风险论证，不断修正，把实施风险掌握在可控的范围内。

6. 验证创意

将挑选之后的创意在策划团队中进行充分讨论，或征求主管领导、行业专家的意见，也可以针对部分受众进行小范围测试，评估创意的效果，从而决定对创意是进行重新选择还是优化。

★相关链接

引发创意的 11 个条件

（1）灵敏的反应能力。

（2）卓越的图形感觉。

（3）丰富的情报信息。

（4）系统的概念和思路。

（5）娴熟的战略构造和控制能力。

（6）高度的抽象化提炼能力。

（7）敏锐的关联性反应能力。

（8）丰富的想象力。

（9）广博的阅历与深入的感性体验。

（10）多角度思考问题的灵活性。

（11）同时进行多种工作的能力。

二、营销策划创意产生的方法

（一）联想类比法

联想类比法的核心是通过已知事物与未知事物之间的比较，从已知事物的属性去推测未知事物的类似属性。这种方法有助于突破逻辑思维的局限，去寻找一个新的逻辑链起点，这是它的优点。

联想类比法的关键在于联想。没有很强的联想能力，就无法在已知与未知之间架起桥梁，也就说不上类比。所以，训练联想及想象能力是掌握这种方法的基础。

★ 相关链接

联想类比法示例

（1）虎和猫时而奔跑如飞，时而突然止步，人们从它们的脚掌结构中得到启发，发明出带钉子的跑鞋。

（2）蜘蛛在两棵树之间结网，人们由此联想，发明出横跨峡谷的吊桥。

（3）蝙蝠在黑夜中能自由飞翔，从不会撞到障碍物，借助对蝙蝠的研究，人们发明了超声波探测仪。

（4）一位飞机设计师接受了设计超大型运输机的任务，他绞尽脑汁，想到儿时阅读的《木偶奇遇记》中大鲸鱼一口吞下许多船只的故事，大受启发，从而设计出舱门开在飞机头上的特大运输机。

联想类比法包括以下类型。

1. 直接类比

直接类比，即简单地在两事物之间直接建立联系的类比方法。例如，澳柯玛冰箱为了突出其保鲜作用，直接以蔬果及鲜活的海鲜作为广告的核心元素，直接在保鲜与鲜活产品之间建立了类比。

2. 拟人类比

拟人类比，即将问题对象同人类的活动进行类比的方法，能赋予非生命的具体物件以人的生命、思维和想象。企业形象策划本身就是把企业拟作人进行设计和策划，赋予其人的理念、视觉美感和行为方式，使社会公众对其产生美好的形象。

3. 因果类比

因果类比，即一种从已知事物的因果关系与未知事物的因果关系的某些相似之处寻求未知事物的方法。例如，常规咖啡品牌为了突出咖啡香浓的特点，通常请代言人来表现创意；某咖啡品牌突破常规，创作蝴蝶、金鱼等被咖啡香味吸引的画面，独树一帜，取得了不错的广告效果。

（二）模仿创造法

德鲁克在他的《创新与创业精神》一书中，引用了哈佛大学教授李维特的词语"创造性模仿"，并将其作为一种企业策略。"创造性模仿"同样适用于策划创意。"前不见古人，后不见来者"的创意毕竟是不多见的，绝大多数创意是改良、模仿的。

模仿创造法是一大类创意技法，主要特点是通过模拟、仿制已知事物来构造未知事物。但是创造性模仿绝不是消极的模仿，一定要有积极的观念和精神。它的目标是创造，而不是模仿。创造性模仿者通过对他人创意的了解，重新组合、改良，产生不同功能、价值的"新"东西，这就是创造。例如，知名牛仔服饰品牌 Levis 的创办人李维士·施特劳斯通过留意矿工们工作与生活上的习惯与喜好，注意到这些淘金矿工的口袋经常装有金砂等坚硬粗糙的东西，容易划破衣物，有的人就拿旧帐篷的帆布做补丁。就是这个补丁触发了他的灵感，使他设计和缝制出裤袋和裤子都是帆布的牛仔裤。

从策划新产品来看，除了第一代产品，以后的进步可以说都是创造性模仿的结果。创意者需要经常拆解别人的创意，了解其他创意的"零部件"，这样才有可能找到自己的创意。策划人构思创意之时，不妨先研究竞争对手、行业标杆的优秀案例，从中获得灵感，进而进行更为优秀的创造。

（三）逆向思维法

逆向思维法，就是从正常思考路径的反面去寻求解决问题的途径的一种思维方法。该方法的最大特点就在于思维行进的方向是逆向的。例如，电商购物创造的送货上门，近几年流行的共享经济，都是在深入理解消费者需求的基础上，突破常规，从而创造的新的市场。常说的"反潮流生产""反时尚设计""反其道而行"等，都是逆向思维的表现。

★案例赏析2-2

汉堡王——"皇堡的牺牲"创意活动策划

广告主：汉堡王

创意代理：Crispin Porter & Bogusky

"删好友，得皇堡！"

一个六个字便能概括其主旨的营销活动，听起来足够简单。参与者只需要在自己的 Facebook 上安装一个程序，删除十个好友，便能得到一个免费的汉堡。被删除的朋友会被赤裸裸地公开在网站上，让每个人都知道。"皇堡的牺牲"这一 Facebook 营销活动在上线初期非常低调，仅仅依靠 SNS（Social Networking Service，社会性网络服务）的力量，甚至没有媒体支持。汉堡王就这样送出了 20 000 个免费汉堡，但它们应该不会太心疼，因为 10 天内共有 8 万多人参与了此活动，而被删除的好友数量达到 23 万人次！

（资料来源：梅花网，《十个最值得注意的创意营销案例》）

（四）组合思维法

组合思维法的最基本要求是各组成要素必须建立某种关系，形成一个系统的整体，否则，只能算作杂合在一起的混合物。用一位因创意而扬名全美国的广告大师的话形容就是，创意完全就是旧元素的新组合。

组合是一种创新。它的思维方式是将两个看似不相干的事物进行组合，是"整体具有单个事物所不具备的新质"，增加了新的功能。例如，北京五十五度科技有限公司自行研发、设计、生产的第一款"快速变温水杯"，将100摄氏度的开水倒入杯中，摇一摇（约1分钟），开水即可快速降温至人可饮用的55摄氏度左右。这种功能强大的水杯在网络走红，成了各大电商的新宠。这种水杯的开发便是通过对常规水杯以及人们对饮用水温度要求的思考而形成的一种全新组合。另外，银行的"一卡通"、买车的"一条龙"、工商注册的"一站式"服务等，都是组合创新的表现。

★相关链接

组合发明——瑞士军刀

被世界各国视为珍品的瑞士军刀，恐怕是迄今为止最精彩的组合发明，其中被称为"瑞士冠军"的款式最为难得。它由大刀、小刀、木塞拔、开罐器、螺丝刀、开瓶器、电线剥皮器、钻孔锥、剪刀、钩子、木锯、鱼鳞刮、凿子、钳子、放大镜、圆珠笔等31种工具组合而成。携刀一把等于带了一个工具箱，但整把刀长只有9厘米，重185克，完美得令人难以置信。正因为如此，素以苛求著称的美国现代艺术博物馆也收藏了一把。

（五）群体思维法

群体思维法是一种集思广益的创意方法，它最大的优势在于能够利用集体智慧，来弥补个人思维与能力上的不足。因此，利用这种方法来进行创意，更容易获得好的创意灵感和创造思路。

群体思维法的具体方法有很多，但是最常见的就是"头脑风暴法"。头脑风暴是指无限制的自由联想和讨论，目的在于产生新观念或激发创新思想。头脑风暴是为获取大量的设想、为课题寻找多种解题思路而召开的会议，因此，要求参与者善于想象，语言表达能力强。主持者以明确的方式向所有参与者阐明问题，说明会议的规则，尽力营造融洽、轻松的会议气氛。参与者自由提出尽可能多的方案，一般不对他人的观点发表意见，以免影响会议的自由气氛。

（六）发散思维法

发散思维，是指在创造和解决问题的思考过程中，从已有的信息出发，尽可能向各个方向扩展，不受已知的或现存的方式、方法、规则和范畴的约束，并从这种扩散、辐射和求异式的思考中求得多种解决办法，衍生出各种不同的结果。这种思路好比自行车车轮，许多辐条以车轴为中心沿径向向外辐射。发散思维是多向的、立体的和开放的。

发散思维有四个开发要点。

（1）发挥想象力。

（2）淡化标准答案，鼓励多向思维。

（3）打破常规，弱化思维定式。法国生物学家贝尔纳说："妨碍学习的最大障碍，并不是未知的东西，而是已知的东西。"有一道智力测验题：用什么方法能使冰最快地变成水？一般人往往回答要用加热、太阳晒的方法，答案却是"去掉两点水"。这就超出人们的想象了。在需要开拓创新时，思维定式就会变成"思维枷锁"，阻碍新思维、新方法的构建，也阻碍新知识的吸收。

（4）大胆质疑。明代哲学家陈献章说："前辈谓学贵知疑，小疑则小进，大疑则大进。"质疑常常是培养创新思维的突破口，质疑能力的培养对启发策划人的思维发展和创新意识具有重要作用。

第三节　营销策划创意的培养途径

一、营销策划创意的来源

（一）创意来源于生活

一直以来，大多数人的观点是"创意是天生的，创意的工作，就留给有创意的人来想吧"。但事实上，天生有创意的人寥寥可数，而恰好有创意又做创意工作的人更是少之又少。其实，创意能力和人的智商非常相似，大部分人的创意能力是差不多的，后天的生活环境、教育环境、工作环境等使每个人的创意能力稍有差别，而创意能力更是源自对生活的洞察。

营销策划创意的关键，在于元素的重新组合，即把生活中的所见所闻与品牌或产品进行巧妙的重组。因此，在做创意时，就要先找到生活中大家都熟悉的元素，根据品牌或产品特性，进行巧妙的组合。就像"娃哈哈"品牌的命名，便是基于企业做儿童产品的战略，找到当年传遍大江南北的"娃哈哈啊娃哈哈，每个人脸上都笑开颜"这首歌曲，将大众对歌曲的喜爱转到对娃哈哈品牌的喜爱上，其本质便是老元素《娃哈哈》歌曲与企业品牌的重新组合，从而将其改造成自己的品牌资产。

（二）创意来源于积累

著名的魔岛理论起源于古代的传说。茫茫大海，波涛汹涌，海中岛礁，不可捉摸。当水手们想躲开它时，它偏偏出现了；当水手们想寻找它时，它却迟迟不肯露面，消隐得无影无踪。因此，水手们称这些岛为"魔岛"。实际上，"魔岛"是珊瑚虫经过无数次在海底的累积成长，最后一刻才浮出海面的。

创意的产生，有时也像"魔岛"一样，在策划人的脑海中悄然浮现，神秘不可捉摸。"积沙成塔，堆土成山"，古人对创意的形成过程，早就有了相关经验的总结。策划人要养成学习、积累创意素材的习惯，这样才能在策划中形成独特思维。而丰富的学识以及充实的人生阅历，要靠平时生活的点滴积累和对人生道路的不断探索。

（三）创意来源于思维训练

在策划中可以采取一定的措施，有意识地培养自己的创意思维和能力。通过科学有效的训练，也能产生好的创意。例如，以下训练可以帮助策划人培养创意思维。

1. 想象力与联想思维的训练

"月晕必有风来，础润必有雨落"，联想是人的头脑中联系记忆和想象的纽带。由人对事物的记忆，引发记忆中的许多片段通过联想的形式进行衔接，转换为新的想法。

2. 标新立异与独创性的训练

标新立异法要求策划人在创作中看到、听到、接触到某个事物的时候，尽可能地让自己的思绪向外拓展，让思维超越常规，找出与众不同的看法和思路，赋予其最新的性质和内涵，使其从外在形式到内在意境都表现出全新的、独特的认识。

3. 广度与深度的训练

思维的广度是指善于全面地看问题。假设将问题置于一个立体空间之内，可以围绕问题多角度、多途径、多层次、跨学科地进行全方位研究，因此有人称之为"立体思维"。

思维的深度是指考虑问题时，深入客观事物的内部，抓住问题的关键、核心，即事物的本质部分来进行由远到近、由表及里、层层递进、步步深入的思考。

4. 流畅性与敏捷性的训练

思维的流畅性和敏捷性是可以训练的，且有着较大的发展潜力。如美国曾在大学生中进行了"暴风骤雨"联想法训练，其实质就是训练学生的思维，使其以极快的速度对事物做出反应，以激发新颖独特的构思。在教师给出题目之后，学生将快速构思时涌现出的想法一一记载下来，要求数量多、想法好，最后再对这些构思进行分析讨论。

5. 求同与求异思维的训练

求同思维就是将在创作过程中所感知到的对象、搜集到的信息依据一定的标准"聚集"起来，探求其共性和本质特征。求异思维是以思维的中心点向外辐射发散，产生多方向、多角度地捕捉创作灵感的触角。

求同思维与求异思维是创作思维过程中相辅相成的两个方面。在创作思维过程中，先以求异思维去广泛搜集素材，自由联想，寻找创作灵感和创作契机，为创作创造多种条件。然后运用求同思维对所得素材进行筛选、归纳、概括、判断等，从而产生正确的创意和结论。

6. 侧向与逆向思维的训练

在日常生活中常见人们在思考问题时"左思右想"，说话时"旁敲侧击"，这就是侧向思维的形式之一。在创作思维中，如果只是顺着某一思路思考，往往会找不到最佳的感觉而始终不能进入最好的创作状态，这时让思维向左右发散，或作逆向推理，有可能得到意外的收获。当陷入思维的死角不能自拔时，不妨尝试一下逆向思维法，打破原有的思维定式，反其道而行之，开辟新的创作途径。

7. 超前思维训练

人们在进行创作之前，由于创意的需要引发对客观事物的感受、分析和认识，在此过程中，或以主观愿望为动机引起超前思维，或是某些思维活动以超前思维的形式进行，再去主导相应的行为活动。一些想象和联想的形象在没有被发明或被证实的时候，往往会被认为是荒诞的幻想，但正是无数这样的幻想多年以后成了现实。如果没有超前思维，世界就不可能发展到今天这个规模。

8. 灵感捕捉训练

灵感出现的机遇对每个人来说都是公平的，灵感就在每一个人的身边，尽管它有时稍纵即逝，甚至令人百思不解、难以捕捉。那些努力追求、刻意进取、随时留意并敏锐地感觉和捕捉到灵感的人是成功的典范。

9. 诱导创意训练

古人所谓的"读万卷书，行万里路"，是说要加强各方面的修养，从书本中、自然中和朋友之间相互交谈的过程中得到创意的思路，找到创作的灵感，受到艺术的启发。

★ 相关链接

创意思维训练

1. 尽可能说出空铁罐的用途，不低于 10 种。
2. 尽可能说出一棵树的用途，不低于 10 种。
3. 说出螺丝刀对食物的用处，不低于 10 种。
4. 说出以下事物的共同点：鸡蛋与地球；上帝与女孩。
5. 说出以下某一事物与其他事物不归于一类的理由：黑猩猩、赎金、毛坯、焦虑。
6. 为 A 组词语与 B 组词语进行搭配，说明依据。

A 组：甜方包、尾巴、数字、前进。

B 组：跑道、公式、金字塔、棒棒糖。

7. 开发第二个事物对第一个事物的改造功能：扫描、手机；挖掘机、房子；银行卡、书本。

8. 两人一组，由同伴任意设置几个随机词语，另一人即兴编一个故事。

9. 以"斗篷"为主题为一家咖啡厅设计新点子以吸引客户。

10. 以"激情"为主题为一个沿海城市吸引客户提供解决思路。

二、营销策划创意的培养

（一）保有好奇心，观察生活

好奇心驱动着年幼的孩子观察、思考、行动，为这个世界寻找答案。随着年龄的增长，许多人不再好奇，对身边的有趣事物视若无睹、习以为常，甚至麻木。而在当今互联网发达的时代，越来越多的人过多地依赖互联网，但互联网只提供视、听两种信息，而真实生活却是视觉、听觉、嗅觉、味觉、触觉的综合体，这才是更具含金量的创意素材。

创意的第一个基本动作是"观察"。当看到的东西不一样的，想的东西也就与众不同。

"观察"不是天赋,而是一种耐心的训练,必须经过长期有意识的练习才行。一个策划人应该随时利用机会,锻炼自己的观察能力。

(二)突破思维定式,训练发散思维

思维定式表现在生活中则是循规蹈矩、墨守成规、谨小慎微等。策划人需要突破思维定式,训练自己的发散思维。

1. 善于进行非逻辑思维

非逻辑思维是一种立体的非线性思维,要求策划人多角度、全方位地去寻找新的逻辑链的起点,具有很强的突破性。

2. 放纵模糊性思维

策划人在保持追求清晰、明白的思维习惯的同时,要放纵模糊性思维。当思维处于模糊状态时,所出现的某些歧义或自相矛盾的含义,会激发人们的想象,使之突破原有的狭窄思路。

3. 解开知识链的环扣

人的思维定式往往是在被动地接受知识的过程中形成的。一切知识都是靠逻辑链串联的,突破思维定式就是要不断主动地去认识知识链,主动去解开知识链的环扣,并对新知识提出大胆的假设。

4. 另辟蹊径寻求多种答案

俗话说,"条条大路通罗马"。任何问题的解决方式都不是唯一的,策划人要摆脱线性思维的束缚,打破僵局,追求多种答案。

★ **相关链接**

杯孔的解决方式

教授有4个学生A、B、C、D,要求他们解决一个问题:一个烧杯盛有水,比水面低一点的杯壁上有一个小孔,水不断从小孔中涌出,如何迅速制止杯中水向外流?经过思考后,4个学生分别做了不同的回答。

学生A:用焊接工具从杯壁外将小孔焊住。

学生B:把一小张纸沿杯内壁贴到小孔处。

学生C:在烧杯小孔那边的底部垫几枚硬币,由于杯子倾斜,小孔高出水面。

学生D:把学生C的办法重复一遍。

教授指出这是学生C用过的办法,学生D则说:"对!这是学生C的办法,我的办法是根据自己的需要投资引进别人开发的技术,学生C已向我转让了技术。"

[资料来源:郝亚平. 同一道题的四种解法 [J]. 东西南北,2006(12).]

(三)善于积累,寻求诱发灵感的契机

灵感是人在非理性状态下,由于外界的触发而在心灵中产生的突如其来的感觉。但是,这些有创意的灵感如果缺乏理性的梳理就会稍纵即逝。策划人要善于积累知识,增长阅历,

为灵感的触发提供条件，并善于抓住契机，将灵感及时转换为自己的创意。策划人除了具备营销知识、行业知识，还应该成为一个博学广识之人，增长在文学、美学、心理学、社会学、经济学等方面的知识。平时多欣赏文艺、音像作品，阅读科技、科幻资料或作品，提高思维资质，开拓想象的新空间。

本章小结

本章介绍了营销创意的内涵、创意的程序和方法、创意的来源以及培养途径等内容。创意是人们产生的思想、点子、立意、想象等新的思维成果，是一种创造新事物或新形象的思维方式，就其本质来说是一种辩证思维能力。策划人可以通过联想类比法、组合创意法、逆向思维法、群体思维法等多种方法锻炼自己的创意思维。同时，策划人要善于思考，观察生活，在生活中发现创意；突破思维定式，有意识地训练发散思维，提高自己的创意水平；还要善于积累知识，增长阅历，为灵感的触发提供条件，并善于抓住契机，将灵感及时转换为自己的创意。

思考题

1. 试述创意对营销策划的作用。
2. 试述创意的来源。
3. 你认为在策划工作中应如何开发自己的创意思维?

案例分析

一场因为"不想洗碗"引发的创意秀

饭后洗碗总是一件不那么受欢迎的事情。调查显示，在"80后""90后"的年轻一代中，不想洗碗的人数占到90%以上，洗碗引发"家庭战争"的事例屡见不鲜。此外，当下洗碗机市场尚处消费者培育阶段，观念上的缺失成为最大阻力。

西门子洗碗机的营销思路，是从找到消费者的痛点开始，激活每个人隐而不发的"我不想洗碗"情结，借助社交沟通工具，拓展西门子洗碗机的认知度，确立市场领导者的品牌地位，"我不想洗碗"的阶段话题应运而生。

一条微博引发全民跟进

整个事件由一条微博触发。2014年8月20日，一位网民在微博上抱怨"我不想洗碗"，同时还发挥手工课特长，动用五花八门的食材，把讨厌洗碗的心情变成碟子创作，引发网友纷纷跟进。

8月21日，西门子家电迅速做出回应，不仅含情安慰，更大赞创意，破例决定送她西门子洗碗机一台。这个看似"头脑发热"的决定，引发了更多网友的集体性羡慕，加上微博推波助澜，各种"我也不想洗碗"的声音沸腾了，把西门子家电推到潮头浪尖。

顺应民意推出洗碗机福利

8月22日，西门子家电官方微博做出承诺：只要在碟子上创作"我不想洗碗"，通过微博、微信、线下三大平台参与晒碟照，就有机会赢西门子洗碗机，隔天送一台。

除了全民晒碟，微信平台还有更多有趣玩法：使用方言、戏剧等腔调，大声喊出"我不想洗碗"，可以自造有声海报；通过UGC（用户原创内容）方式，输入不想洗碗宣言，还可定制专属个性海报；通过朋友圈扩散，吸引更多人关注和互动。

"我不想洗碗"一句话戳出千行泪，本身已具备了一个好话题的爆发性能量；"画碟子赢洗碗机"的互动方式不仅门槛低，人人都能动手参与，而且"一字千金"的洗碗机大奖、隔天送出一台的激励空前诱人，大大激发了网民的参与热情，形成了巨大的传播声浪。

一句偶然抱怨，竟发酵为一场全民晒碟狂欢！毫无疑问，看似漫不经心的偶然实则出自西门子家电的精心布局：以一个小号微博为导火索，不露痕迹引爆话题，同时演绎"借梯上楼"的营销谋略，让全民自发进行网络传播，为我所用。

"我不想洗碗"效果出乎意料，短短十多天就收到全国各地网友的碟子创作数千件，截至9月4日，已送出洗碗机6台，媒体总曝光量过亿次，微博转发超过10万次，评论超过5万次，微信阅读量接近8万次。

（资料来源：根据排骨网《累觉不爱！一场因为"不想洗碗"引发的创意秀》一文整理）

【案例分析】

1. 通过阅读案例，谈谈此次西门子营销的成功之处。

2. 你认为营销创意的开发有什么技巧？

项目实训

实训目的：训练营销策划创意思维。

实训内容：选择创意思维训练的小游戏，与同伴相互出题，进行思维训练。

实训形式：以2～3人为一组，进行随堂训练。

第三章

市场营销调研

■///\学习导航 ....

市场调研作为一种获取市场信息的手段，是伴随着商品经济的产生而产生的。并随商品经济的发展而发展。17世纪的工业革命，使西方资本主义市场经济快速发展，市场规模日益扩大，市场上的竞争也日趋激烈。对广大厂商来说，只有了解市场动态和市场信息才可以根据市场需要调整生产，在竞争中取胜，市场调查因此得到进一步发展。进入21世纪，市场调研既作为一门学科得以建立和完善，并随着教学方法的改进和计算机的普遍应用得到快速发展，也作为其他学科的重要支撑和辅助手段，在实际运用中发挥着重要作用，特别是在营销策划中的作用显著。

要做出一份出色的营销策划方案，首先要做好市场营销调研，收集有价值的信息。没有调研就没有发言权，做营销策划最忌讳根据过去的经验来简单判断。所有的市场营销策划都必须基于真实、有效的市场调研数据，市场营销调研是所有策划人的基本功。

■///\学习目标 ____

- 了解市场营销调研的作用与类型。
- 掌握市场营销调研的内容与方法。
- 掌握市场营销调研的流程。
- 掌握市场营销调研报告的内容和撰写技巧。

★开篇案例

可口可乐也曾陷入调研陷阱，你知道吗？

很多人可能听过这样一个美国式的笑话：假若你在酒吧向侍者要杯可乐，不用猜，十次他会有九次给你端出可口可乐，还有一次呢？对不起，可口可乐卖完了。可口可乐的魅力由此可见一斑。但就是这样一个大品牌，在20世纪80年代中期却出现了一次几乎致命的失误。

百事可乐以口味取胜

20 世纪 70 年代中期以前，可口可乐一直是美国饮料市场的霸主，市场占有率一度达到 80%。然而，70 年代中后期，它的老对手百事可乐迅速崛起。1975 年，可口可乐的市场份额仅比百事可乐多出 7%；9 年后，这个差距更是缩小到 3%，微乎其微。

百事可乐的营销策略是：针对饮料市场的最大消费群体——年轻人，以"百事新一代"为主题推出一系列青春、时尚、激情的广告，让百事可乐成为"年轻人的可乐"；同时进行口味对比，请毫不知情的消费者分别品尝没有贴任何标志的可口可乐与百事可乐，将这一对比实况进行现场直播，结果有八成的消费者回答百事可乐的口感优于可口可乐，此举马上使百事可乐的销量激增。

耗资数百万美元的口味测试

对手的步步紧逼让可口可乐感到了极大的威胁，它试图尽快摆脱这种尴尬的境地。1982 年，为找出可口可乐衰退的真正原因，可口可乐决定在全国 10 个主要城市进行一次深入的消费者调查。可口可乐设计了"你认为可口可乐的口味如何""你想试一试新饮料吗""可口可乐的口味变得更柔和一些，您是否满意"等问题，希望了解消费者对可口可乐口味的评价，并征询其对新口味可乐的意见。调查结果显示，大多数消费者愿意尝试新口味可乐。

可口可乐的决策层以此为依据，决定结束可口可乐传统配方的历史使命，开发新口味可乐。没过多久，比老可乐口感更柔和、口味更甜的新可口可乐样品便出现在世人面前。

为确保万无一失，在新可口可乐正式推向市场之前，可口可乐公司又花费数百万美元在 13 个城市中进行了口味测试，邀请了近 20 万人品尝无标签的新、老可口可乐。结果让决策者们更加放心，六成消费者认为新可口可乐味道比老可口可乐要好，认为新可口可乐味道胜过百事可乐的也超过半数。至此，推出新可口可乐似乎顺理成章。

背叛美国精神

可口可乐不惜血本协助瓶装商改造了生产线，并且为配合新可乐上市进行了大量的广告宣传。1985 年 4 月，可口可乐在纽约举办新闻发布会，邀请 200 多家新闻媒体参加，依靠传媒的巨大影响力，新可口可乐一举成名。

刚上市一段时间，有一半以上的美国人品尝了新可口可乐。但让可口可乐的决策者们始料未及的是，越来越多老可口可乐的忠实消费者开始抵制新可口可乐。对于这些消费者来说，传统配方的可口可乐意味着一种传统的美国精神，放弃传统配方就等于背叛美国精神，"只有老可口可乐才是真正的可乐"，有的顾客甚至扬言再也不买可口可乐。每天，可口可乐公司都会收到来自愤怒的消费者的成袋信件和上千个批评电话。

迫于巨大的压力，决策者们不得不做出让步，在保留新可口可乐生产线的同时，再次启用有着近 100 年历史的传统配方，生产让美国人视为骄傲的老可口可乐。

（资料来源：根据中华考试网《国际营销案例学习：新可口可乐跌入调研陷阱》一文整理）

第一节 市场营销调研概述

一、市场营销调研的含义

市场营销调研是在市场营销观念的指导下，以满足顾客需求为中心，通过调研信息把消费者、客户、大众和市场人员联系起来，营销者借助这些信息发现营销机会和确定营销问题、开展、改善、评估和监控营销活动并加深对市场营销的认识的过程。市场调研得出的市场营销信息资料为企业营销管理者制定正确的营销决策提供了可靠的依据。

二、市场营销调研的作用

有效的营销调研会使企业获益匪浅，其作用可综述为：能够为企业营销决策提供依据，在企业制订营销计划、确定企业发展方向、制定企业的市场营销组合策略等方面有着极其重要的作用。在营销决策过程中，市场营销调研为企业调整营销计划、改进和评估各种营销策略提供依据，起到检验与矫正的作用。市场营销调研的作用具体有以下内容。

（一）有利于企业发现市场机会，开拓新市场

激烈的市场竞争给企业进入市场带来困难，同时也为企业创造出许多机遇。通过市场调研，企业可以确定产品的潜在市场需求和市场容量，了解顾客消费倾向、购买行为等，据此进行市场细分，确定目标市场，进而分析目标市场的销售形势和竞争态势，以此作为发现市场机会、确定企业发展方向的依据。瑞士雀巢公司为了把产品（咖啡）打入中国市场，进行了大量的市场调查，认识到中国是一个重感情的礼仪之邦，于是广告宣传重在表达家庭的温馨、朋友的友谊，如今，雀巢产品已为人们所熟知。

（二）有利于企业开发新产品

科学技术日新月异，顾客需求千变万化，致使市场竞争日趋激烈，新产品层出不穷，产品更新换代的速度越来越快。日本汽车打入美国市场，美国宝洁公司进入中国洗发护发市场，都与市场营销调研密不可分。宝洁公司不断推出适合中国各类消费群体的洗发水，突出产品特色，例如，"海飞丝"侧重于去头屑，"潘婷"用于修护头发，"沙宣"则着眼于高收入的白领阶层。通过市场调研，进行市场细分，根据掌握的信息，有针对性地开发新产品或进行产品的更新换代，宝洁公司做得非常成功。可见，通过市场营销调研，企业可以发现市场新的需求以及明确产品目前处于生命周期的哪个阶段，以便适时调整，对是否进行新产品的开发研制和产品的更新换代做出决策。

（三）为制定市场营销组合策略提供依据

市场的情况错综复杂，瞬息万变，一个企业要想长久地立足于市场，在激烈的竞争中顺利发展，需要随时了解并掌握市场需求。只有通过大量、系统、准确的调研活动，取得相关资料，企业才能及时知晓所处的市场状况、产品的市场占有率、产品的供求状况等非常重要的信息。例如，企业根据产品的特点，通过市场营销调研了解市场需求，可以制定适当的产

品策略。产品的价格不仅取决于产品的成本，还受供求关系、竞争对手的价格、经济大环境、价格弹性等因素的影响。企业通过市场营销调研，可以及时掌握市场上产品的价格态势，灵活调整价格策略。又如，产品打入市场时，能否制定出切实有效的促销策略至关重要，销售渠道是否畅通无阻也很重要。这一切都需要企业通过市场营销调研来提供市场信息，以作为企业制定市场营销组合策略的依据。

（四）有利于企业提高经济效益

某制药厂曾以自筹资金 30 万元、三口旧锅起家。该厂重视市场信息，并积极捕捉信息。厂内设有商情科和情报研究室，专门研究国内外产品信息和先进的科技信息，并通过厂外的几百个销售点不断了解市场，根据市场需要生产产品，销量大幅度上升，经济效益明显提高。由此可见，通过市场营销调研，企业可以及时了解产品的发展变化趋势，掌握产品的供求情况和顾客需求等，据此制订适当的营销计划，组织生产适销对路的产品，从而使竞争力不断增强，经济效益不断提高。

第二节　市场营销调研的内容与方法

市场营销调研是进行营销决策的前提，调研结果是营销策划方案形成的重要依据。从某种意义上来说，市场营销调研的成败决定着营销策划方案的成败。因此，市场营销调研内容的确定和方法的选择至关重要。

一、市场营销调研的内容

（一）宏观环境调研

宏观环境是指对企业生产经营有巨大影响的社会力量，包括政治、法律、经济、社会、文化、技术、人文、自然等多方面因素。通常，可采用 PEST 法对企业的宏观环境进行分析。

PEST 法即对企业所面临的宏观环境，如政策/法律（P）、经济（E）、社会/文化（S）、技术（T）等方面进行综合分析的方法，其基本内容如表 3-1 所示。

表 3-1　PEST 分析法的基本内容

内容	内涵
政策/法律（P）	政府稳定性、劳动法、贸易法、税收政策、经济刺激方案、行业性法规等
经济（E）	经济周期、国民生产总值趋势、利率/汇率、货币供给、通货膨胀、失业率、可支配收入、经济环境、成本等
社会/文化（S）	生活方式、社会受教育水平、消费方式/水平、区域特性、风俗习惯等
技术（T）	重大技术突破、技术壁垒、新技术的发明和进展、技术传播的速度、替代技术出现等

（二）市场竞争调研

市场竞争调研是市场调研的重要组成部分，企业必须给予高度重视。市场竞争调研的目的主要是支持企业营销的总体发展战略，做到知己知彼，进而发挥好企业的核心竞争优势。迈克尔·波特于20世纪80年代初提出了"波特五力模型"，说明产业环境中的成员可由五种竞争作用力共同决定，五种力量影响和决定了一个行业、市场的吸引力。

波特五力模型的具体内容如下。

（1）现有竞争者的竞争能力。如果一个市场已经存在众多的、强大的竞争者，它就没有吸引力，因为竞争者会引起频繁的价格战、广告战和新产品推介，使竞争的代价更昂贵。

（2）新进入者的威胁。一个市场的吸引力随其进入壁垒的高低而改变。最具吸引力的市场，进入壁垒最高，所以很少有新公司能够进入。当进入壁垒低时，公司进入行业就很容易，回报稳定但较低。一个行业的进入者通常会带来大量的资源和额外的生产能力，并且要求获得市场份额。除完全竞争的市场以外，行业的新进入者可能使整个市场发生动摇。

（3）替代产品的威胁。当一个细分市场有实际或潜在的替代产品时，它没有吸引力。替代产品指的是和现有产品具有相同功能的产品，但是替代产品能否产生替代的效果，就要看其能否比现有产品更具"性价比"。公司应密切监测替代产品的价格趋向，如果替代产品的技术进步或价格更具优势，该细分市场的价格和利润就可能会下降。

（4）购买者的讨价还价能力。当一个细分市场的购买者讨价还价能力很强或正在增强时，它就缺乏吸引力。为了进行竞争，销售商应当选择议价能力较弱的购买者，或者提供即便议价能力很强也无法拒绝的优质供应品。

（5）供应商的讨价还价能力。如果公司的供应商能够轻易提高价格或者降低所提供产品的质量，那么公司所在的市场就没有吸引力。最好的防御方法是与供应商建立双赢的关系或采用多种供应渠道。

进行市场竞争调研，应主要侧重于本企业与竞争对手的比较研究，以识别企业的优势和劣势，判断出企业所具备的可与竞争对手相抗衡的条件和可能性，进而确定本企业的竞争策略，达到以己之长克彼之短的功效。

（三）市场需求调研

市场需求调研包括市场容量调研、顾客基本情况调研和消费行为调研。

市场容量调研主要是调查现有和潜在的人口变化、收入水平、本企业的市场占有率等。产品的需求量取决于人口数量（或用户数量）、人均（户均）购买量、其他需求量三个要素。市场需求量的决定模型为：

市场需求量＝人口数量（或用户数量）×人均（户均）购买量+其他需求量

（1）人口数量（或用户数量）及其变动是计算市场需求量的基础变量。

（2）人均（户均）购买量是计算市场需求量的重要参数，可通过历史资料或实验得到。例如，大米的人均购买量在一定时期内基本上是保持稳定的。

（3）其他需求量主要包括企业、事业单位、机关团体和政府的投资需求和国外贸易需求。

顾客基本情况调研主要是了解购买本企业产品或服务的团体或个人的情况，如民族、年龄、收入、性别、文化水平、职业、地区等，要重点研究顾客人均收入、人均消费支出、购买力水平等。

消费行为调研是调研各阶层顾客的购买欲望、购买动机、兴趣爱好、购买习惯、购买时间、购买地点、购买数量、由谁购买、如何购买、品牌偏好等情况，以及顾客对本企业产品和其他企业提供的同类产品的欢迎程度。

在进行需求调研时，也要考虑影响市场需求变化的因素。这些因素通常有经济总量及其增长率、宏观政治经济环境变化、居民货币收入与储蓄的变化、物价总水平的变动、固定资产投资的拉动、货币流通与货币政策、产业政策等。

（四）企业内部调研

市场营销策划方案必须根据企业自身情况制定，并与企业总体战略发展方向一致。通过对企业发展战略及使命、内部资源、业务组合及其相互关系、既往业绩与成功关键要素的分析，掌握企业自身存在的优势和劣势。

1. 企业发展战略及使命

明确企业三个层次战略（企业战略、业务单位战略、职能战略）各自的发展方向，掌握企业的组织、权力结构、业务分布与经营状况；同时掌握企业使命，清楚企业的终极目标、企业愿景、主体业务及为顾客和利益团体创造价值的方式。

2. 企业内部资源

企业内部资源包括人力资源、物力资源、财力资源及信息情报资源等。

3. 企业业务组合及其相互关系

掌握企业现有业务情况，并判断每项业务所属类型，以便进行资源分配。

4. 既往业绩与成功关键要素

掌握企业销售额、利润的同比增长情况，清楚哪些战略及策略是行之有效的，研究企业取得成功的关键之道等，这些都能表明企业自身发展的优势和劣势。

（五）营销组合调研

营销策略的核心为4P（四大营销组合策略），因此进行营销调研应从营销组合入手，掌握产品、价格、销售渠道、促销的情况，以便更好地了解产品的优势和劣势。

1. 产品调研

产品调研主要是了解消费者对企业所提供产品或服务的满意程度。进而获取消费者对产品性能、包装等方面的意见和建议，为企业进一步改进产品提供极具参考性的信息。

2. 价格调研

价格调研即了解国家价格政策、价格消费曲线，明确企业的定价方法、定价策略及竞争者和替代品的价格水平，掌握新产品在生命周期不同阶段的定价原则以及产品的调价策略等。

3. 销售渠道调研

针对企业产品从生产者到消费者的渠道调查研究就是销售渠道调研。企业通过销售渠道调研可以分析产品各个渠道的销售状况、各时期的销售变动规律和新兴渠道的崛起，进而制定出最适合企业的渠道策略。销售渠道调研可从以下几个方面开展。

（1）现有销售渠道调研。现有销售渠道调研即了解企业产品现有的销售渠道构成状况，各渠道的作用和库存情况，渠道成员被竞争者利用的情况，渠道成员对本企业及其他企业的态度，各渠道环节上的价格折扣和促销情况等。

（2）经销单位调研。经销单位调研是指了解各经销单位的企业形象、规模、销售量、推销形式、顾客组成和所提供的服务等。

（3）渠道调整的可行性分析。渠道调整的可行性分析是指了解新渠道的成本、费用及预期收益，为合理调整销售渠道提供客观依据。

4. 促销调研

促销调研主要考虑四个方面：第一，开展广告效果调研，即研究何种形式的广告最受欢迎，何种媒体传播效果最好，何时做广告效果最佳，同时研究竞争者的广告策略；第二，研究推销人员的素质、能力、技巧、业绩情况，分析其推销的效果及适合的策略；第三，总结销售促进的力度、策略、效果及成功或失败的经验；第四，掌握企业公共关系活动的内容、宣传策略对产品销售量及企业形象的影响程度，并衡量公共关系的效果。

（六）客户满意度调研

客户满意度调研越来越受到各企业的重视。企业通过客户满意度调研了解顾客满意度的决定性因素，测量各因素的满意度，从而为企业比竞争对手更好地满足消费者提供建议。

在客户满意度研究中，需要调研、了解和分析六个方面：一是客户对有关产品或服务的整体满意度；二是客户对特定品牌产生偏好的因素、条件和原因；三是客户的购买动机以及产生这些动机的原因；四是客户对各竞争对手的满意度评价；五是客户对产品的使用次数和购买次数，以及每次购买的数量；六是客户对改进产品或服务质量的具体建议。在营销策划实践中，要做好客户满意度评价，还需要建立一套客户满意度评价指标体系，需要从品牌、产品、定价、服务等方面进行构建。

（七）商圈环境调研

随着现代经济的发展，各种各样的商圈逐步形成并日益发展成熟。商圈环境调研就是指运用特定的市场调研方法，通过调查分析商圈的构成情况、范围、特点及引起商圈规模变化的因素，为商业项目的可行性研究、商业网点选址或制定营销策略提供科学依据。

在营销策划实践中，企业成立初期，一定要进行商圈环境调研，对所选区域做精心细致的调查，如备选区域的人口流量、附近同类或不同类商店的数量以及其采用的经营策略等。商圈环境调研是最基础的工作，尤其对新创企业而言，做好商圈环境调研往往直接影响到企业未来的发展前途，必须予以高度重视。

二、市场营销调研的方法

（一）文案法

文案法是指通过搜集各种历史和现实的动态统计资料，从中选取与市场调研内容有关的情报并进行统计分析的调研方法。

文案法调研的对象是各种历史和现实的统计资料。当所需的市场资料有限而且已有可靠的文字资料时，文案法往往是比较有效的调研方法。但是，当需要深入了解某一个市场的情况时，实地调研则必不可少。因此，文案法调研往往是实地调研的基础和前期准备。

（二）问卷法

在市场营销调研中，问卷法是常用的一种方法，也是近年来推行最快、应用最广的一种调研方法。问卷法的核心在于问卷的设计。问卷是调研组根据调研目的和要求，按照一定的理论假设设计出来的，由一系列问题、调研项目、备选方案及调研说明组成。问卷设计应通俗易懂，一份设计科学、完整的问卷可以大量节省调研过程中的人力、财力、物力和时间，提高问卷的回收率和回收信息的有效率，甚至关系到整个调研活动的成败。

通常，在问卷设计之前，要初步掌握调查对象的特点及调查内容的基本情况，然后结合实际需要，全面、慎重思考，把问卷设计得科学、实用，以保证取得较好的调查效果。同时，在问卷设计中要注意，根据调研目的确定所需要的资料，提问内容尽量简短而明确。问卷回收时应注意甄别有效问卷和无效问卷，对于有效问卷，还应做好编码工作。

（三）实验法

实验法是指在一定条件下，对所研究的对象从一个或多个因素进行控制，以测定这些因素间的关系。通过小规模的实验，记录事件的发展和结果，搜集和分析第一手信息资料，这在因果性的调研中非常重要。例如，要调研天气温度对羽绒服销售的影响、价格涨跌对产品销售的影响等时，就可以采用实验法。

实验法按照实验的场所可分为实验室实验和市场试销。实验室实验是指在模拟环境中进行实验，研究人员可以进行严格的实验控制，比较容易操作，时间短、费用低。市场试销是一种使用较多的实验法，是指在实际环境中进行实验，即企业的某一种新产品在完全面市前，先进入一个现实的特定区域内销售，以收集有关产品市场活动的信息，为实现新产品研发和进入市场提供有益尝试。此外，实验法还可以用于测试各种广告效果，研究品牌对消费者选择产品的影响，颜色、名称对消费者味觉的影响，产品价格、包装、陈列位置等因素对销量的影响等。

（四）观察法

观察法是调研人员到调查现场对调查对象的情况进行直接观察的一种收集资料的方法。观察法分为人工观察法和非人工观察法。人工观察法是指调研人员直接到现场查看以收集有关资料的方法；非人工观察法则是借助一些现代化的辅助工具（如监控设备、照相机、录音机、显微录像机等）去观察调查对象，从而获得资料的一种方法。科学的观察具有目的性、计划性、系统性和可重复性。

观察法在市场调研中应用广泛，可以用于对消费者需求状况和产品销售状况的观察，为制定灵活多样的产品销售策略提供可靠的依据；也可用于对营销服务人员工作状况的观察，帮助企业管理者发现员工在工作中的问题，进而找到相应的解决对策；还可用于对企业经营环境的管理，为企业经营环境的优化提供可行的依据。此外，观察法在对竞争对手经营状况的关注中也经常被使用，进而为企业制定有效的市场竞争战略和战术提供有针对性的依据。

★相关链接

观察法示例

有一家生鲜超市，某段时间生意不是很好，老板为了改变这种现状，决定开展市场调研。他委托了一个调研机构，该调研机构采用观察法帮其解决了问题。

调研机构派出了 30 名市场调研人员，展开为期两周的调研。这些调研人员每天去该生鲜超市周边的竞争对手店、批发店和邻近商铺观察，了解市场上的热销生鲜产品、定价策略和营销活动、商品展陈等，每位调研人员必须每天写汇报日记。

通过观察、分析、整理和汇总，调研机构给出了一份研究报告，提出了该生鲜超市可主推的产品、可采用的策略。生鲜超市老板根据调研机构的建议做出相应的营销策略调整，不久，生意开始回转，慢慢越来越好。

（五）访问法

访问法是指将调查事项以当面、电话或书面等形式向被调查者提出询问，由被调查者回答，以了解市场实际情况，进而搜集所需信息资料的一种市场调查方法。访问法的具体形式有入户访问、拦截访问、电话访问、邮寄访问和留置访问。

★案例赏析3-1

电视收视率是怎样调查出来的?

电视收视率是指某一时段内收看某电视频道（或某电视节目）的人数（或家户数）占电视观众总人数（或家户数）的百分比。作为"注意力经济"时代的重要量化指标，它是深入分析电视收视市场的科学基础，是节目制作、编排及调整的重要参考，是节目评估的主要指标，是制订与评估媒介计划、提高广告投放效益的有力工具。

虽然电视收视率本身只是一个简单的数字，但是在看似简单的数字背后却是一系列科学的基础研究、抽样和建立固定样组、测量、统计与数据处理的复杂过程。现在一般由第三方数据调研公司，通过电话、问卷调查、机顶盒或其他方式抽样调查来得到电视收视率。日记法是常用的收视率数据采集方法之一。

日记法是指由样本户中所有 4 岁及以上家庭成员填写日记卡来收集收视信息的方法。样本户中每一家庭成员都有各自的日记卡，要求他们把每天收看电视的情况（包括收看的频道和时间段）随时记录在自己的日记卡上。日记卡上所列的时间间隔为 15 分钟。每一张日记卡可记录一周的收视情况。

（资料来源：360 百科"收视率"）

市场调研的方法多种多样，是否选择了合理、合适的调研方法对调查结果影响很大。为充分发挥各种调研方法的优点，在实际操作中必须熟悉各种调研方法的特点，科学选择调研方法。总体而言，并非哪种调研方法绝对优于其他方法。这些调研方法各具适应性，在实践中要熟悉各种调研方法的优缺点，综合对比，选择适合调研目的、调研需求的调研方法，这样才能获得科学、客观、全面的调研资料。

第三节　市场营销调研的流程

市场营销调研是一项十分复杂的工作，要想顺利完成市场营销调研任务，必须按照科学的程序，有计划、有组织、有步骤地进行。然而，由于市场变幻莫测，市场营销调研没有一个固定的程序可循。一般来说，根据营销调研活动中各项工作的自然顺序和逻辑关系，市场营销调研可分为调研准备、调研设计、调研实施和调研总结四个阶段，每个阶段包括若干步骤。

一、调研准备阶段

市场调研准备阶段的主要任务是确定调研的必要性，明确调研的具体问题和确定调研目标。

（一）确定调研的必要性

并非每一项调研都有执行的必要。例如，以下情况就不需要开展调研：企业已经拥有所需的信息；时间有限，预见到调研结果得出的时间晚于需要进行决策的时间；资金不允许或成本大于收益；调研信息获得的可能性较低等。

（二）明确调研的具体问题

准确提出与界定研究问题是整个市场调研过程中最关键的一步。对研究问题的描述不够清晰或者对问题的界定不正确都可能导致营销调研无法顺利进行，或者必要的决策所需信息不能取得，并增加预算开支。

营销调研人员必须解决的问题有两种类型，即营销管理问题与营销调研问题。营销管理问题以行动为导向，回答决策者需要做什么、可能采取什么行动，是决策者面对的问题，例如，"是否应实施提价策略""是否应增加广告预算"等；营销调研问题则以信息为导向，涉及为解决营销管理问题到底需要什么信息、如何有效获取这些信息，是研究者面临的问题，例如，"手机产品的价格需求弹性""消费行为中的广告支出效应"等。因此，为了保证调研内容的合理性，首先必须准确地识别企业的营销管理问题，这是营销调研的出发点。

（三）确定调研目标

营销调研目标是设计调研方案、编制调研策划书的重要依据。确定调研目标，就是指出在营销调研中要解决哪些问题，通过调研要取得哪些资料，获取这些资料有何用途。随着营销管理问题与营销调研问题的逐步明晰，营销调研目标便可相应得到确认。如某公司销量下滑，管理层怀疑是广告铺陈不够，考虑是否加大广告开支，那么有关调研目标可描述为：通过对消费者广告效应的调查以及广告媒体效果的监测，确定广告对销量的影响，为公司的广告预算制定提供依据。

二、调研设计阶段

确定了调研问题和调研目标之后，研究人员便进入调研设计阶段，开始着手制订详细的调研计划，编制营销调研策划书。调研策划书是指导调研活动开展的纲领性文件，一般应指明所要收集的具体信息资料及其来源、采用的方法、技术方案、时间规划、经费预算等。

（一）确定所需的信息资料及其来源

不同的调研项目所需的信息资料是大不一样的，但是按照来源可以归纳为两种基本类型，即一手资料和二手资料。在一手资料的收集中还需进一步明确向谁调研和由谁具体提供资料的问题，即明确调查的对象与范围。

（二）确定收集资料的方法

二手资料的收集方法比较简单，比如网上搜索、查阅付费数据库、访问统计部门等；一手资料的收集方法较多而且复杂，主要有问卷法、访问法、观察法、实验法和一些特定的定性研究法。

（三）确定获取信息的技术方案

在技术方案中应明确如何具体收集、整理与分析信息。在信息收集方面往往涉及问卷的设计、抽样方法的选择、样本容量的确定等问题；在信息整理与分析方面应明确信息处理的基本目标和要求、分析的具体方法等。

（四）制定时间规划

在总体方案的设计或策划过程中，要确定整个调研工作完成的期限以及各个阶段的进程，即必须有详细的进度计划安排，以便督促或检查各个阶段的工作，保证按时完成调研工作。进度安排一般需要包括方案的论证时间、调查问卷或访谈提纲的设计和印刷时间、访问人员的培训时间、调查实施时间、数据处理时间、调查报告撰写时间等。

（五）制定经费预算

在进行经费预算时，一般需要考虑总体方案策划费或设计费、调查问卷印刷费、访问人员培训及劳务费、被访者的礼品或酬金费、交通费、数据统计分析费等。

三、调研实施阶段

调研实施阶段的主要任务是根据调研计划，组织调研人员深入收集资料，主要包括调研人员安排、调研数据收集两个工作步骤。

（一）调研人员安排

调研人员的选择、培训及管理十分重要。在选择调研人员时，应选择责任心强、思想水平较高、语言表达能力强、身体素质良好和具备一定调研经验的人。调研人员的培训主要是对调研人员就调研业务知识、思想道德、规章制度等方面进行教育，增加其必要的知识，提高其应变能力。对于调研人员的管理工作要贯穿整个调研实施过程，如对收集的资料及时查看，检验是否符合要求，若发现问题，应及时纠正；适时对被调研者展开复查，以免调研人员随意编纂资料，影响调研结果。

（二）调研数据收集

调研数据收集是调研人员根据既定的调研计划采用相应的方法和途径获得信息的活动，是营销调研的核心阶段和主体部分。必须注意的是，在此阶段要尽量预防和控制非抽样误差的产生，比如访问了错误的样本、访问对象不在、访问对象拒访或故意提供错误信息、访问员不诚实、访问员记录错误等。为了避免非抽样误差的产生，在资料收集过程中必须实施有效的组织管理与质量控制。

四、调研总结阶段

调研总结是市场调研的重要环节，科学合理的总结能让整个调研工作顺利完成，客观有效的数据整理与分析和条理清晰的调研报告的撰写是调研总结的两项具体工作。

（一）数据整理与分析

市场调研实施中所获得的大量数据信息是分散的、零星的，有些信息可能是片面的、不真实的，研究人员必须按照一定的标准和要求对所获取的各种一手资料和二手资料进行整理和分析，形成有用的信息和结论，其中涉及的活动有资料的编码、录入、统计分析等。

（二）调研报告撰写

调研报告是关于调研活动结论性意见的书面报告，通常包括三种形式：数据型、分析型和咨询型。一份完整的调研报告一般由标题、正文、结论和建议等几大部分组成，撰写时注意以翔实的信息资料作为支撑，符合客观实际，实事求是，以市场为导向；在保证全面、系统地反映客观事物的前提下，突出重点，尤其是突出调查研究的目的，提高整个报告的针对性和应用性。

第四节　市场营销调研报告的结构与撰写

市场调研报告是整个调研工作（包括计划、实施、收集、整理、分析等一系列过程）的总结，是调研人员劳动与智慧的结晶，也是进行调研成果展示的书面结论之一。

一、调研报告的结构

调研报告一般由标题、目录、概要、正文、结论和建议、附件组成。

（一）标题

标题必须准确揭示调研报告的主题。标题的形式有三种：直叙式、表达观点式和提问式。直叙式标题一般简单明了地反映调研意向，是市场调研报告编写时常用的形式，如"关于笔记本电脑市场需求的调研报告"；表达观点式标题是直接阐明作者的观点或对事物的判断、评价的标题，如"笔记本电脑涨价竞争不可取"；提问式标题常以设问形式，突出问题的焦点，以吸引读者阅读，并促使其思考，如"××笔记本电脑为何如此畅销"。

（二）目录

调研报告的内容比较多的时候，为了方便阅读，应当以目录和索引形式列出调研报告的重要章节和附录，并注明标题、有关章节页码。一般来说，目录的篇幅不宜超过两页。

如××市保健品市场调研报告的目录如下：

一、调研背景

二、调研目的与内容

三、调查方法与抽样设计

四、样本量选择

五、访员安排

六、质量控制与复核

七、数据录入与处理

八、调研时间安排

九、报告提交

十、项目预算

十一、附录

（三）概要

概要部分主要阐述市场调研的基本情况，方便阅读者尽快得出调研报告的主要结论，理解市场调研操作的过程。概要一般包括市场调研的目的、起止时间、有效回收率、调研对象、样本量、抽样方法、收集资料的方法，以及调研结论和建议等。概要应做到清楚、简洁和高度概括，同时还要通俗、精练，尽量避免使用生僻字或专业性、技术性较强的术语。

（四）正文

正文是市场调研报告最重要的部分，是根据对调研资料的统计分析结果所进行的全面、准确、客观的论证，应按照规定的逻辑顺序进行陈述，通常包括项目的市场背景分析、原因分析、利弊分析和预测分析。一份好的调研报告的正文应包含两方面的内容：一是对大量的原始资料进行整理概括及解释说明，使读者一目了然；二是使用各种定性和定量分析方法进行分析，对分析结果进行详细的阐述。在市场调研报告正文撰写的过程中，可以将文字解释与图表展示结合。图表有强烈的直观效果，有助于读者理解市场调研的具体内容，提高页面的美观性和丰富性，同时还能调节读者的情绪，加强对报告的认知和理解。很多调研报告的正文都会用图表进行比较分析、概括归纳、辅助说明等。

（五）结论和建议

结论和建议部分是调研报告的关键部分，也是最吸引人之处。其中，调研结论是以调研分析结果为基础得出的结论或决策；建议是根据结论而提出的工作及行动建议，是今后的行动指南，是调研机构对整个调研项目的总结。

（六）附件

附件是对正文的补充或更详尽的说明。附件可以是问卷调研表、数据汇总表、原始资料、项目背景资料和必要的技术报告，也可以是二手资料来源索引、一手资料来源和相应的统计一览表等。

二、市场调研报告的撰写要求

一份好的市场调研报告不仅要精心设计报告内容，还要合理组织安排报告结构和格式，更重要的是应以客户导向为基础。以下是撰写市场调研报告的要求及注意事项。

（一）逻辑合理

调研报告应按照调研活动展开的顺序撰写，前后衔接，环环相扣，使调研报告结构合理、符合逻辑，并对必要的重复性调研工作进行适当说明。可以通过设立标题、副标题、小标题，标明项目的等级符号等来增强报告的逻辑性。

（二）解释清晰

调研报告中的图表是为增强阅读性、可视性而设计的，调研人员应当对图表辅以相关文字说明，使阅读者能够理解图表的内容及含义。

（三）重视质量，突出重点

调研人员应重视调研报告的质量。一份优秀的调研报告应该简洁、有效、重点突出，避免篇幅冗长。

（四）兼具科学性与可读性

一份优秀的调研报告既不能是通篇的文字说明（使报告的可读性下降），也不能是单纯地将所有的定量分析结果罗列出来，这样会给阅读及理解造成干扰和困难。因此，撰写调研报告要将定量分析与定性分析相结合，既增强可信度，又具备可读性。

（五）尊重事实，结论客观

调研人员应尊重客观事实，避免提供虚假数据和材料。同时，调研结论应当根据调研分析结果客观陈述，并尽量切合实际地提出建议。

（六）尽量图表化

图表等视觉工具能够直观地显示出所要陈述的内容，增强调研报告的可读性，因此，应尽量使用图表。

本章小结

本章对市场营销调研的概念、主要内容、调研方法和流程等内容进行了阐述，并对市场调研报告的撰写进行了介绍。市场营销调研的主要内容包括宏观环境调研、市场竞争调研、市场需求调研、企业内部调研、营销组合调研、客户满意度调研、商圈环境调研等。市场调研方法有文案法、问卷法、实验法、观察法和访问法等。市场营销调研的流程可分为调研准备、调研设计、调研实施和调研总结四个阶段，每个阶段包括若干步骤。市场营销调研报告是调研工作的书面汇报材料，一般由标题、目录、概要、正文、结论和建议、附件六部分组成。

市场营销调研是市场营销策划的基础，是制定营销决策的主要依据，后续的营销战略和营销组合策略的制定均以市场营销调研为基础展开。

思考题

1. 试述市场营销调研的作用和类型。
2. 市场营销调研的内容主要包括哪些？
3. 市场营销调研的方法有哪些？
4. 市场营销调研的流程是什么？
5. 市场营销调研报告的内容主要包括哪些？写作中应注意什么？
6. 通过本章的学习，你对市场营销调研有什么认识和理解？

案例分析

把肯德基的"家庭宴会"介绍给英国人

20世纪90年代初期，肯德基进入英国市场已经30年，并开设了300多家连锁店。肯德基最初的定位是"外卖"，店内座位很少，甚至没有座位。在英国，肯德基的传统消费者是年轻男性，他们时常在当地酒吧与朋友聚会后，在很晚的时候光顾肯德基。竞争者麦当劳的发展及其他美国快餐公司的流行，使肯德基很难保持现有的局面，面临寻找竞争优势的问题。

1. 特定的营销问题

就公司的长期生存而言，肯德基必须重新进行形象定位，以使肯德基的消费对象从青年男性扩展到家庭领域。诸多迹象表明，家庭成员是快餐行业最大且增长最快的一部分消费者。

由此，肯德基营销管理层面临的特定营销问题是：如何改变公司在英国消费者心目中的形象，使公司产品对英国母亲们也具有足够的吸引力，并使她们经常购买肯德基的食品作为家庭膳食。

2. 确立调研目标

通过对这一特定的营销问题进行分析，肯德基认为，公司要想把现有的品牌形象转变为家庭聚会概念，有必要调查英国家庭对家庭膳食的价值观，以适应英国市场。当时，家庭膳食在澳大利亚已取得成功：公司把那种含有丰富食物及餐后甜点的豪华膳食——"家庭宴会"，以合理的价格推向了澳大利亚的四口之家。

所以，肯德基需要调研两个主要问题：一是相似的"家庭宴会"是否会吸引英国的母亲们；二是"家庭宴会"的推出是否会使肯德基的品牌在英国的整体形象及知名度有所提高。

3. 确定调研设计方案

针对英国母亲们进行的"家庭宴会"概念研究，将帮助肯德基确定这个想法在英国是否具有生命力，这就解决了上述两个问题。如果它对英国母亲们具有吸引力，则肯德基"家庭宴会"可以在英国全面推行，同时也将开始研究由此产生的商业行为及消费者行为。

要研究"家庭宴会"概念，则需要制定相关调查方案，包括二手资料分析、焦点（小组）访谈研究、对英国母亲们的特定比较分析研究，以及最终的销售及消费者追踪研究。

4. 确定资料的类型和来源

在研究快餐业问题时，可以分析已公布的二手资料，如一些行业杂志（《广告时代》《餐馆新闻》等）提供的有关竞争者动向的信息，但其作用是有限的，因为竞争对手通常也对这些资料密切关注。第一手资料是相当有用的，对于肯德基来说，这种资料有两种来源，即定性研究和定量研究。以上两种情况的基本资料都来源于英国的母亲们。

5. 确定收集资料的方法

肯德基完成了对在澳大利亚的成功经历的研究并收集和分析了其相关的业务资料之后，就开始进行焦点（小组）访谈。访谈对象是有12岁以下小孩的英国母亲，目的是研究这些家庭的饮食习惯和这些母亲供应家庭膳食的方法。另外，通过问卷调查方法，也可以了解在不同价格情况下，母亲们认为合理的家庭饮食结构。如果决定开始推行"家庭宴会"，则每月需进行定期的品牌追踪研究。

6. 设计问卷

在焦点（小组）访谈阶段，肯德基的研究人员走访了英国各地有12岁以下小孩的母亲们，与她们展开了一系列的讨论，如她们喜欢的餐馆及快餐店等。随后，肯德基也进行了特定比较研究。

特定比较研究是指对不同变量的一系列比较，如价格、食物的数量、套餐中是否包括餐后甜点或饮料等。公司设计了一份结构性问卷以获得这些资料。同时，为减轻现场执行的压力，还对该问卷进行了预测试。市场追踪问卷则是一份标准的结构性和定量化问卷。为了不影响消费者对一些问题的判断，有关"家庭宴会"的知名度及好处等特定问题都在定期追踪问卷的最后才被提及。

7. 确定抽样方案

在定性研究阶段进行的焦点（小组）访谈的访问对象，来自英国伯明翰、利兹和伦敦3个城市的母亲，每一个小组都包含10至12个在过去3个月中在快餐店中消费过的妇女。比较分析研究的访问对象来自英国具有代表性的区域里的10条道路上随机抽取的200名妇女。市场追踪研究是定期性全国追踪研究的一部分，其样本的来源和数量与比较分析研究相似，也是通过在英国具有代表性的区域进行拦截访问来完成的。

8. 收集资料

资料收集需要花费很多时间。焦点（小组）访谈要求一组人员先后到伯明翰、利兹和伦敦3个城市，在每个城市参与4次会议，每次还要和会议主持人一起总结会议纪要。因此，总共需要花两个星期以上的时间才能收集到相关的资料。

比较分析研究及追踪研究，是由专业营销调研公司经过专业培训且经验丰富的访问员来完成的。比较分析研究的调查过程大约需要两个星期。而一旦决定在全国推行"家庭宴会"，就要在定期追踪研究中加入有关"家庭宴会"的问题，这需要6个月的时间。

9. 资料分析和调研报告撰写

第一手资料表明，参加焦点（小组）访谈的母亲都对"家庭宴会"概念非常感兴趣，并且认为这将促使她们购买肯德基的食品，以作为方便、经济的家庭膳食来源。

根据调查，如果"家庭宴会"的售价在 10 英镑以下（约 16 美元），则会更受人们的欢迎。人们认为"家庭宴会"的价格更为合理，食物更为充足，人们也更喜欢、更愿意购买"家庭宴会"。在这些研究发现的基础上，肯德基在英国推出了"家庭宴会"。

品牌追踪研究解决的是第二个目标，即"家庭宴会"的推出是否会使肯德基品牌在英国的整体形象及知名度有所提高。追踪调研显示，在推出"家庭宴会"时，肯德基的整体信用度要比其竞争者麦当劳公司低 10 个百分点。但到追踪调研阶段结束时（6 个月后），两者的信用度已经接近了。到 1994 年年底时，肯德基豪华膳食销售的比例已从 10% 上升到了 20%，整整增加了一倍。

持续不断的"家庭宴会"广告是肯德基品牌新的有效尝试，并给其带来了利润。仅做了 3 个月广告，肯德基"家庭宴会"在快餐消费者中的广告知名度已近 50%，而且 10% 以上的快餐消费者已购买过一次"家庭宴会"。

"家庭宴会"最终成为肯德基在英国的首要销售项目。

综上所述，肯德基在英国成功地进行了品牌形象再定位，即家庭喜爱的餐馆。而在这一过程中，对"家庭宴会"的市场调查起到了至关重要的作用。为了能不断塑造良好形象，并和其他的快餐店展开有力的竞争，肯德基仍然在营销调研上有很高的投入。

〔资料来源：百度文库《肯德基英国市场调研（调研流程案例）》〕

【案例分析】

1. 本次营销调研分为哪几个步骤？它们之间的关系如何？
2. 在本案例中，运用了哪些一手资料的收集方法？每种方法各解决了什么问题？
3. 在本案例中，为什么要选择有 12 岁以下小孩的母亲作为调查对象？
4. 在本案例中，你印象最深的是什么？从中你获得了什么启示？

项目实训

实训目的：掌握市场营销调研的流程。

实训内容：针对当前大学生关注的热点，学生自选主题设计一份合理的调研问卷，并实施调研，最终形成书面的调研报告。

实训形式：以小组为单位，按照实训内容要求完成。小组内部需分工明确，各司其责。分析整理后形成 PPT 文档，在课堂上进行分享。

第四章

营销战略策划

◢◣\学习导航

在今天的企业经营实践中，再也找不到一个概念比"战略"的使用更加广泛了。近几年，几乎要求企业的一切经营活动从"战略"的高度进行筹划安排。"战略"原本是一个军事术语，指事关战争全局的部署，后来被引入政治、经济、管理等领域，泛指带有全局性的、关于重大问题的谋划和决策。战略是企业前进的方向和蓝图，企业各业务单元的运作都需要建立在战略的基础上。而营销作为企业经营管理的一个业务单元，同样需要营销战略作为指导。著名营销学家菲利普·科特勒曾说过，营销战略是由在预期的环境和竞争条件下的企业营销支出、营销组合和营销分配等决策构成的。营销战略包括哪些内容，如何制定目标市场营销战略，是本章要探讨的内容。

◢◣\学习目标

- 了解营销战略的几种类型。
- 了解 STP 营销战略的概念和内容。
- 掌握市场细分的概念、标准和程序。
- 掌握目标市场的概念以及选择目标市场的标准。
- 掌握市场定位的概念、方法和依据。
- 应用 STP 理论指导企业营销战略的制定。

★开篇案例

滋源：洗了一辈子头发，你洗过头皮吗？

我国洗护发市场长期被国际品牌牢牢占据，它们凭借品牌和资金实力，通过广告、低价策略或收购策略等，一直打压着国产品牌，在渠道上几乎形成垄断。

如何伺机突围，并在突围后形成壁垒，防止强敌模仿跟进？滋源面对的，是一条不得不寻找破坏性创新的道路。而"无硅油"的诉求，为何能够撕开对手的防线？因为只有针对巨头们无法顾及的市场定位，才能在前有虎后有狼的激烈竞争中找到立足之地。

从 2015 年下半年开始，市场上出现了越来越多的"无硅油"洗发液，有国际品牌，也有一些不知名的新品牌，它们开始占据货架上越来越大的空间。一夜之间，"无硅油"洗发水成为洗护产品里的新宠，从细分概念已经足够多的洗护发产品中开辟出一块新领地，让消费者发现，原来在"柔顺、去屑、滋养"之外，还有这样的品类。

2015 年年中开始，滋源以重金投入广告传播，以"洗了一辈子头发，你洗过头皮吗？"的诉求以及"无硅油洗发水"的定位，凭借强大的媒体攻势，在市场上快速占据一席之地，不但完成了在洗护发市场的弯道超车，还带动了整个无硅油品类的快速发展，成为强敌林立的洗护发市场中的一匹黑马。

从规律上来说，想要在品类已经非常成熟的市场，开辟出一块全新的领地是非常困难的。多年的经验告诉我们，不要试图改变消费者的认知，而是要迎合消费者的认知。对于新品牌而言更是如此，因为改变认知的成本是非常高的，也很难在短期内起到作用。

从产品利益点的角度来看，天然、无硅油、不刺激、头皮护理等都是滋源洗发水明显的特征。然而，最终滋源聚焦在"无硅油"这一点，是从消费者和竞争对手两个层面进行考虑的。之所以选择"无硅油"作为聚焦诉求，是因为经调查发现，无硅油的需求和洗护发产品升级的趋势其实早已存在。随着城镇化率的提高和生活节奏的加快，消费者的时间被压缩，工作压力和生活压力越来越大，头皮问题、脱发问题日益严重，人们开始关注洗发水中的成分，形成了"硅油会堵塞毛孔，造成脱发"的认知。长期的积累催生了巨大的需求。然而，这个需求却是国际巨头们无法满足的，或者说短期内不愿意去满足的。因为在那个时期，超市的大牌洗发水成分都标注着：二甲基二氯硅烷（即硅油）。

因此，"无硅油，不刺激"的市场定位，既成为滋源开拓市场的长矛，同时也是抵御强敌的坚盾。当市场定位清晰之后，"洗了一辈子头发，你洗过头皮吗？"这句广告语一出，众人忍不住连连称赞。

（资料来源：叶茂中策划网客户案例《滋源：洗了一辈子头发，你洗过头皮吗？》）

第一节　营销战略策划概述

一、营销战略的概念

（一）战略的概念

《中国大百科全书》中对战略的解释是：指导战争全局的方略。作为战略管理的一代宗师，伊戈尔·安索夫 1965 年在其著作《企业战略》一书中开始使用"战略管理"一词。将战略从军事领域拓展至经济管理活动中，认为战略是决策的基准。美国哈佛大学商学院教授迈克尔·波特认为，战略是在各项经营活动之间建立一种匹配，因为对各项活动的统筹兼顾、保持它们的相互匹配至关重要，并提出保持竞争战略的"波特五力模型"。亨利·明茨伯格提出了战略的5P理论，"5P"包括计划（Plan）、计策（Ploy）、模式（Pattern）、定位（Position）、观念（Perspective）。

（二）营销战略的概念

"现代营销学之父"菲利普·科特勒将营销战略定义为"业务单位意欲在目标市场上用以达成各种营销目标的广泛原则"。营销战略是指企业在现代市场营销观念下，为实现其经营目标，对一定时期内市场营销发展的总体设想和规划。

营销战略作为一种重要战略，其主旨是提高企业营销资源的利用效率，使企业资源的利用效率最大化。营销在企业经营中的突出战略地位，使其连同产品战略一起被称为企业的基本经营战略，对于保证企业总体战略的实施起着关键作用，尤其是对处于激烈竞争环境的企业来说，制定营销战略更显得迫切和必要。

二、营销战略的特征

营销战略不是各种策略的叠加，而是企业营销的引导战略。所以，营销战略除具备营销策划的一般特征外，还具备一定的特殊性，其基本特征如下。

1. 长期性

企业的营销战略是企业着眼于适应未来环境变化而制定的一个相当长时间内的指导原则和政策。目标市场一旦选定，市场定位一旦明确，将关系未来很长一段时间内的营销策略的执行。因此，企业制定营销战略的同时也要认识到其对未来的影响，协调好未来与现在的关系。

2. 全局性

企业的营销战略体现了企业的全局发展需要和利益。营销活动本身涉及企业的方方面面，需要企业各部门协同配合。营销战略需要在分析企业外部环境和内部资源的基础上制定，并指导企业如何扬长避短，将企业资源在全公司范围内优化配置。因此，营销战略具有全局性的特征。

3. 竞争性

营销战略制定的核心是目标市场的营销战略，即企业基于对整体市场的分析，选择计划面向的目标客户群体，并为之提供合乎需求的产品，继而占据市场地位。然而，市场千变万化，众多竞争对手有可能对同一目标市场虎视眈眈，最后的王者必定要经过精密的筹谋和市场的洗礼。因此，营销战略应该充分研究市场和竞争环境，选定适合自己的竞争战略，进而在目标市场取得胜利。

4. 连贯性

营销战略的内容具有很强的连贯性，各环节之间节节相扣，紧密相关。以营销战略中典型的目标市场营销战略为例：首先，目标市场营销战略的制定应该以环境分析、SWOT分析（态势分析）提供的市场结论为依据；其次，STP三部曲之间也是相互联系的，目标市场选择以市场细分的结论为依据，选择适合企业的细分市场；再次，市场定位是在目标市场选择的基础上，为了在目标客户心中留下特定形象而实施的行为；最后，营销战略制定后，后续的营销组合策略更是依照营销战略制定的方向而开展的，许多营销策划的失败之处就在于忽视了营销战略对营销组合策略的指导意义。

三、营销战略的类型

市场营销领域常常将营销战略仅理解为目标市场营销战略（即 STP 战略），然而，从宏观层面讲，营销战略包含多种类型，本书主要介绍竞争战略、市场地位战略及目标市场营销战略三种。

（一）竞争战略

迈克尔·波特在其经典著作《竞争战略》中，提出通过五力模型分析行业的竞争环境，由此确定企业在行业中所处的地位，再结合企业自身的资源和优劣势、企业或相关战略业务单位，就可以选择自己的竞争战略。竞争战略可分为成本领先战略、差异化战略和集中化战略三种，如图 4-1 所示。

图 4-1　三种竞争战略

1. 成本领先战略

成本领先战略也称低成本战略，是指企业通过在内部加强成本控制，在研发、生产、销售、服务和广告等领域把成本有效降低，使之低于竞争对手的成本，甚至成为同行业中最低的成本，从而获取竞争优势的一种战略。当然，成本领先战略不能完全抛弃质量，应该在保证基本质量的前提下降低成本。

企业通过成本领先战略获取好的利润业绩有两种选择。

第一，利用低成本优势定出比竞争对手的产品或服务低的价格，大量吸引对价格敏感的购买者，进而提高总利润。

第二，不降价，满足于现在的市场份额，利用低成本优势提高单位利润，从而提高企业的总利润和总投资回报率。

2. 差异化战略

差异化战略是指能够提供被消费者接受的、与竞争对手不同的产品或服务，并能创造出受消费者欢迎的与众不同的价值的战略。差异化战略的实质是企业在行业范围内创造能吸引顾客群与供应方的具有独特性的产品或服务的战略举措，使竞争对手难以模仿，从而形成竞争优势。

成功的差异化战略，关键在于用竞争对手无法模仿或抗衡的方式为购买者提供价值，一般来说有四种类型。

（1）产品差异化战略。产品差异化的主要因素有产品特征、性能、耐用性、可靠性、易修理性、式样和设计等。

（2）服务差异化战略。服务的差异化主要包括送货、安装、顾客培训、咨询服务等因素。

（3）人事差异化战略。训练有素的员工应能体现出六个特征：胜任、礼貌、可信、可靠、反应敏捷、善于交流。

（4）形象差异化战略。形象就是公众对产品和企业的看法和感受，塑造形象的工具有名称、标识、颜色和标语等。

3. 集中化战略

集中化战略也称聚焦战略，是指企业的经营活动集中于某一特定的购买群体、某产品线的一个细分区域或某一区域市场的一种战略。这种战略的核心是瞄准某个特定的用户群体、某种细分的产品线或某个细分市场。具体来说，集中化战略可以分为顾客集中化战略、产品线集中化战略、地区集中化战略。

（二）市场地位战略

从企业所处的竞争地位来看，市场上的企业可以划分为四种类型：市场领导者、市场挑战者、市场跟随者、市场补缺者。因此，市场地位战略也相应具有以下四种。

1. 市场领导者战略

市场领导者指在某一行业的产品市场上占有最大市场份额的企业。几乎每个行业都有被大家公认为市场领导者的企业，该企业在同类产品目标市场中拥有最大的份额。市场领导者通常在产品开发、价格变动、分销渠道、促销力量等方面处于主宰地位，占有最大的市场份额，其营销行为会对市场产生很大的影响。市场领导者的地位是在竞争中形成的，但不是固定不变的。

一般情况下，市场领导者要保持自己的领导地位，主要有两种策略：一是扩大需求量，如发掘新的使用者、鼓励更多的人使用、开辟产品的新用途等；二是保护和提高市场占有率。在市场竞争中，不仅要努力扩大市场需求量，而且要保护和提高现有市场占有率，以便在竞争中占据有利地位。

2. 市场挑战者战略

市场挑战者指在行业中处于次要地位（第二、第三甚至更低地位）的企业。市场挑战者同样具有较强的竞争优势，有能力向市场领导者发起挑战，往往试图通过主动竞争扩大市场份额，提高市场地位，争取取代市场领导者的地位，然而能否成功，就要取决于它的竞争策略是否有效了。

3. 市场跟随者战略

市场跟随者指在行业中居于次要地位，并安于次要地位，在战略上跟随市场领导者的企业。在现实市场中存在大量的跟随者，它们最主要的特点是跟随，往往不能以自己的行为去影响市场的发展趋势，只能跟随市场竞争力强的企业去开展经营活动。在技术方面，它不做新技术的开拓者和率先使用者，而是做学习者和改进者；在营销方面，它不做市场培育的开路者，而是搭便车，以减少风险和降低成本。市场跟随者通过观察、学习、借鉴、模仿市场领导者的行为，不断提高自身技能，从而发展壮大。

4. 市场补缺者战略

市场补缺者多是行业中相对较弱小的中小企业，它们专注于市场上被大企业忽略的某些细小市场，在这些细小市场上通过专业化经营来获取最大限度的收益，在大企业的夹缝中求得生存和发展。理想的小型市场应具备的特征包括：①这个小型市场有相当的规模和购买力，可产生利润；②有发展潜力；③强大的竞争者对其无兴趣；④公司具备为其服务所必需的能力和资源；⑤公司已在顾客中建立良好信誉，可借此抵抗强大竞争者的攻击。

（三）目标市场营销战略

通常而言，制定企业的营销战略主要是指制定企业的目标市场营销战略。

在现代市场营销理论中，目标市场营销战略通常由三个步骤组成，常常称作 STP 营销战略，即市场细分、目标市场选择、市场定位。它们是构成企业营销战略的核心三要素。

企业的目标市场营销战略是营销策划的关键内容，在本章后续几节将进行详细阐述。

第二节　目标市场营销战略策划概述

一、目标市场营销战略的概念

1956 年，美国营销学家温德尔·史密斯提出一个重要概念——市场细分。此后，美国营销学家菲利普·科特勒进一步发展和完善了温德尔·史密斯的理论并最终形成了成熟的STP 理论：市场细分、目标市场选择、市场定位。

STP 营销战略是指企业在一定的市场细分的基础上，确定自己的目标市场，最后把产品或服务定位在目标市场中的确定位置上。根据 STP 理论，市场是一个综合体，是多层次、多元化的消费需求集合体，任何企业都无法满足所有需求，而应该根据需求、购买力等因素把市场分为由相似需求构成的消费群，即若干子市场，这就是市场细分。企业可以根据自身战略和产品情况从子市场中选取有一定规模和发展前景，并且符合企业发展目标和能力的细分市场作为目标市场。随后，企业需要将产品定位在目标消费者所偏好的位置上，并通过一系列营销活动向目标消费者传达这一定位信息，让他们注意到品牌，并感知到这就是他们所需要的产品。

二、目标市场营销战略策划的内容

通常，企业在进行 STP 营销战略策划之前，需要进行 SWOT 分析，并且制定营销目标，所以目标市场营销战略制定的内容应该包含 SWOT 分析、营销目标制定、STP 目标市场营销战略制定。根据营销策划的实际情况和策划人的思维习惯，有时，企业 SWOT 分析也体现在营销环境分析部分，而营销目标以单独的内容呈现。本书将这两个部分的内容都包括在目标市场营销战略策划内。由此，目标市场营销战略策划的基本内容如表4-1 所示。

表4-1　目标市场营销战略策划的基本内容

内容	内涵
SWOT 分析	企业内部优势和劣势，外部机会和威胁的综合分析，以期为制定营销目标和目标市场营销战略提供依据
营销目标制定	营销目标即特定时间内应该达成的绩效水平或市场地位，制定目标可以为目标市场营销战略的制定指明方向
STP 目标市场营销战略制定	进行市场细分
	选择目标市场
	开展市场定位

（一）SWOT 分析

SWOT 分析是对企业的优势（Strength）、劣势（Weakness）、机会（Opportunity）、威胁（Threats）进行的综合分析。企业通过从内部和外部收集信息，分析市场环境、竞争对手和自身情况，从而制定最佳的经营战略。

1. 企业外部环境分析（OT 分析）

企业外部环境分析包括机会和威胁分析。环境机会就是对企业富有吸引力的领域，在这一领域中，企业将拥有竞争优势；环境威胁是不利趋势所形成的挑战，如果不采取果断的战略和行为，这种不利趋势将导致企业的竞争地位被削弱。企业的外部环境分析根据在第三章中阐述的 PEST 分析法和五力模型来进行确定。

2. 企业内部分析（SW 分析）

企业内部分析包括企业自身的竞争优势和劣势分析。竞争优势是指一个企业超越其竞争对手的能力，或者指企业所特有的能提高其竞争力的资源；竞争劣势是指一个企业与其竞争对手相比，做得不好的地方或不具备的资源，从而使自己与竞争对手相比处于劣势。对于企业内部优劣势，主要从表4-2 中所列的几个领域进行分析。

表4-2　企业内部优劣势分析

分析领域	具体内容
品质	产品的安全性、稳定性、可靠性、美观性、适用性、耐久性、经济性等
成本（价格）	同样等级产品的生产成本、销售成本、服务成本等和销售价格（产品盈利能力）
产量、效率、交付能力	生产总量、生产能力、综合效率、人均产量、人均附加值、交付按量准时
产品研发、生产技术	新产品设计开发能力、开发周期、专利技术、专有技术、技术创新能力等

分析领域	具体内容
人才、设备、物料、方法	人才：优秀管理人才、技术人才 设备：先进高效率的生产线，现代化高精度的生产设备、检验设备 物料：一流的供应链，高质量、低价格的物料稳定供应 方法：先进的管理方法、管理体系，畅通的信息网络
销售/服务	销售：强大的销售网络，优秀的销售团队，灵活的市场变化应对能力，良好的品牌形象，良好的客户关系 服务：优质的全过程服务，满意的客户群

3. 构建 SWOT 矩阵，制定发展战略

企业通过对内外部的综合分析，已然清楚所面临的机会和威胁，以及自身具备的优势和劣势，这时需要构建 SWOT 矩阵和制定发展战略，如表 4-3 所示。

表 4-3 SWOT 矩阵和发展战略

	优势（S）	劣势（W）
机会（O）	SO 战略：发挥企业内部优势而利用企业外部机会的战略	WO 战略：利用外部机会来弥补内部弱点的战略
威胁（T）	ST 战略：利用本企业的优势回避或减轻外部威胁影响的战略	WT 战略：减少内部弱点的同时回避外部威胁的防御性战略

（二）营销目标制定

营销目标通常被理解为定量的承诺，常被描述为在一个特定运营期内的绩效水平，或者特定日期前应达成的市场地位。一般来说，营销目标应该明确具体，使团队成员或下级能够从中获得所需执行任务的具体描述，以及判定绩效的标准。营销目标可以从以下方面进行制定。

（1）在现有市场销售现有产品，对销售量的期望。

（2）在现有市场销售现有产品，对市场份额和市场占有率的期望。

（3）拓展产品到新的市场，对市场份额和市场占有率的期望。

（4）在现有市场开发新产品，对销售量的期望。

（5）在新市场开发新产品，对市场份额和市场占有率的期望。

（6）提升现有产品或新产品的知名度。

（7）提升品牌知名度等。

如某计算机品牌的营销目标为：销售量为 100 万单位的产品，占预期市场份额的 5%；产品品牌的知名度从 15% 上升到 30%；扩增 10% 的分销网点；预计实现 5 000 元的平均价格。

（三）STP 目标市场营销战略制定

1. 进行市场细分

市场细分是指根据顾客需求上的差异把某个产品或服务的市场逐一细分的过程。

2. 选择目标市场

选择目标市场是指企业从细分后的子市场中选择决定进入的细分市场，通常是对企业最有利的子市场。

3. 进行市场定位

市场定位主要是指为本企业产品塑造与众不同的、给人印象鲜明的形象，并将这种形象生动地传递给目标市场，从而使该产品在市场上确定其适当的位置。

本章第三、四、五节将对 STP 营销战略的各项内容和步骤进行详细讲解。

第三节　市场细分策划

一、市场细分概述

（一）市场细分的概念

市场细分理论是由美国营销学家温德尔·史密斯在 20 世纪 50 年代提出的。市场细分，是根据整体市场上消费需求的差异，将市场分为两个或两个以上的存在不同需求的消费群体的过程。具有类似需求特点的消费群体可形成一个细分市场。

应该注意的是，市场细分不是对产品类别进行细分，而是对产品面向的消费者群体按照需求和欲望进行细分，是将消费者总体市场划分为若干个类似性购买群体的细分市场的过程。如服装市场，市场细分并不是将服装产品划分为不同款式和质量的过程，而是对购买服装的消费者进行划分，例如有男性群体、女性群体，有学生群体、白领群体，有儿童群体、青少年群体、中年群体、老年群体等，每一类群体因为有共同的购买特征而形成服装市场上的一个细分市场。

（二）市场细分的作用

1. 有利于企业有效利用资源，发挥企业优势

消费者的需求和欲望千差万别，面对复杂多变的市场，无论一个企业规模有多大、资金实力有多雄厚，都不能满足市场上全部消费者的所有需求。特别是中小企业，由于自身资源的有限性，必须集中营销资源，选择最适合自己经营的细分市场，发挥营销优势和特色，在细分市场上获得投入和产出的最佳比例，在竞争激烈的市场中得以发展。

2. 有利于企业发现新的营销机会

通过市场细分，企业易于发现未被满足的消费需求，找到市场的空白点。如果企业能够满足这些消费需求，就可以把它作为自己的目标市场，这就是市场细分给予企业的营销机会。日本精工手表在美国钟表市场发现营销机会便是通过市场细分，发现高档手表市场已被瑞士的各大名牌手表所占领，且竞争激烈，而中低档市场的消费者需求并未得到很好的满足，于是决定开发中低档手表，满足这一层次消费者的需求。结果，精工手表很好地占领了美国中低档手表的市场。

3. 有利于企业巩固现有市场

通过市场细分，企业可以了解现有市场各类消费者的不同消费需求和变化趋势，有针对性地开展营销活动，最大限度地满足市场需求，让现有顾客满意，继而巩固现有市场的效果。

4. 有利于企业正确制定营销战略和策略

市场细分是企业制定营销战略和策略的前提。一个企业的营销战略和策略是具体的行动方略，都是针对自己的目标市场而制定的。通过市场细分，企业可以正确地选择目标市场，采取相应的营销组合策略，实现企业的营销目标。

二、市场细分的标准

市场细分是建立在市场需求的差异性基础上的，因此，形成需求差异性的因素都可以用作市场细分标准（或称为细分变量）。随着个性化时代的到来，市场需求千差万别，影响需求的因素又错综复杂，企业在进行市场细分时，没有统一的标准和模式。各企业应根据消费者需求的特点、行业经营的实际等，综合考虑，灵活选择市场细分标准，以获得对企业经营具有价值的细分市场。本章仅对消费品市场细分标准进行介绍。

消费品是指流向最终消费者的产品。通常，消费品市场细分标准可以按照地理环境变量、人口变量、心理变量、行为变量等进行划分，如表4-4所示。

表4-4 消费品市场细分标准

细分标准	具体因素
地理环境变量	国别、各级行政区域
	城市规模（城镇/农村）
	资源分布
	自然气候
人口变量	性别（男/女）
	年龄（儿童、少年、青年、中年、老年）
	职业（医生、教师、公务员等）
	家庭结构、家庭生命周期所处的阶段
	受教育程度（高中及以下、大学本科、硕士及以上）
	收入水平
	宗教信仰
	民族

续表

细分标准	具体因素
心理变量	个性特征（理智型、冲动型等）
	社会阶层
	影响消费者的相关群体（家庭、同事、朋友、协会、社团等）
	生活方式（传统型、保守型、现代型、时髦型）
	个人爱好
	风险取向（风险偏好型、风险回避型）
行为变量	购买时机（有无规律性、季节性、时令性）
	利益诉求（追求质量、追求低价、追求款式、追求品牌等）
	消费数量（从不购买、少量购买、中量购买、大量购买）
	消费频率（从不购买、曾经购买、初次购买、多次购买）

（一）地理环境变量细分

由于处于不同地理位置和环境的消费者，会形成不同的消费需求、消费习惯和偏好，因此地理变量是常用的市场细分标准。例如，根据中国不同区域的饮食消费习惯，菜肴素有"八大菜系"之分，每种菜系所面对的消费人群就是按照地理环境变量划分的一个细分市场。

地理环境变量相关的细分依据有国别、各级行政区域、城市规模、资源分布、自然气候等。

需要注意的是，地理因素是一种静态因素，处于同一地理位置的消费者仍然会存在较大的需求差异，因此，企业在进行市场细分时，还必须进一步考虑其他因素。

（二）人口变量细分

人口变量细分对于企业识别潜在顾客尤为重要，是市场细分最常用的细分标准。人口变量主要的细分依据有年龄、性别、收入水平、职业、受教育程度、家庭结构、民族、宗教信仰等。这些因素比较容易获得和衡量，并且与消费者的需求密切关联。如日化品牌专门研发男士专用款洗发水，这便是按照性别这一变量进行市场细分之后选择男性市场作为目标客户群体的结果；房地产市场上的三房产品、两房产品、一房产品等不同的户型设计，其中一个细分标准便是家庭结构。

（三）心理变量细分

在上述地理因素、人口因素方面具有相同或相近特征的消费者，可能仍会表现出极大的需求差别，原因主要在于消费者的心理因素。

心理变量的细分依据主要有消费者的个性特征、生活方式、社会阶层、影响消费者的相关群体等。

生活方式指消费者对待生活、工作、娱乐的态度和行为，据此可将消费者划分为享乐主义者、实用主义者、紧跟潮流者、因循守旧者等不同类型。

个性特征方面，消费者通常会选购能表现自己性格的具有不同款式、颜色等的产品。根据个性特征，可以将消费者分为独立、保守、外向、内向、支配、服从、理智、冲动等类型。

此外，消费者还会根据自己的生活背景，将自己主观地融入某一社会阶层，同时在消费和购买产品时反映该阶层的特征。

（四）行为变量细分

行为变量主要指消费者在购买过程中对产品的认知、态度、使用等行为特点，主要的细分依据有购买时机、利益诉求、消费数量、消费频率等。

1. 按购买时机细分

按购买时机细分是指将消费者对产品的需求、购买和使用时机的认知作为市场细分的标准。如对旅游的需求一般在公共假期和寒暑假处于高峰，因此旅行社推出针对不同假期的旅游产品，并专门针对教师和学生推出寒暑假旅游产品。"白加黑"感冒片，因为其广告语"白天吃白片不瞌睡，晚上吃黑片睡得香"，而比其他感冒药品更受上班一族的欢迎。

2. 按利益诉求细分

利益诉求指消费者对所购买的产品能带给自己的好处的要求。如购车时，消费者可能会有的要求为：款式好、安全、省油、耐用等。因此，企业应了解消费者在购买某种产品时所重视的主要利益，以及还有哪些利益没有得到满足，进而使自己的产品突出这些利益诉求，以更好地吸引消费者的兴趣。

3. 按消费数量细分

根据消费者的消费数量，可将消费者分为从不购买者、少量购买者、中量购买者、大量购买者。例如，啤酒厂大多选择大量购买者作为自己的目标顾客，它们需要研究这些目标顾客的特征，据此制定出相应的营销策略。

4. 按消费频率细分

按照消费者对产品的消费频率将消费者分为：从不购买者、曾经购买者、初次购买者、多次购买者。

实力雄厚的大企业，特别注重吸引潜在顾客，将其转变为企业的现有顾客；而中小型企业则以维持现有顾客为主，注重提高他们对企业和产品的忠诚度。

例如，某品牌化妆品根据女性消费者的年龄和个性特征，将化妆品市场细分为四个子市场：

（1）15~17岁，妙龄，讲究打扮，追求时髦，以单一化妆品为主要消费。

（2）18~24岁，积极消费，只要满意，不惜价格。

（3）25~34岁，化妆是日常习惯，愿意尝试不同品牌。

（4）35~44岁，注重保养，追求品质，有稳定的品牌偏好。

三、市场细分的原则、程序和方法

（一）市场细分的原则

企业可根据单一因素，也可根据多个因素对市场进行细分。选用的细分标准越多，相应的子市场也就越多，每一子市场的容量就越小；相反，选用的细分标准越少，子市场就越少，每一子市场的容量则相对较大。如何寻找合适的细分标准，对市场进行有效细分，在营销实践中并非易事。一般而言，成功、有效的市场细分应遵循以下基本原则。

1. 可衡量性

细分的市场必须是可以识别和衡量的，具体表现为可以用人口统计学、情感价值数据、行为方式数据等来描述。

如果细分后的市场太过模糊，企业对该细分市场的特征、顾客特性、数量等一无所知，市场细分就失去了意义，因为企业根本不知如何制定有效的推广策略以对目标市场进行营销。

2. 可进入性

可进入性指细分出来的市场应是企业营销活动能够抵达的，即企业通过努力能够使产品进入并对消费者施加影响的市场。一方面，企业能够将有关产品的信息通过一定媒体顺利传递给该市场的大多数消费者；另一方面，企业在一定时期内有可能将产品通过一定的分销渠道运送到该市场。否则，该细分市场的价值就不大。

3. 盈利性

盈利性是指细分出来的市场，其容量或规模要大到足以使企业获利。进行市场细分时，企业必须考虑细分市场上消费者的数量，以及他们的购买能力和购买产品的频率。如果细分市场的规模过小，市场容量太小，细分工作烦琐，继而成本大、获利小，就不值得去细分。

4. 相对稳定性

相对稳定性是指占领后的目标市场要保证企业在相当长的一个时期内能够稳定经营，避免目标市场变动过快给企业带来的风险和损失，保证企业获得长期稳定的利润。

5. 差异性

各部分市场的消费者对同一市场营销组合策略的实施会有差异性反应。如果不同细分市场消费者对产品需求差异不大，行为上的同质性远大于其异质性，那么企业就不必费力对市场进行细分。此外，对于细分出来的市场，企业应当分别制定出独立的营销方案。如果无法制定出这样的方案，或其中某几个细分市场对采用不同的营销方案不会有大的差异性反应，则不必进行市场细分。

（二）市场细分的程序

市场细分通常按照一定的程序进行，美国市场学家麦卡锡提出了市场细分的一整套程序，这一程序包括以下七个步骤。

（1）选定产品的市场范围。确定进入什么行业，生产什么产品，这是市场细分的基础。产品的市场范围应以顾客的需求来确定，而不是以产品本身的特性来确定。

（2）列出企业所要进入市场的潜在顾客的全部需求。例如，某企业准备进入服装市场，就必须将潜在顾客对服装的式样、规格、花色、种类、价格等方面的需求全部详细地列出，这是企业进行市场细分的依据。

（3）了解不同潜在顾客的不同要求，初步划分细分市场。对于列举出来的基本需求，不同潜在顾客强调的侧重点可能会存在差异。企业通过对不同潜在顾客需求的了解，以各类潜在顾客为典型，分析确定可能会存在的细分市场。例如，在某一市场上存在着五种不同的潜在顾客需求，而这些需求各自的特点又十分明显，这就意味着在这一市场上存在五种细分市场。通过这种差异比较，不同的顾客群体即可初步被识别出来。

（4）剔除潜在顾客的共同需求，而以特殊需求作为细分标准。对可确定的细分市场，企业应分析在潜在顾客需求中哪种是最重要的有差异化的因素，剔除一些一般要求。如物美价廉这一消费者对所有产品的一般要求，对某一细分市场来说，就不一定是重要因素。

（5）为各个确定的细分市场初步定名。企业要根据各细分市场顾客的主要特征，初步确定市场的名称，以便于说明与分类。在定名时，应注意名称既要简单明确，又要形象化，富于艺术性和感染力。例如，某房地产公司常把购房的顾客分为新婚者、度假者等多个子市场，并据此采用不同的营销策略。

（6）进一步分析每一细分市场的顾客需求与购买行为特点。分析初步确定的细分市场是否科学、合理，以便在此基础上决定是否可以对这些细分出来的市场进行合并，或进一步细分，以使其更加完善。

（7）评估每一细分市场的规模。在调查的基础上，评估每一细分市场的顾客数量、购买频率、平均每次的购买数量等，并对细分市场上产品竞争状况及发展趋势做出分析，为下一步目标市场的选择提供依据。

（三）市场细分的方法

根据市场细分时使用的细分变量数量，市场细分可以有三种方法。

1. 单一变量细分法

单一变量细分法就是只选择一个细分标准进行市场细分的方法。例如，服装市场按照"性别"这一变量细分为女性服装市场和男性服装市场；按照"家庭结构"变量，电饭锅市场分为1~2口人家庭市场、3~4口人家庭市场、5口人以上的家庭市场。

2. 综合变量细分法

综合变量细分法是指选择两个或三个细分变量进行市场细分的方法，可以借助二维或三维坐标图，直观地显示细分市场的状况。如以年龄、职业来细分某一市场，则可得到图4-2所示的细分市场，每一格可代表一个子市场，共有3×4＝12个。

图4-2　综合变量细分法示例

3. 系列变量细分法

系列变量细分法就是选择多个细分标准，由粗到细，逐步进行市场细分的方法。如可以对化妆品市场选取性别、年龄、收入、利益诉求四个因素进行如下细分，如表4-5所示。

表4-5　系列变量细分法示例

性别	年龄	收入	利益诉求
男	老年	8 000元以上	防皱
	中年	5 000~8 000元	抗衰
女	青年	5 000元以下	美白保湿

将不同因素进行不同的组合，就可以得到不同的细分市场。该例中最终可以得到的细分市场的数目是：2×3×3×3＝54个，其中箭头所示的"月收入8 000元以上的中年女性，主要追求化妆品的抗衰效果"就是其中一个细分市场。当然，其中有些细分市场可能是没有实际意义的，因此还需进行进一步的分析、筛选。

第四节　目标市场选择策划

一、目标市场概述

（一）目标市场的概念

经过市场细分之后，由于企业资源有限，以及匹配程度不同，并不是所有的细分市场都值得进入。在细分市场的基础上，根据自身资源优势所选择的主要为之服务的那部分特定顾客群体便是企业的目标市场。简而言之，目标市场是指在市场细分的基础上，企业要进入的最佳细分市场，有可能是一个或者几个子市场。目标市场的选择过程便是企业在市场细分之后的若干子市场中，运用营销活动之"箭"瞄准市场方向之"靶心"的优选过程。

（二）目标市场确定的步骤

从上述目标市场的定义中可以看出，市场细分是目标市场选择的前提，只有经过系统的市场细分，企业才能在众多细分市场中确定自己将要进入的目标市场。

目标市场的确定一般参照图4-3所示步骤。

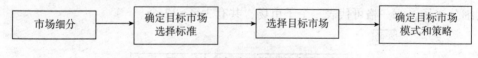

图4-3　目标市场确定的步骤

二、目标市场选择的标准和原则

（一）目标市场选择的标准

在选择目标市场前，企业要先确立一套标准，对各个细分市场进行评估，在此基础上找到适合企业的细分市场。

1. 具备一定的市场潜量

市场潜量是指在一定时期内，在消费者愿意支付的价格水平下，经过相应的市场营销努力，产品在该市场可能达到的销售规模。企业应当评估自己的市场目标，再对比各细分市场的销售规模，选择能够达到自己销售目标的市场作为目标市场。

2. 尽量避开激烈的竞争

企业要进入某个细分市场，必须考虑能否通过产品开发等营销组合，在该市场上站稳脚跟或居于优势地位。所以，应尽量选择那些竞争较少、竞争对手实力较弱的细分市场作为自己的目标市场。对于竞争过于激烈的市场，一是企业自身面临进入的困难，二是即便艰难进入，之后也会面临"僧多肉少"的盈利难题。

3. 符合企业的资源条件

对于所选择的目标市场，企业应当在技术水平、资金实力、经营规模、地理位置和管理能力等方面具有较强的优势。即便一个细分市场具备较大的市场容量，也没有充分的竞争，但是如果企业在该细分市场上缺乏必备的资源条件，并且没有获取相应资源的能力，那么企业就必须放弃这个细分市场。如果企业无法在某个细分市场创造某种形式的优势地位，就不应该贸然进入。

（二）目标市场确定的原则

1. 产品、市场和企业技术特长三者密切关联

产品特性、市场需求以及企业所具备的技术特长，三者之间应该密切关联。企业要更好地利用其技术特长，生产符合市场需求的产品。

2. 遵循企业既定的发展方向和战略目标

目标市场的选择应该遵循企业既定的发展方向和战略目标，不能分散企业原本的市场精力。

3. 发挥企业竞争优势

企业应该选择能够有效发挥自身竞争优势的细分市场作为目标市场，以便在竞争中处于有利地位。

4. 目标市场具备相应的购买能力

如果目标市场没有购买能力，那么企业便无法盈利。例如，生产奢侈品的企业，就应当选择具备较强购买实力的客户作为目标市场，否则都是徒劳。

★案例赏析4-1

屈臣氏的目标客户选择

屈臣氏，创建于1828年，是长江和记有限公司旗下以保健及美容为主的一个品牌，是现阶段亚洲地区最具规模的个人护理用品连锁店。

屈臣氏认为，对于竞争日益同质化的零售行业，如何锁定目标客户群是至关重要的。

屈臣氏在调研中发现，亚洲女性会用更多的时间逛街购物，她们愿意投入大量时间去寻找更便宜或更好的产品。这与西方国家的消费习惯明显不同。中国女性平均在每个店里逗留的时间是20分钟，而在欧洲只有5分钟左右。这种差异，让屈臣氏最终将中国的主要目标市场锁定在18~40岁的女性，特别是18~35岁、月收入较高的时尚女性。屈臣氏认为，这

个年龄段的女性消费者是最富有挑战精神的，她们喜欢用最好的产品，寻求新奇体验，追求时尚，愿意在朋友面前展示自我。她们更愿意用金钱为自己带来大的变化，愿意进行各种新的尝试。而不关注40岁以上的消费者，是因为年龄更长一些的女性大多已经有了自己固定的品牌和生活方式。

事实证明，屈臣氏对市场的判断是准确的。在中国的各大城市，即便不是周末时间，也能看到屈臣氏门店内充满了努力"淘宝"、购买"美丽"的年轻女性。为了让18～35岁的这群女性顾客更享受，在选址方面屈臣氏也颇为讲究。最繁华的地段如有大量客流的街道或大商场，是屈臣氏的首选，机场、车站或白领集中的写字楼等地也是考虑对象。

（资料来源：节选自MBA智库百科"屈臣氏集团"）

三、目标市场的覆盖模式

企业对目标市场的覆盖有五种模式，如图4-4所示。

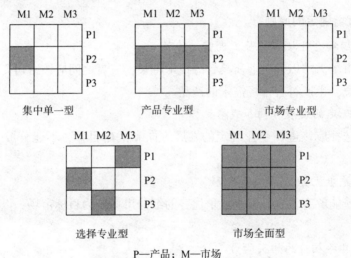

P—产品；M—市场

图4-4 目标市场覆盖的五种模式

（一）集中单一型

集中单一型市场覆盖模式，即企业只选取一个细分市场，只生产一种标准化产品，只为一个顾客群服务的模式。该模式的优势是企业选择的经营对象单一，可以集中力量在一个细分市场中获得较高的市场占有率。许多小企业由于资源有限，往往采用这种模式。一些新成立的企业，由于初次进入市场，缺乏生产经营经验，也可能把一个细分市场作为持续发展、扩张的起点。然而，目标市场范围太窄，风险也较大，当有其他竞争者进入时，对企业的打击较大。

（二）产品专业型

产品专业型市场覆盖模式，即企业集中生产一种产品，向各类顾客均销售这种产品的模式。企业的市场范围相对较广，有利于摆脱对个别市场的依赖，降低风险。同时，生产相对集中，有利于发挥生产技能，在某种产品（基本品种）方面树立较好的声誉，取得规模效益。例如，显微镜生产公司向大学实验室、政府实验室和工商企业实验室销售显微镜，公司只向不同的顾客群体销售不同种类的显微镜，而不去生产实验室可能需要的其他仪器。通过这种战略，公司在显微镜产品方面能够赢得很高的声誉，但是，如果显微镜被一种全新的显微技术代替，公司就会产生危机。

（三）市场专业型

市场专业型市场覆盖模式，即企业选择某个特定的目标市场，向同一顾客群体提供多种产品，以满足该顾客群体各种需要的模式。市场专业型有助于企业发展和利用与顾客之间的关系，降低交易成本，并在这一类顾客中树立良好的形象。但是该模式对于目标市场的依赖性较大，一旦这类顾客的购买力下降或需求发生变化，企业的收益就会受到较大影响。

★案例赏析4-2

三福百货的市场专业化覆盖策略

三福百货股份有限公司（简称"三福百货"）成立于1992年，主营男/女休闲服装、饰品、家居等，在全国各地拥有三百多家直营分店。

三福百货自主生产的产品具有特色，以同质偏好为依据，将目标市场定位于15～35岁的群体。其对目标市场的描述为：15～18岁，没有高消费能力，只能承担价格较低产品的少年；19～22岁，有一定支付能力，对时尚追求较高的大学生；23～29岁，刚步入社会，品位较高的青年；30～35岁，有明确的自我定位和时尚追求风格的熟男熟女。采取目标市场策略中的市场专业型策略，尽力满足15～35岁群体的各种需求，专门为其服务，建立起了良好的声誉。

〔资料来源：刁璇，周露，王娅. 三福如何构建永不落伍的时尚品牌［J］. 科教导刊，2015（22）.〕

（四）选择专业型

选择专业型市场覆盖模式指企业选择多个细分市场作为自己的目标市场，并且各细分市场之间很少有或者根本没有任何联系，企业为每个细分市场提供不同的产品，满足不同顾客需求的模式。选择专业型市场覆盖模式要求各细分市场必须有相当的吸引力，均能实现一定的利润。同时，该模式有利于分散经营风险，即使某个细分市场失去吸引力，企业仍可继续在其他细分市场上获取利润。

（五）市场全面型

市场全面型市场覆盖模式指企业以一种或多种产品满足市场上所有顾客需求的模式。相对于选择专业型，市场全面型对目标市场没有进行选择，实行全面覆盖。市场全面型是一种较为理论化的覆盖模式，在实践操作中，一个企业难以覆盖所有的市场，除非是具备十分强大的资源和营销实力，居于绝对的垄断地位的企业。

四、目标市场营销策略的类型

（一）无差异性目标市场营销策略

无差异性目标市场营销策略指企业将整个市场作为目标市场，推出一种产品，实施一种营销组合策略，以满足整个市场尽可能多的消费者的某种共同需求的策略。这种策略只考虑消费者或用户在需求上的共同点，而不关心他们在需求上的差异性，对于需求广泛、市场同质性高且能大量生产、大量销售的产品比较合适。例如，闻名世界的肯德基，在全世界有800多家分公司，但其炸鸡采用的是同样的烹饪方法、同样的制作程序、同样的质量指标、同样的服务水平。

无差异性目标市场营销策略的广告宣传和其他促销活动可以节省促销费用；不进行市场细分，可以减少企业在市场调研、产品开发、制定各种营销组合方案等方面的投入。但是这种策略忽视了消费者需求的多样性，并且容易受到采用差异性目标市场营销策略的竞争对手的攻击。

（二）差异性目标市场营销策略

差异性目标市场营销策略是指在市场细分的基础上，选择两个或两个以上甚至全部细分市场作为目标市场，分别为之设计不同的市场营销组合，以满足各个细分市场需要的策略。该种策略需要企业具备较为雄厚的财力、较强的技术力量和素质较高的管理人员。例如，海尔集团的冰箱产品，款式就有针对欧洲、亚洲和美洲市场的三种不同风格，以满足三个区域消费者的需求。欧洲风格以严谨、方门、白色来体现；亚洲风格以淡雅为主，用圆弧门、圆角门、彩色花纹、钢板来体现；美洲风格则突出华贵，以宽体流线造型体现。并且，针对欧洲、亚洲和美洲市场，有相应的不同营销策略。

差异性目标市场营销策略可以提高企业产品的适销率和竞争力，减小经营风险，提高市场占有率。但是，企业进入的细分市场较多，针对各个细分市场的需要，企业要实行产品和市场营销组合的多样化策略。随着产品品种增加、销售渠道增多以及市场营销活动的扩大与复杂化，企业各方面的经营成本必然会大幅度增加。

（三）集中性目标市场营销策略

集中性目标市场营销策略是指以一个或少数几个细分市场为目标市场，集中力量，以一种营销策略组合，实行专业化生产和经营的目标市场策略。

集中性目标市场营销策略可以使企业更深入地了解目标市场需求，使产品适销对路，利于提高企业和产品在市场上的知名度；同时，利于企业集中资源，节约生产成本，增加盈利，取得良好的经济效益。该策略的局限性体现在两个方面：一是市场范围相对较小，企业发展受到限制；二是潜伏着较大的经营风险，一旦目标市场突然发生变化，如消费者偏好发生转移，或强大竞争对手进入，或新的更有吸引力的替代品出现，就可能使企业陷入困境。

第五节 市场定位策划

一、市场定位概述

(一) 市场定位的概念

市场定位是 20 世纪 70 年代由美国学者艾·里斯和杰克·特鲁特提出的一个重要的营销学概念。市场定位是指企业根据竞争者现有产品在市场上所处的位置，针对消费者对该类产品某些特征或属性的重视程度，为本企业产品塑造与众不同的、给人印象鲜明的形象，并将这种形象生动地传递给消费者，从而使该产品在市场上确定适当的位置。

市场定位并不是对一件产品本身做了些什么，而是在潜在顾客的心目中做了些什么。随着市场上产品种类越来越丰富，没有特色、与竞争产品雷同的产品无法吸引消费者。因此，企业应该强有力地塑造本企业产品与众不同的、鲜明的个性特征，并将这种特征传递给消费者，使其在消费者心中占据独特的心理位置。

市场定位的实质在于使本企业产品与其他企业产品严格区分开来，使消费者明显感觉和认识到这种差别，从而在消费者心中占据独特阵地，进而取得企业或产品在目标市场的竞争优势。市场定位是目标市场营销战略体系中的重要内容，对于塑造产品的鲜明特色从而提高企业的竞争实力具有重要意义。

★案例赏析4-3

江小白的市场定位

江小白是重庆江小白酒业有限公司旗下江记酒庄推出的一款轻口味高粱酒。江小白的目标客户为主张简单、纯粹的生活态度的新青年群体。

白酒市场可简单分为三类，高端、中端、低端，江小白选择在低端市场独辟蹊径。面对这群代表着个性和反叛的新青年群体，江小白将产品定位为一款有个性的、形象青春的"青春小酒"，代表着年轻、个性、青春、活力的品牌形象。

江小白没有效仿传统酒业大力宣传文化历史，而是主打青春元素，将青春的亮点融入酒里，娴熟地运用微博、微信等平台，在品牌定位、产品包装、口感工艺等方面做了创新性的突破，俘获了年轻一代消费者的心。

(二) 市场定位策划的内容

市场定位策划根据定位的对象不同，一般可以分为产品定位策划、品牌定位策划以及企业定位策划三个层面。

1. 产品定位

产品定位就是将某个具体的产品塑造成某种特定形象，定位于消费者心中，让消费者一旦产生类似需求就会联想到这种产品。如消费者吃火锅时想要"降火"便会想起王老吉，具有"降火"功能的凉茶便成了王老吉的成功定位。

2. 品牌定位

品牌定位不等同于产品定位。如果一个品牌只对应一种产品，那么品牌定位和产品定位便没有多大差异，如对"海飞丝"进行产品定位和品牌定位的策划内容是一样的。如果一个品牌旗下包括多种产品，那么品牌定位就不等同于产品定位，而是着眼于为所有产品的共同品牌打造一种深入人心的品牌形象。例如，对"海尔"进行品牌定位，便不等同于对"海尔"进行产品定位，因为"海尔"旗下有多种产品，对"海尔"的品牌定位应着眼于打造海尔的某种特定品牌形象，而对"海尔"的产品定位则要具体到是对海尔冰箱进行定位，还是对海尔洗衣机或其他产品进行定位。市场上的产品种类丰富，消费者难以辨认的时候往往借助对品牌的印象进行抉择，即所谓的"追求名牌"效应。因此，打造专属的品牌形象，使消费者购买某种产品的时候首先联想到该品牌，便是成功的品牌定位。例如，消费者买空调的时候会想到"格力"，买可乐的时候会想到"可口可乐"等。

3. 企业定位

企业定位是最高层次的定位，是指企业打造一个整体的形象，运用独特的产品、独特的企业文化、企业的杰出人物和公共关系手段等，树立良好形象，形成企业魅力。企业可以从市场地位战略上进行定位，如企业可以将自己定位为市场领导者、市场挑战者或者市场跟随者、市场补缺者等形象；也可以从产品、人员、服务等方面塑造独特的差别化形象。企业差别化定位如图4-5所示。

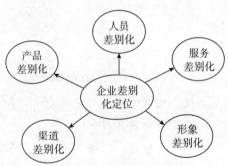

图4-5　企业差别化定位

在以上三个层次的定位中，产品定位是其他定位的基础，因为企业最终向消费者提供的是产品，没有产品这一载体，品牌及企业在消费者心目中的形象就难以维持。因此，本节重点针对产品定位策划进行介绍。

二、市场定位的依据

在进行产品的市场定位时，可以从产品本身的特点、功能、设计、包装等方面进行考虑，进而形成产品的独特定位。

1. 根据产品属性和消费者所获利益定位

产品本身的属性以及由此使消费者获得的利益能成为产品市场定位的依据。企业通过广告、促销等措施，在消费者心目中强化使用该产品将获得的利益，再通过使用，使产品在消费者的头脑中留下鲜明印象。例如，丰田汽车侧重于"经济可靠"，沃尔沃汽车则讲究"耐用"。

在一般情况下，对新产品进行市场定位时应该强调它的产品属性和消费者所获得的利益。

2. 根据产品的使用功能或用途定位

任何产品必然承载一定的功能，适用于一定的场合。企业应充分发掘产品的功能属性，将其通过广告传递给消费者，使消费者需要使用这种功能时便联想到该产品。比如红牛"补充能量"的功能定位，海飞丝"去屑"的功能定位等。

3. 根据使用者类型定位

企业经营者常常试图把产品推荐给适当的使用者或某个细分市场，以便根据该细分市场创建恰当的形象。比如朵唯女性手机便是专门针对市场上的女性客户进行的产品定位，步步高学习机便是专门针对学生群体进行的产品定位。

4. 根据产品档次定位

不同档次的产品体现了不同的质量或者价格。按照价格与品质维度，可以将产品划分为优质低价、优质高价、品价适中、低质高价、低质低价等多种类别，例如，各大品牌奢侈品就定位于"高质高价"。

5. 根据竞争定位

产品可以根据与竞争对手的关系进行定位。如迎头定位，即与市场上最强的竞争对手相对立进行定位，如麦当劳与肯德基；避强定位，即避开市场上强有力的竞争对手，寻找市场空白点进行定位，如七喜的"非可乐"定位。

三、市场定位的策略和方法

（一）市场定位的策略

常见的市场定位的策略有三种，包括避强定位、迎头定位及重新定位。

1. 避强定位

避强定位又称"拾遗补阙法"，是一种避开强有力的竞争对手进行市场定位的策略。企业不与对手直接对抗，将自己置于某个市场"空隙"，发展目前市场上没有的特色产品，开拓新的市场领域，突出强调"人无我有，人有我优"。

这种定位的优点是能够迅速地在市场上站稳脚跟，并在消费者心中尽快树立起一定的形象。由于这种定位方式市场风险较小，成功率较高，为多数企业所采用。

2. 迎头定位

迎头定位又称"针锋相对式定位"，即企业选择与竞争对手重合的市场位置，争取同样的目标顾客，彼此在产品、价格、分销、供销等方面稍有区别。迎头定位是市场挑战者的定位方式。例如，在碳酸饮料市场上，可口可乐与百事可乐之间持续不断的争斗；在家电市场上，国美与苏宁的相互制衡等。

实行迎头定位策略的企业，必须具备的条件包括：能比竞争者生产出更好的产品；该市场容量足够吸纳这两个竞争者的产品；有比竞争者更多的资源和实力。否则，迎头定位可能会成为一种非常危险的战术。

3. 重新定位

重新定位是对销路少、市场反应差的产品进行二次定位。这种定位旨在摆脱困境，重新获得增长与活力。这种困境可能是由企业决策失误引起的，也可能是由竞争对手有力反击或出现新的强有力的竞争对手而造成的。不过，也有的重新定位并非因为产品已经陷入困境，而是因为产品意外地扩大了销售范围。例如，专为青年人设计的某种款式的服装在中老年消费者中也流行开来，该服饰就因此而重新定位。

（二）市场定位的方法

各企业经营的产品不同，面对的消费者不同，所处的竞争环境不同，因而定位方法也不尽相同，总的来讲有以下几种。

1. 首席定位

首席定位强调自己在同行业或同类产品中的领先地位，在某方面是"第一"，常用的如市场占有率第一、行业第一等。

2. 比附定位

比附定位是企业通过比拟名牌、攀附名牌来给自己的产品定位，以借名牌产品之光使自己产品品牌生辉的定位方法。

比附定位主要有三种方法。一种是甘居第二。这种策略会使人们对企业产生谦虚诚恳的印象，相信企业所说是真实可靠的，同时迎合了人们同情弱者的心理。如美国阿维斯出租汽车公司定位为"我们是第二，我们要进一步努力"。二是"攀龙附凤"，即通过与知名品牌相联系，加深消费者对自身品牌的印象。三是奉行"高级俱乐部策略"，利用模糊数学手法，借助群体声望，把自己归入高级俱乐部式的品牌群体中，强调自己是这一群体的一员，从而提高自己的形象和地位。如"三大企业之一""五十家大企业之一""十大驰名品牌之一"等。

3. 比较定位

比较定位即竞争定位，通过与竞争对手的比较来确定自己在市场中的定位。运用此策略一定要客观公平，否则容易给消费者留下言过其实的印象，或因过度比较造成诋毁行为，引起法律纠纷。

4. 类别定位

根据产品类别建立的品牌联想，称作类别定位。类别定位力图在消费者心中塑造该品牌等同于某类产品的印象，以成为某类产品的代名词或领导品牌，在消费者有了某类特定需求时就会联想到该品牌，如越野车使人想到 JEEP。

5. USP 定位

USP（Unique Selling Proposition，独特的销售主张）即在对产品和目标消费者充分研究的基础上，寻找产品特征中消费者最关心且竞争对手不具备的独特部分，并传递给消费者。如乐百氏的"纯净"，农夫山泉的"甜"等。

但是利用 USP 定位有几点值得注意。首先，USP 诉求的利益点是消费者感兴趣或关心的，而非企业一厢情愿的售卖点。其次，这个利益点应是其他品牌不具备或者没有指明的独特之处，在消费者心目中，该位置还没有被其他品牌占据。最后，采用 USP 定位时，一般要突出一个主要利益点。

6. 情感定位

情感定位是运用产品直接或间接地冲击消费者的情感体验而进行定位。美国市场营销学家菲利普·科特勒认为，人们的消费行为变化分为三个阶段：第一个阶段是量的消费阶段；第二个阶段是质的消费阶段；第三个阶段是情感消费阶段。在第三个阶段，消费者所看重的已不是产品的数量和质量，而是与自己关系的密切程度，或是为了得到某种情感上的满足，或是追求一种产品与理想自我概念的吻合。

顺应消费者消费心理的变化，以恰当的情感定位与消费者心灵产生共鸣，可以充实和加强产品的营销力量。如"娃哈哈"这一品牌命名之所以成功，是因为除其通俗易记之外，最关键的一点是将对儿童的祝愿与希望作为品牌命名的核心。这种对儿童天性的开发和祝愿，很好地契合了所有父母的情感。

本章小结

本章介绍了营销战略的几种类型，其中重点介绍了目标市场营销战略的三步骤，即市场细分、目标市场选择和市场定位。市场细分是根据消费者需求的差异性，把整体市场划分为若干具有共同消费需求的子市场的过程。目标市场选择是在市场细分的基础上决定企业要进入的最佳细分市场。市场定位是企业塑造自己产品的特色以与竞争者相区别的过程。营销战略策划是营销策划的核心内容，是下一步营销组合策略策划的基础，因此，掌握营销战略策划的方法和内涵尤为重要。

思考题

1. 试述营销战略的几种类型。
2. 试述 SWOT 分析的内容。
3. 目标市场营销战略包括哪些内容？
4. 市场细分有哪些标准？如何选择目标市场？
5. 什么是市场定位？市场定位的策略和方法有哪些？

案例分析

芒果 TV "年轻随我来" 北京终极推介　年轻力量精彩纷呈

2017 年 11 月 1 日，"年轻随我来——芒果 TV 2018 广告招商会"收官场在北京召开，数百家新闻媒体以及全国各地知名品牌的广告客户代表前来"捕风"，"超级内容、年轻受众、超级运营"成为芒果 TV 2018 年最强吸睛点。芒果 TV 是湖南广播电视台旗下唯一的互联网视频平台，独家提供湖南卫视所有栏目高清视频直播点播，并为用户提供各类热门电影、电视剧、综艺、动漫、音乐、娱乐等内容。

湖南广播电视台某党委委员、副台长骑着酷炫摩托帅气出场，运动的、年轻的、真诚的登台方式，让现场嘉宾切身感受到了芒果 TV 的年轻魅力。在现场发言中，他带来了四个关键词。"第一个词是年轻，芒果 TV 代表着年轻、创新、活力，这是湖南广播电视台最独特的品牌底蕴，是最强、最稳的投资保证，是品牌蓬勃发展的原动力；第二个词是生态，湖南广播电视台最大的优势是机制、是人才、是内容，然后构成了一个良性运作的芒果大生态；第三个词是打通，在湖南广播电视台内部，湖南卫视、芒果TV等所有资源都可以打通；第四个词是共赢，湖南广播电视台具备对客户负责到底的诚意和与客户携手共赢的底气，芒果大生态能够为每一位客户提供有信心、有底气、有担当的超值服务。"

芒果TV节目中心某总经理以"重心""信心""核心""决心"分享了2018芒果TV综艺节目编排规划，聚焦青少年群体、宣扬年轻态度、坚持创新自制。2018年，芒果TV基于对年轻用户喜好的精准分析，将加大投入打造亲子节目带、悬疑智力节目带、芒果系综艺带、"酷文化"节目带、新型情感节目带、广告定制节目六大黄金综艺带，六大自制节目带最终将形成芒果TV自制综艺生态环。

艾瑞集团华东区事业部某总经理与现场嘉宾分享了《新经济时代下的内容消费升级》的报告，提出"精致生活理念驱动娱乐变化，用户黏性之战打响，而内容成为黏性之战的关键"，用数据分析了芒果TV的营销价值——以年轻女性用户等作为芒果TV的核心受众，整体用户形象具有"活力、时尚、品质"等鲜明标签，受教育程度高，消费力旺盛。他还科学分析了芒果TV总体用户的内容偏好与消费特征，黄金用户及高端品质能给予品牌内容营销传播最大的加持力，并从近年来TOP10电视剧的变化中分析总结出视频内容已经升级，回归到精良与本真，内涵节目成为观众新宠，慢综艺逐渐成为主流。

（资料来源：根据芒果TV官方网站《芒果TV"年轻随我来"招商会北京终极推介》一文整理）

【案例分析】

1. 结合你知道的其他互联网视频平台，对芒果TV进行SWOT分析。

2. 通过阅读案例，分析芒果TV的市场定位和目标市场。其市场定位与目标市场之间是如何关联的？

项目实训

实训目的：掌握STP营销战略的策划流程。

实训内容：选择一款市场上的新兴产品，进行该产品的SWOT分析，对该类产品面临的整体市场进行细分，选择该产品的目标市场，发展市场定位。

实训形式：以小组为单位，合理分工，协作完成，最后形成一份《××产品STP营销战略策划报告》，并以PPT形式进行成果汇报。

第五章

产品策划

■/\学习导航 ....

　　产品对于企业至关重要。没有好的产品和有效的产品策略，品牌就会是无源之水、无本之木，缺乏有力的支撑，企业也就失去了赖以生存和发展的基础。产品是企业市场营销的基本要素，决定着价格、分销和促销等策略的制定，是企业优势的主要体现。产品策划在整个营销策划环节具有相当重要的地位，产品策划的好坏直接关系到企业营销活动的成败。企业的市场营销活动是围绕满足市场需求展开的，而市场需求的满足只能通过提供产品或服务来实现。因此，生产出满足市场需求的产品，是生产企业的首要任务，而产品策划，也就成为企业营销策划的核心环节。

■/\学习目标 ....

- 了解产品策划的含义和内容。
- 掌握新产品上市策划的程序和推广策划的方法。
- 掌握品牌与包装策划的方法。

★开篇案例

百雀羚的品牌重塑之路

　　在 2018 年的天猫"11·11"活动中，百雀羚的销量在"大牌滋养护肤品榜"中排名第一。2017 年的"11·11"上，百雀羚 24 小时销售总额达到 2.94 亿元，牢牢占据美妆行业榜首。从几乎消失到国货美妆榜首，背后是百雀羚整整 17 年时间的品牌重塑之路。

　　1. 从"甘油一号"升级到"草本护肤"

　　2000 年，百雀羚推出一系列保湿产品，这些产品创意来自百雀羚经典产品"蓝色小铁盒"香脂膏。但细微的改变无法撬动市场杠杆，经过两年摸索，也一直没有走出黑暗区。急于发展的百雀羚做出了一个重大决定：走访全国 30 多个城市，实地聆听消费者的真正需求。

找到瓶颈口之后，百雀羚立马针对两方面进行了革新。

其一，加深品牌定位概念。一直以来，百雀羚主打草本护肤，只不过这个概念从未被放到台面上讲明。在新一轮的革新后，百雀羚最终向外表述为：为年轻女性做草本类的天然配方护肤品，产品功能专注于保湿。

其二，改造包装，提升质感。百雀羚之前的包装都是以塑料为主，革新后换成了玻璃瓶。不同的质感让品牌在消费者心中提升了一个档次。

2008 年，察觉到自己的竞争者针对的都是中高端人群，为了避开市场竞争，百雀羚走上了平民大众之路，销售渠道并非专柜而是商超。当年，百雀羚一瓶乳液的价格只有 30 元，不及玉兰油单品价格的 1/3。没有广告投入，没有任何营销，单纯想利用价格策略扳倒其他品牌，最终的结果是，百雀羚在一家沃尔玛店的月销只有 1 万多元。

2. 多品牌战略，打破单一

为了保持平衡，在大众化的基础上向年轻消费者市场拓展，百雀羚想到的解决方案是扩展品牌，向不同层次的消费者延伸。

2010 年，定位中端、主打美白功效的"气韵"上市；2013 年，推出专门针对电商渠道和年轻消费者的"三生花"品牌；而 2015 年则推出"海洋护肤"主题的新品牌"海之秘"。相对于草本产品的大众化，"三生花"系列从包装到品牌概念更贴近年轻人，品质感也更强。

百雀羚一直力求追随市场，探索消费者所需，一步步渗透到消费者心里。

3. 加入"国潮"潮流，玩转跨界营销

一说到国货老品牌，还有谁记得多少？对于国货品牌，改变亟待进行。品牌升级定位、跳出传统思维框架、顺应时代潮流的发展、迎合年轻受众显得尤为重要。从 2017 年开始，众多国货品牌开始觉悟，逐渐摆脱传统束缚，频繁跨界，打造出与众不同的色调。2018 年，这样的行为更为明显。百雀羚作为国内本土老品牌，也做出了各种改变。

2018 年是百雀羚成立 87 周年。为了纪念这一特殊时光，百雀羚联合周杰伦、坤音 ONER 推出了明星礼盒——时光能量盒。周杰伦的时光能量盒，深蓝色的外包装里包含着剪影设计，层层叠加，讲述了周杰伦的成长过程。精心的设计、艳丽的色调，给用户在视觉上带来了与众不同的体验。

另外，百雀羚携手宫廷文化珠宝顾问钟华，打造了一支品牌 TVC。这支 TVC 并没有赤裸裸地展示品牌，而是通过软性拍摄手法，用镜头带消费者去领略故宫的东方之美，去感受一段历史的沉淀，将百雀羚产品恰如其分地融入。唯美的画面，为消费者打造沉浸式场景，品牌外型与环境相得益彰，从侧面体现出百雀羚品牌经过历史磨炼，不断完善自我的精神，向消费者呈现品牌用心与不朽的形象。

针对三生花品牌。百雀羚信用魔幻现实主义，从三个女人的角度，对品牌给出新的定义："想要成为一朵美丽不凋谢的花，就要懂得好好爱护自己。"

无论是图片还是视频，百雀羚给消费者提供了更多的可能性和丰富性，从而打破了消费者对品牌和产品单一、固化的印象。纵观整个行业，百雀羚这点早已领先一筹。

（资料来源：凤凰网财经转载，原文标题《138 亿销售额的百雀羚，这次竟成为全国瞩目的焦点》）

第一节　产品策划概述

一、产品的概念

产品是指通过交换满足人们需求和欲望的任何有形和无形的东西。对于产品的整体概念，以往的营销理论一直沿用三个层次的表述方式，即产品的整体概念包含核心产品、形式产品和附加产品。

菲利普·科特勒更新了三层次说，认为把产品分为五个层次更能深刻和准确地表述产品的整体概念，即核心产品、形式产品、期望产品、附加产品、潜在产品。

（1）核心产品。核心产品是最基本的层次，即消费者真正需要的基本服务或利益。如"休息与睡眠"就是旅馆的客人需要的核心产品。

（2）形式产品。形式产品是核心产品的存在形式和载体，但比核心产品的内容更广泛，它通常向购买者展现一些可以使人感知的特征，如产品的质量水平、档次、款式、特色、包装及品牌等。例如，床、浴室、毛巾、衣柜等就是旅馆内部的形式产品。

（3）期望产品。期望产品即购买者在购买产品时通常期望或默认的一组属性和条件。如旅馆的客人期望能享用干净的床、新的毛巾、清洁的厕所、相对安静的环境。

（4）附加产品。附加产品指的是消费者在购买某一特定的形式产品时所得到的其他方面利益的总和，包括咨询服务、产品介绍、免费送货、安装调试、技术培训、产品保证、售后服务等。如客人在旅馆居住时体验到美味的晚餐、优良的服务等，会感到惊奇和高兴，进而对该旅馆产生好感。

（5）潜在产品。潜在产品是指现有的可能发展成未来最终产品的处于潜在状态的产品。潜在产品意味着现有产品可能的演变趋势和前景。如对于旅馆而言，全套家庭式旅馆或是其潜在产品。

二、产品策划的概念和内容

任何企业想要实现发展目标的途径，都不外乎两种：一是通过资本运作，兼并其他企业，从而扩大企业规模；二是开拓市场，以扩大销售规模。后者的实现需要借助产品策划。

（一）产品策划的含义

产品策划是指企业对产品从开发、上市、销售至下市全过程进行的全方面策划，也可称为商品企划。产品策划以提供消费者所需的产品为基本工作思路。与产品设计不同，产品策划是从营销的角变设计企业的产品与产品构成方案，以顺应消费者与动态市场需求的市场开发活动，使产品更容易为消费者所接受。

产品策划是营销操作策划的起点，产品策划的好坏关系到从整个营销战略到战术系统的成败。

（二）产品策划的内容

产品策划的内容主要包括新产品上市策划、品牌策划与包装策划。

1. 新产品上市策划

为了更好地适应市场和满足消费者的需求，企业必须不断地开发新产品，并对之进行推广。新产品上市策划是基于消费者需求，提出从产品构思到正式生产，直到投放市场为止的全过程中，营销者如何参与、决策并执行产品上市计划的整体方案。

2. 品牌策划

品牌是企业的无形资产。对产品进行品牌策划，是实现品牌价值的有效手段之一，是使产品成功占据消费者内心一席之地的一种必要手段。

3. 包装策划

产品包装被称为"无声促销员"，具有美化产品、增加利润、指导消费的作用。将产品面向市场需求进行包装策划，好的包装才能引起消费者的注意，并与企业的品牌定位匹配。

第二节　新产品上市策划

在科技日新月异的今天，企业不能以一成不变的产品参与瞬息万变的市场竞争。必须适时推出新产品，以满足消费者不断变化的要求和欲望。在这种形势下，保持企业生存和发展的重要方法就是进行有效的新产品开发。

一、新产品概述

（一）新产品的概念

新产品是指对产品整体概念中的任何一部分进行变革或创新，以此给消费者带来新的利益或满足的产品。新产品策划是使企业开发的新产品与消费者的需求进行动态适应的市场开发过程。

新产品是一个十分广泛的概念，同时也是一个相对的概念，因为"新"与"旧"是相对的，具有特定的时间和空间标准。一般来说，新产品具有下列特点。

（1）新颖性。产品的新颖性一般是指产品采用新原理、新技术、新的材料或元件，具有新功能或新用途。

（2）商品化。一件产品如果只具有新颖性的特点，而缺乏商品化的特征，那就只能算是一项科研成果、专利或发明，而不能被看成一件新产品。

（3）风险性。开发新产品，尤其是全新产品，总要冒一定的风险，因而应慎重考虑新产品的风险性。

（二）新产品的分类

按新产品的研究开发过程，可以把新产品分为以下几类：

（1）全新产品。全新产品指利用全新的科学技术和原理生产出来的新产品。这种新产品一般开发时间长，研发的成本比较大。

（2）换代新产品。换代新产品指采用新的科学技术、新方法或新材料，在原有技术基础上有较大突破的新产品。这种新产品开发比较容易，也可以较快地取得收益。

（3）改良新产品。改良新产品指在保留原有产品技术和原理的基础上，采用相应的改进技术，使产品的外观、属性有一定进步的新产品。这种产品开发成本较低，开发速度较快。

（4）成本降低产品。成本降低产品指企业利用新科技，改进生产工艺或提高劳动生产效率，削减原产品的成本，但保持原有功能不变的新产品。

（5）重新定位产品。企业的老产品进入新的市场，则被称为该市场的新产品。

（6）仿制新产品。仿制新产品指企业模仿市场上已有产品而生产的新产品。

★相关链接

宝洁公司的创新

宝洁公司自成立以来，一直对产品的研发非常重视。每年，其研发经费大约占营业额的4%，在全球各地共设有22个研发中心，并聘有7 500名左右的研发人员，其中约有博士1 250名。同时，为了有效地管理庞大的研发队伍，宝洁公司特别设有CTO（首席技术官），统筹管理研发部门。宝洁公司积极投入研发，使其具备了强大的竞争力，也获得了许多专利权。

（资料来源：萧富峰. 再靠近一点看宝洁［M］. 北京：企业管理出版社，2003.）

二、新产品上市策划的程序

新产品上市非常复杂，从基于消费者需求提出设想到正式生产并投放市场为止，过程持续时间长、涉及面广、科学性强，因此必须根据一定的程序开展工作。这些程序之间互相促进、互相制约，以使产品上市工作顺利进行。通常，新产品上市策划可以根据以下流程开展。

（1）发现市场机会。产品开发之前，营销人员需要通过市场调研，分析市场机会，找到市场空当，为新产品的开发提供合理依据。

（2）产品概念构思和选择。根据前期调研的结果，提出新产品构思及原理、功能、材料和工艺方面的开发设想和总体方案，进行可行性评估，最终确定新产品的概念，锁定市场机会。

（3）新产品设计实施阶段。产品设计是指从确定产品设计任务书到确定产品结构的一系列技术工作，是产品开发的重要环节，是产品生产过程的开始。

（4）新产品的正式生产。在这个阶段，企业需要做好生产计划、劳动组织、物资供应、设备管理等一系列工作，将新产品正式投入生产。

（5）安排新产品上市的日程。新产品生产工作结束，接下来就面临产品上市、宣传、促销活动设计、批量生产等一系列问题。谋定而后动，这个阶段需要对新产品上市的日程进行周密安排，确保新产品投入市场的成功率。

（6）新产品正式上市与追踪。经过上述过程的准备，新产品正式面向市场。新产品上市并不是销售人员孤军奋战，营销策划人员也需要时刻"保驾护航"。从新产品上市第一天开始就需要监测新产品上市后的销量、铺货、价格等关键指标，如果发现问题，及时纠偏，不断矫正，改进产品及其营销计划。

★案例赏析5-1

耐克的产品策略

耐克认为，创新是企业成功的关键，企业经营的最佳策略就是抢在别人之前淘汰自己的产品。把这种创新理论运用到市场营销中而产生的新做法，包括营销观念的创新、营销产品的创新、营销组织的创新和营销技术的创新。要做到这一点，市场营销人员就必须随时保持思维模式的弹性，让自己成为新思维的开创者。

耐克还认为，商海不会风平浪静，处处有暗礁险滩，想要继续占据行业领导地位，必须做到三点：第一，拓展整个市场的需求；第二，通过良好的防卫或攻击行为来保护现有的市场占有率；第三，设法拓展市场占有率，甚至在市场规模尚未扩大之时。

在产品开发上，耐克首先根据顾客的需要决定新产品的功能、品质、商标、包装、服务等，给顾客提供包括产品实体、产品核心和产品衍生三个层次的整体产品；其次，密切关注产品生命周期的不同阶段，选择能适当发挥自己优势的阶段进行生产并不断创新。此外，耐克还通过市场调查、市场细分、市场定位等各种渠道来提高产品的竞争力。

三、新产品推广策划

经过新产品的创意产生、筛选、甄别、形成产品概念、开展营销策划、生产、试销到批量上市等一系列开发程序，新产品投放到市场上能够快速得到市场认可并顺利度过导入期是企业的新目标。由于新老产品的竞争关系以及消费者的认知压力，要想达到预期目标，企业应立即策划新产品的推广策略。新产品的推广是指采取一定的措施，使新产品被越来越多的消费者接受。进行新产品推广策划，通常有以下程序。

1. 确定新产品推广的目标消费者

企业需要根据消费者需求、竞争对手等一系列情况，确定产品的真正消费群体。

2. 挖掘独特的产品概念

挖掘产品概念是将消费者的需求与产品特征结合之后，对产品的核心价值进行提炼，使消费者形成对新产品及企业的深刻印象，建立起鲜明的功用概念、特色概念、品牌概念、形象概念、服务概念等，以更多地吸引目标消费者的关注。

3. 选择最佳的推广时机

策划新产品的上市推广，时机非常重要。企业可以根据其市场目标、竞争对手的上市时间、市场行情趋势、消费者的时间偏好等因素来选择新产品的市场投放时间。

4. 进行强大的宣传造势

企业可以选择产品推介会、意见领袖介绍法、广告造势等多种方式进行新产品的上市宣传，以提高产品知名度。

5. 运用有效的促销手段

企业可以运用各种有效的促销方法和手段，激发消费者的购买欲望。

6. 建立顺畅的产品销售渠道

企业通过分析消费者的需求，建立销售渠道目标，确定可行方案并实施。

第三节　品牌策划

一、品牌策划概述

（一）品牌策划的含义

品牌是指用以识别产品或服务的名称与记号，通常表现为文字、标记、符号、图案和颜色等要素的组合。菲利普·科特勒认为，品牌是销售者向购买者长期提供的一组特定的特点、利益和服务，使拥有者的产品或劳务与其他竞争者区分开来，是能够给拥有者带来溢价、产生增值的无形资产。品牌是一个集合概念，通常包括品牌名称和品牌标志两部分。品牌名称是品牌中可以用语言称呼的部分，如"海尔""苹果（iPhone）"等；品牌标志是品牌中可以被认出、易于记忆但不能用语言称呼的部分，通常由图案、符号或特殊颜色构成，如 iPhone 手机特殊的苹果图形便是该手机的品牌标志。

品牌策划，是人们为了达成某种特定的目的，借助一定的科学方法和艺术，为实现品牌决策而构思、设计、策划的过程，也是企业品牌决策的形成过程。在品牌化过程中，企业需要注重对消费者心理的引导、激发，并打造与竞争对手品牌的差异性，建立企业自己的品牌声望，继而完成企业的品牌形象从无到有、从模糊到清晰的过程。

（二）品牌策划的目的

品牌策划是实现品牌价值的有效手段之一，核心在于塑造与传播，即塑造独特的品牌声望，继而应用媒体将品牌形象进行传播。品牌策划对于企业有以下好处。

1. 促进产品或服务质量的提高

每一个久负盛名的品牌都是以优质的产品质量为依托的。企业要塑造良好的品牌形象，就必须对其产品质量进行承诺。品牌策划的目的之一便是满足消费者对于知名品牌的产品质量的期待。因此，企业进行品牌化的前提，便是有高质量的产品或服务。

2. 利于企业在竞争中获胜

品牌代表了企业对消费者的承诺。企业品牌策划的过程，便是推动企业品牌建设和传播的过程。消费者可以通过企业品牌，了解企业产品的特性、利益，从而将该企业品牌与它的竞争对手的品牌区分开来。这样，企业便可培养品牌的忠实客户，在竞争中占据一席之地。

3. 利于完善企业的品牌体系

企业进行品牌策划的过程，便是企业的品牌形象从无到有、从模糊到清晰的过程。在市场竞争的海洋中，企业可以通过品牌化，完善品牌体系，找到持久的生存和发展空间。

4. 利于进行广告宣传

通过建立品牌名称、设计品牌标识,将企业和产品的信息通过一种简单、易记的方式进行广告传播,继而让消费者产生深刻印象。

(三) 品牌策划的内容

根据品牌策划的流程,可以把品牌策划的内容划分为品牌有无策划、品牌统分策划、品牌建设策划和品牌推广策划。

1. 品牌有无策划

在品牌策划中,第一个要决策的问题就是是否使用品牌。在企业品牌决策中,绝大部分企业会选择打造自己的特有品牌,但也有一些企业使用无品牌决策。

(1) 无品牌策划。无品牌策划即企业向市场提供的产品是没有品牌和商标的。企业打造自己的品牌需要耗费大量的人力、物力、财力,从而增加企业的成本。企业采用无品牌策略,可以在广告、包装等方面降低费用,由此在产品价格上占据优势。因此,有些企业会采用无品牌决策。一般来说,以下类型的企业倾向于不采用品牌。

①技术标准低、品种繁杂的产品。由于这一类产品技术门槛低、生产简单,企业难以突出产品特色,且容易被竞争对手模仿,因此,无品牌化是企业更倾向的选择。一般如小农具、针线等日用小产品多采用无品牌策略。

②同质性高、消费者不注重品牌的产品。由于市场上的同质产品繁多,产品不会因为生产者的不同而有较大差异,消费者在挑选产品的过程中不会过多关注品牌。在这种情况下,可以采用无品牌策略,如食盐、白糖等产品。

(2) 有品牌策划。在激烈的市场竞争中,品牌是企业获取竞争优势的重要手段之一,因此,绝大部分现代企业采用有品牌决策。相对于无品牌,有品牌可以为企业带来长远而持久的利益。

①有助于产品的销售扩张和市场占有率的提高。

②有助于稳定产品的价格,减小价格弹性,增强对动态市场的适应性,减少未来的经营风险。

③有助于细分市场,进而进行市场定位。

④有助于新产品的开发,节约产品的投入成本。

⑤有助于企业抵御竞争者的攻击,保持竞争优势。

2. 品牌统分策划

品牌统分策划是指某个企业或企业的某种产品在某种市场定位策略下,采用一个或多个品牌,从而最大限度地形成品牌的差别化和个性化,企业进而以品牌为单位组织开展营销活动。在品牌统分策划中,企业有不同的决策。

(1) 统一品牌策划。统一品牌是指企业所有的产品都统一使用一个品牌名称。例如,索尼公司生产的所有产品 (照相机、复印机、传真机) 都采用"SONY"这一品牌。统一品牌的好处在于:一是利用已有品牌的影响力,使企业宣传新产品的费用降低;二是利用已有的品牌信誉,很容易推出其他新产品,获得消费者信赖。但是统一品牌策略容易产生"株连效应"，任何一种产品的失败都会使整个家族蒙受损失。

（2）分类品牌策划。分类品牌是指企业不同大类产品分别使用不同的品牌。例如，海尔集团的家电产品（冰箱、洗衣机、电视、空调）进入市场都采用"海尔"这一品牌，而其产品线延伸至保健品行业时，用的却是"采力"品牌，目的是保持海尔集团在消费者心目中一贯的主体形象。分类品牌的好处在于：一是可以将个别产品的成败与其他产品和整个企业的声誉区分开；二是可以区分不同种类、不同产品的档次。但是由于需要创建不同的品牌，企业需要花费更大的财力和时间来进行打造、传播。

（3）个别品牌策划。个别品牌是指企业对其不同的产品采用不同的品牌。例如，美国的菲利普·莫里斯公司旗下有"万宝路"牌香烟，还有"卡夫"酸奶和奇妙酱、"果珍"饮品、"麦斯维尔"咖啡以及"米勒"啤酒。个别品牌在分类品牌的基础上，进一步规避了企业产品品牌的"株连效应"，同时也增加了企业的品牌打造成本。

（4）企业名称与个别品牌名称并用。企业名称与个别品牌名称并用是指企业对其不同的产品分别使用不同的品牌，而且各种产品的品牌前面还冠以企业名称，例如，丰田汽车旗下的丰田锐志、丰田凯美瑞、丰田皇冠等。这种策略既可以使各产品共享企业的信誉，又可以使各种品牌保持自己的相对独立性。

3. 品牌建设策划

企业一旦采用品牌策略，就必须积极进行品牌建设策划，主要包括品牌命名、品牌设计、品牌定位三个方面的内容。这些将在本节后续内容中进行详细介绍。

4. 品牌推广策划

品牌一经建设，首先便要推向市场。品牌能否成功推向市场，是品牌建设是否成功的检验标准之一，也是企业品牌打造最核心的环节。

二、品牌建设策划

产品品牌从命名到品牌标识设计、发展品牌定位，这一系列过程便是品牌建设过程。

（一）品牌命名策划

美国营销大师里斯说过："从长远观点来看，对于一个品牌来说，最重要的就是名字。"品牌是企业及其所提供的产品或服务的总和标识。在品牌的诸多要素中，品牌名称是品牌的核心要素，是形成品牌概念的基础。品牌名称一旦确定，如果变动，需要付出很大的代价。

1. 品牌命名的原则

好的品牌名称应当便于记忆、内涵丰富、富有美感。因此，品牌命名有以下原则。

（1）营销层面。

①品牌名称暗示产品特征。

②品牌名称具有广告的作用。

③品牌名称与品牌标识物相对应。

（2）法律层面。

①品牌名称容许商标注册。

②品牌名称相对于竞争者而言是独特的。

（3）语言层面。

①品牌名称的语音要好听易读。

②品牌名称的语形要简洁明快。

③品牌名称的语义要有积极寓意。

2. 品牌命名的流程

品牌可以根据创始人、地名、形象象征、产品属性等命名，具体流程如下。

（1）收集信息。

①收集企业、产品状况等信息，掌握产品优缺点和行业信息。

②通过品牌定位报告、产品的市场调查报告、目标客户的心理动机调查报告、目标客户的常用语等信息获得启发。

③了解同类产品已存在的命名，避免重复。

（2）提出备选方案。面对收集来的资料，把所有想到的可以描述产品本质、特征或精神的字或词全部记下来。可以用中文、英文，甚至方言来思考，思路不受局限。这个阶段的结果，就是将之前收集的各种资料消化，提炼出备选的名字草案。

（3）精选归类。准备好原材料后，试着把这些词汇归类，一般精选四到五个类别，每个类别下面包含若干个名字。类别之间应形成明显的差异化，每个类别都代表一条思路。在这些大框架下，对名字进行筛选、编辑，或者继续思考推敲，直至定稿。

一般而言，在选择一个品牌名字的时候，正面描述的、对消费者购买产品有煽动性的（如更年轻、漂亮、成功）、能够符合品牌精神的名字比较容易胜出。

（4）创意阐述。任何一个名字诞生的背后，都有一个缜密、严谨的思考过程。为每一款名字加上创意阐述，就是将这个思考过程，即名字由来，告诉客户，让他更容易理解你的想法。

（5）消费者测试。将初步决定的名字进行小范围的消费者测试，通过消费者的反应最终决定是否采用并进行推广。

（二）品牌设计策划

品牌设计是指将品牌通过有形的、准确的视觉和听觉语言表现出来，即品牌视觉识别设计。完整的品牌一般具备品牌名称和品牌标志，只有二者和谐统一，才能相得益彰。品牌设计便是使品牌名称与品牌标志完美结合，共同构建品牌视觉形象。

1. 品牌设计策划的内容

（1）标准字与标准色。根据企业的产品定位、目标客户定位等因素，确定品牌标志的设计风格，继而选择品牌设计的标准字和标准色。不同的字体、颜色反映了品牌要表达的不同定位，企业切忌为了凸显与众不同刻意选择极其冷门的字体和颜色，而导致最终不被消费者接受。

（2）品牌标志。品牌标志有文字标志、图案标志、图文标志等。品牌标志对于品牌形象设计至关重要：品牌标志可以让品牌容易识别和记忆，可以简洁地表达品牌身份，可以增强品牌联想等。品牌标志应该与品牌名称相协调，共同传递统一的品牌形象。好的品牌标志在市场上既与众不同，又广为流传，如宝马汽车蓝白相间的螺旋桨标志、奔驰汽车的"人"

字形标志、保时捷汽车的骏马标志等。

（3）品牌文字。品牌文字包含品牌视觉形象中需要体现的品牌名、品牌口号等元素。在品牌设计中，需要对文字进行合理排版，使其与其他品牌元素有机结合、和谐统一。

（4）品牌图案。品牌图案是指在品牌的推广、包装中，与品牌名称和标志搭配使用的一系列图案。品牌图案可以吸引消费者对品牌的关注，比单一的品牌名称更具说服力，能起到刺激消费者购买的作用。品牌图案需要符合品牌的定位，不能为了追求独特而失了调性。

2. 品牌设计策划的原则

（1）以消费者为中心。品牌设计的目的是表现品牌形象，只有为消费者所接受和认可的设计才是成功的，否则，即便华丽无比也没有意义。因此，品牌设计需要以准确的市场定位为前提。对目标市场不了解，品牌设计就是"无的放矢"。

（2）美观大方、求异创新。品牌设计应该给消费者美的享受，具有现代气息，感染力强。同时，要做到求异创新，即塑造独特的企业文化和个性鲜明的企业形象。

（3）传递产品信息。好的品牌设计除了美观、创新，还应当与企业的产品信息关联。消费者通过品牌设计，能够识别企业产品的特征、品质，甚至能联想到企业形象和实力。

（4）简洁明了、易懂好记。品牌设计应该通俗易懂，便于吸引消费者注意；同时符合消费者的文化背景和接受心理，使其印象深刻。

★案例赏析 5-2

为什么每个人的计算机上都有"Intel Inside"？

说到计算机里的 CPU（中央处理器），大家第一个想到的应该都是 Intel。会有这样的印象形成，其实是由于 Intel 巧妙的宣传方式。连贯的宣传策略让大家在不知不觉中产生了"就是要买内建 Intel 处理器的计算机"的想法，Intel 也因此成为处理器大厂。

仔细观察，会发现几乎所有的计算机上都有一张"Intel Inside"的标签。也就是说，几乎每一台计算机里面的 CPU 都是由 Intel 公司出品的。而这样巨大的成功，是 Intel 通过独特的行销手法达成的。

20 世纪 90 年代初期，由于消费者对计算机硬件的认知还不清楚，仅会依据计算机厂商的品牌而决定是否购买，因此，CPU 的销量往往取决于计算机厂商。为此，Intel 从 1991 年开始，采取"Intel Inside"的行销策略，在众多竞争者中脱颖而出，为自己创造出了更好的销量。

首先，Intel 设计了一个简单的标志，其中只有"Intel Inside"和一个简单的圈，作为统一的图案。其次，Intel 与各家计算机公司（如 Dell、IBM 等）合作，只要它们在销售计算机或是做广告之际，将"Intel Inside"的广告并入一同行销，便能获得由 Intel 提供的购买折扣或广告成本补助。最后，"Intel Inside"在消费者心目中建立了一种印象，即一台好的计算机就应该用 Intel 公司生产的处理器，并借由说服消费者产生的拉力，使得几乎所有计算机厂商参加这个计划。以数据而言，Intel 在采取"Intel Inside"的隔年，销售额上升了 63%，市值也由 1991 年的 100 亿美元提升至 2001 年的 2 600 亿美元。

（资料来源：Tech Orange《为什么每个人的计算机上都有"Intel Inside"》）

（三）品牌定位策划

品牌定位是指企业在市场定位和产品定位的基础上，对特定的品牌在文化取向及个性差异上所做的商业性决策。企业需要通过设计品牌的特有形象，以确立自身品牌在市场中的位置。换言之，品牌定位就是为某个特定品牌确定一个适当的市场位置，使产品在消费者的心中占据一个特殊的位置，当他们突然产生某种需求时，随即想到该品牌。比如在炎热的夏天突然口渴时，人们会立刻想到"可口可乐"的清凉爽口。

企业一旦选定了目标市场，就要设计并打造相应的产品、品牌及企业形象，以争取目标客户的认同。由于市场定位的最终目标是实现产品销售，而品牌是企业传播产品相关信息的基础，也是消费者选购产品的主要依据，因而品牌成为连接产品与消费者的桥梁，品牌定位也就成为企业市场定位的核心和集中表现。

品牌定位可以根据以下步骤来进行策划。

1. 品牌定位影响因素分析

企业在进行品牌定位时需要重点考虑以下五个因素。

（1）社会环境因素。社会环境是指品牌所面临的外部环境，包括政治环境、法律环境、社会文化环境等。例如，农夫山泉将自身定位于"天然水"，正是出于对环境污染因素的考虑。

（2）消费者因素。品牌定位需要从消费者心理出发，了解其消费特性以及心理上的需求，突破消费者的心理障碍。

（3）市场因素。随着品牌的发展，在不同的阶段，市场环境会发生相应的变化，如产品需求的变化、产品技术的变化等。企业在品牌定位的过程中需要对市场进行调查，对行情进行分析，保持对市场变化的敏锐触觉。

（4）竞争对手因素。企业只有通过对竞争对手的分析，才能采取正确的品牌差异化战略，从而脱颖而出。在进行对竞争对手的分析时，企业需要通过对市场上已有品牌的研究，找准自身品牌的定位，或者对品牌进行重新定位。

（5）自身产品因素。品牌是产品的形象代表，产品是品牌的物质载体，二者相互依存。企业在进行品牌定位策划时，必须考虑产品的质量、性能、用途等方面的特点。如果产品特点与品牌定位不契合，那么品牌的传播将会不堪一击。

2. 确定品牌定位

品牌定位的确定依据是上述品牌定位影响因素分析的结果。了解社会环境、市场环境和消费者需求，根据自身产品的特性和竞争对手的定位确立准确的品牌定位是这一阶段的主要工作。

确定品牌定位是通过提炼品牌的核心价值，找出品牌的内涵，从而确定品牌的独特形象。如王老吉的形象就是民族品牌，海尔就是优质服务的代表。这个形象可以通过一句简单的广告语，如蒙牛的"只为优质生活"、农夫山泉的"农夫山泉有点甜"，或者一系列的营销活动展示出来。

3. 品牌定位的展示

品牌定位的展示是指企业通过一系列的营销活动将品牌的定位展示给目标群体。品牌定位的展示包括广告展示、公共关系展示、人员推广展示和促销展示等。另外，企业也可以通过价格这一因素展示自身的定位，如哈根达斯冰激凌利用价格将自己高贵的形象展示给消费者。

第四节　包装策划

一、包装策划概述

产品包装是指用以包封产品并加以装潢和标识，以方便运输、陈列和销售等的适当材料或容器。一般来讲，产品包装应该包括商标、形状、颜色、图案和材料等要素。此外，在产品包装的标签上一般印有产品成分、品牌标志、产品质量等级、生产厂家、生产日期和有效期、使用方法等。

包装策划指运用包装对促进销售产生积极的作用。产品包装被称为"无声促销员"，具有美化产品、增加利润、指导消费的作用。

★案例赏析5-3

可口可乐、江小白解锁瓶身新玩法：没有创意的瓶子不是好瓶子！

这是个没有创意就难以生存的年代。要契合如今消费主力"90后""00后"的口味，不是一件容易的事情。

比如年轻人喜爱喝的饮料，如果企业只是简单地做饮料、卖饮料，早就湮没在茫茫市场中了。这个行业的佼佼者在了解新生代的调性以后，开始在包装瓶上做文章，目的就是想用瓶身"创意"带来的强烈冲击力满足客户的心理需求。

可口可乐一直喜欢在包装瓶上做文章，并且乐此不疲，曾经推出过礼花瓶、昵称瓶、歌词瓶、台词瓶、自拍瓶等，花样百出。2018年3月更是推出21款"城市罐"，在全国范围内广泛传播。

江小白是江记酒庄推出的一款清淡型高粱酒，主要面向新青年群体，主张简单、纯粹的生活态度。江小白Se100系列文案表达瓶，可谓开创了国内烈酒营销的新方式。作为江小白的主力产品，表达瓶主要是将现在年轻人想说想做的，以简单语录的形式表现在酒瓶包装上，通过小瓶加语录的简单设计实现与消费者的互动，是时尚与利口化的标志性融合。

除了表达瓶，江小白推出的瓶身创意各有看点。

毕业季，江小白针对应届毕业生，开展"立瓶召唤，青春不散"的毕业季活动，把召唤瓶送到毕业生手上。毕业生们可以在召唤瓶的瓶身手写留言，把想说的话写下来留给同窗。吃完散伙饭，每个人带走一个可以召唤老友的空酒瓶，在未来的某个时候，只要看到这个带有意义的召唤瓶，不管天涯海角，都可以召唤老友。

消费者甚至可以在江小白瓶身上看到星座信息，上面精准地描述了每一个星座的特征，卡通形象的绘制也符合各自星座的性格特点，一时之间成为年轻群体的钟爱之选。

近几年来，江小白和众多知名影视剧合作，更是将瓶身玩法推向了一个极致。例如，江小白和《火锅英雄》合作推出纪念版，与《见字如面》合作推出金句瓶等。

在这个眼球经济时代，瓶身创意已经成为营销中关键的一部分。好的创意能挖掘消费者内心的认同感，与其建立情感联系，触及消费者的内心，并让他们主动分享与互动。目前来看，可口可乐、江小白等品牌的瓶身创意营销，迎合了新生代消费者的需求。

（资料来源：搜狐网《可口可乐、江小白解锁瓶身新玩法：没有创意的瓶子不是好瓶子！》）

二、产品包装策略的类型

1. 类似包装

类似包装是指企业生产经营的所有产品，在包装外形上都采用相同或相似的图案、颜色，体现共同的特征，可以让消费者联想起产品是同一企业的产品。这种策略不但可以节省包装设计成本，树立企业整体形象，扩大企业影响，而且可以利用企业声誉带动新产品的销量，减少消费者的不信任感。

2. 等级包装

等级包装是对不同档次、不同等级的产品采用不同等级的包装，使包装的风格与产品的质量和价格相对应，以满足不同需求层次的消费者，进而扩大销售。

3. 配套包装

配套包装是指企业将几种有关联性的产品组合放在同一包装物中。这种包装便于消费者购买和携带，可以产生连带消费，促进销售。

4. 分类包装

分类包装是根据消费者不同的购买目的，对同一种产品进行不同的包装。如茶叶有简装和精装，以满足消费者的不同需求。

5. 复用包装

复用包装也称再利用包装，即原包装的产品用完后，空的包装容器可以再利用。

★相关链接

杜邦定律

世界著名的杜邦公司通过周密的市场调查得出了著名的杜邦定律：63%的消费者是根据产品的包装和装潢做出购买决策的；到超市购物的家庭主妇，由于精美包装和装潢的吸引，所购物品通常超出她们出门时打算购买数量的45%。

三、包装策划的内容

（一）包装策略策划

策划人需要对企业产品进行系统的包装策略策划，决定企业产品包装具体采用哪种包装策略，并进行具体的产品线包装规划。

（二）包装外观策划

1. 包装结构策划

在确定包装的结构、形状和尺寸时，策划人不仅要考虑产品的特点，还要考虑消费者在选购、携带、储存、使用中的需求。

2. 包装图案策划

包装图案通常由产品图片、产品配料、企业 Logo、代言人等组成。进行图案的合理搭配，既要做到突出、创新，吸引消费者注意，同时也不能失实，引起消费者纠纷。

3. 包装文字策划

文字是包装画面的组成部分之一，通常包括产品名称、广告宣传语、产品介绍语、使用说明等内容。包装文字不仅能起到装饰作用，还能达到产品宣传、介绍、说明的目的。包装文字应当力求简洁、鲜明，便于消费者识别和记忆。有些包装文字采用艺术手法来表现，这样就更要做到美观、醒目，才能达到宣传效果。

4. 包装色彩策划

色彩运用得当，能起到宣传产品、美化产品的作用。包装色彩不仅要做到创新和独特，同时也要考虑到企业视觉识别系统的颜色，要能够与其他宣传物料共同传递企业统一的视觉形象。

本章小结 \\\\

产品策划是企业营销活动中的首要环节。本章介绍了产品策划的含义，对产品策划的内容分别进行了陈述，包括新产品上市策划、品牌策划、包装策划。新产品上市策划的程序包括发现市场机会、产品概念构思和选择、新产品设计实施、新产品的正式生产、安排新产品上市的日程、新产品正式上市与追踪六个步骤；品牌策划包括品牌有无策划、品牌统分策划、品牌建设策划和品牌推广策划；包装策划包含包装策略策划和包装外观策划。

本章旨在让学习者掌握产品策划的相关理论和方法，为下一步学习价格策划、渠道策划、促销策划等打好基础。

思考题 \\\\

1. 试述产品与产品策划的内涵。
2. 新产品上市策划的程序是什么？
3. 品牌策划包含哪些内容？
4. 包装策略有哪些类型？

案例分析

<h1 style="text-align:center">无印良品的产品哲学</h1>

无印良品是一个日本杂货品牌，在日文中意为"无品牌标志的好产品"。

20世纪80年代，日本市场名牌盛行，消费者品牌意识非常强烈，无印良品反其道而行，提出无品牌的概念。这在当时相当前卫，也令人耳目一新。

这种不要品牌的做法，却使得在日本经常会出现这样的现象：有人如果看到一个没有商标的用品就会猜测，这是无印良品的吗？由此，无印良品巧妙地实现了最大限度的品牌差异化。商业世界被人为地分成了两极：一极是所有的品牌，而另一极就只有无印良品。"大音希声，大象无形"。刻意追求低调反而成为闻名世界的"NO BRAND（无品牌）"，达到了"无牌胜有牌"的境界。它已经超脱了产品品牌的局限，成为一种生活方式的品牌，这也是品牌发展的最高境界。

在无印良品看来，现代商品有两种趋势：一种是采用新奇的素材，拥有夺目的造型，与之相随的是消费实力较为雄厚的顾客群体；另一种是尽量压低成本，采用最便宜的材质，极度简化生产流程，在劳动力最便宜的国家生产商品。但无印良品走的是中间道路，一方面倾向于"无设计的设计"，使用最合适的素材和做工，实现"素"而有意趣的设计；另一方面不以低价为目标，取而代之的是丰富的加工技术和细致入微的设计风格，寻找真正合适的性价比。同时，无印良品不只是一家贩卖服饰、杂货、文具等的一般商店，它更是"生活形态提案店"。消费者到无印良品购物，不再只是购买产品本身，而是体验品牌背后传递的一种简约、自然、基本的生活形态。消费者会发现，原来看似简单的产品，也可以兼具质感与美感，通过这些产品，他们可以实现内心深处对简约生活的向往。

为了能持续不断地开发出满足消费者需求的、让人耳目一新的产品，无印良品采用了"四位一体"的产品开发模式。

1. 网友集思广益，让顾客参与设计

从2001年起，无印良品开始通过网络与顾客沟通，共同创意。企划人员首先定出一个主题，如"床边照明"，接着在无印良品网站的社群中，公开募集意见，以了解网友心中最理想的产品。统计整理后挑出几个方案让网友投票，做出样品，并利用网络进行满意度调查和意见征询，进一步修正结果。在决定好规格与价格后，便开始接受顾客的预订。一旦订单达到最小生产量，便开始正式进行商品化生产。无印良品通过这种方法开发出了不少热门商品，如"懒骨头沙发"就形成抢购热潮。

无印良品也在网站上募集"梦想计划"，网友可以将自己的创意告诉无印良品，只要在18天内得到300名网友的联署，无印良品就将它商品化。

2. 对生活进行彻底观察，以生活细节为师

无印良品的"观察法"，是由负责人员直接登门拜访顾客，观察顾客的日常生活，并站在生活者的角度来思考顾客的需求，从中挖掘出新需求，进行企划设计。

例如，负责人员观察到一般人睡前阅读的最后一个动作是摘下眼镜、关掉床头灯，隔天早上第一个动作是用手摸索着找眼镜。所以无印良品开发出底座往中央凹陷的床头灯，让眼

镜顺势靠在灯杆上，便于拿取。无印良品的设计目标只有一个：符合生活的需要。这很简单，可是也非常困难。

3. 与大师合作，提升品牌品味

"WORLD MUJI"的全新商品开发法——请世界各地的多位知名设计师，以大师的眼光改造商品，将早已在日常生活中根深蒂固的东西重新编辑，替换成符合无印良品形象的商品。在开发新产品时，无印良品会召开"商品战略委员会"，委员会除了一般员工，还包括多位知名设计师。通过各自观点的碰撞，达成共识后无印良品将创意做出样品，并举行展示会，让更多不同领域的人提意见。

4. 全球化的视野，发掘各地精华

"Found MUJI"集合了世界各地经过长时间发展出来的"生活必备品"。通过向世界收集材料与元素，再融合本地需求，将它们改造成能够纳入无印良品系列的产品。在无印良品的产品标签上，顾客常常会发现"埃及棉""印度棉手织"等标注。标注编织技术名称实际上是让购买者联想手工艺生产的过程。

无印良品还定期举办国际设计大赛，如第二届大赛的主题定为"RE"（Re-think、Re-design、Re-use、Re-fuse），大赛面向全球招募创意作品，重新发现日常生活中熟悉的事物并且重新加以概念化，这同样也为无印良品的商品开发提供了源源不断的创意。

无印良品酷爱素包装，主张不装饰，保持东西本来的色彩和形状，坚决反对过剩包装。例如，日式零食的包装，通常是精美且多层次的，但无印良品的原料虽是处处精选，用的却是简单透明的包装，以符合其简约、自然的基调。透明、半透明的包装非但没有让人们失去兴趣，反而增加了信任和一种朦胧的美感。无印良品还在全部商品上标有详细具体的文字说明，向顾客传递商品生产的理由。

无印良品主张"产品驱动型"的促销推广模式。当顾客买了一件无印良品的产品，会发现其他东西和它放在一起很不协调，于是就会再次购买更多无印良品的产品去搭配。最简单的例子就是，无印良品为自家米色的再生纸品提供了配套的米色涂改液。本来只要买笔的顾客，可能接下来会去购买笔记本、衣服、零食，甚至家具等。

（资料来源：中国营销传播网《无印良品的两大"悖论"——MUJI营销之道》）

【案例分析】

1. 总结无印良品的主要产品策略。

2. 为什么说无印良品"无牌胜有牌"？

3. 企业的产品策划应注意哪些问题？

项目实训

实训目的：在市场调查的基础上，掌握新产品策划的主要策略和程序，理解和掌握产品策划的相关理论。

实训内容：调查某品牌化妆品的新产品，包括名称、品牌、规格、知名度、顾客满意度、价格、包装、造型、色彩、销售、服务等内容，总结评价其上市策划的主要策略和流程。

实训形式：以小组为单位，对该产品进行市场调查、评析与研究，撰写产品研究报告，并进行交流展示。

第六章

价格策划

在复杂的市场环境中，企业应以怎样的价格向市场推出自己的产品或服务，始终是一个萦绕在经营者心头的重要问题。营销活动中的价格策划并不仅仅意味着定价方法与技巧的简单组合，而是将企业整体的价格策划工作作为一个系统来加以统一把握。这就必须系统地处理好企业内部不同产品价格之间的关系、同一产品不同生命周期之间的价格关系、本企业产品价格与竞争者产品价格之间的关系、产品价格与替代品和互补品价格间的关系，以及企业价格策略与营销组合中其他策略之间的关系。价格既是促销工具，又是竞争工具，合理的定价和调价是营销组合成功的关键之一。

■■/\学习目标 ....

- 掌握价格策划的概念、影响因素和流程。
- 掌握价格策划的方法、策略。
- 掌握价格调整策划的方法。

★开篇案例

上海迪士尼的价格策略

上海迪士尼乐园位于上海市浦东新区川沙新镇，于 2016 年 6 月 16 日正式开园。乐园拥有七大主题园区，包括米奇大街、奇想花园、探险岛、宝藏湾、明日世界、梦幻世界、玩具总动员；两座主题酒店，分别为上海迪士尼乐园酒店、玩具总动员酒店；一座地铁站，迪士尼站；并拥有许多全球首发游乐项目。

上海迪士尼乐园开园初期实行单一票价，即 499 元/人。2016 年 9 月 1 日开始，上海迪士尼乐园实行平日票和高峰日票两种选择。平日票适用于周一至周五及非假日，高峰日票适用于暑期（7 月至 8 月）、节假日和周末。平日门票价格为 370 元，高峰日门票价格为 499

元。儿童、老年人和残障游客购买门票可享受七五折优惠，婴幼儿可免费入园；购买两日联票可享有总价九五折的优惠。

2016 年 8 月，为了吸引即将结束暑假的孩子们，上海迪士尼度假区推出了限时优惠：2016 年 8 月 22 日至 9 月 9 日，背包、文具、午餐盒、水壶/水杯四大类迪士尼主题商品八折优惠；在乐园任意商店购物，单笔消费达 200 元，凭收银条可用 50 元换购指定迪士尼背包一个（收银条不可累计，仅限于当天使用）；在乐园任意快餐厅购买两份套餐（含一份主食和一杯单人饮料），就能得到一份免费儿童套餐。

（资料来源：2016 年 8 月 26 日网易新闻《上海迪士尼乐园进入淡季，9 月票价大幅下调》）

第一节　价格策划概述

价格是价值的表现形式。在多数情况下，价格是购买者做出选择的决定性因素。价格策划的任务是将产品价值与价格统一起来，制定出既能吸引消费者，又可以确保企业预期利润实现的销售价格。科学的定价策略、有效的价格管理，不仅有利于企业获取预期利润，在市场上获取竞争优势，扩大企业规模，也有利于整个行业的健康发展。

一、价格策划的概念

价格策划是根据购买者的支付能力和效用情况，结合产品进行定价，通过系统的定价方法实现企业经营目标的营销计划活动。在营销组合中，价格是最为活跃的因素，也是唯一能直接产生收入的因素，产品、渠道和促销等均会产生成本。

价格策划是营销策划的关键。随着同质化竞争的加剧和消费者需求的不断变化，产业和市场逐渐成熟，理性的价格策划在市场博弈要素中的地位日益凸显。但在营销实践中，定价是非常复杂的，需要考虑的因素很多，而这些因素又是瞬息万变的。因此，企业在制定价格策略时，需要掌握好定价目标、定价方法、影响价格的因素、价格变动的合理时机等。此外，还要进行准确的市场分析和预测，时刻关注市场的发展变化，及时进行价格调整。

二、影响产品定价的因素

企业为实现其经营目标，需要制定适当的价格，使自己的产品被消费者所接受。企业在定价时，常常受到多方面因素的影响。例如，市场需求，市场竞争与产品成本，消费者的心理、收入水平、对产品认知的局限，以及企业所面临的宏观环境（如政府宏观调控）等。

（一）市场需求

在市场经济条件下，市场需求是企业制定产品价格时要考虑的主要因素。市场需求水平决定了企业产品的价格水平，不同的需求水平会导致企业制定不同的价格。因此，产品价格的形成是供需双方共同作用的结果。企业在进行定价时，应对市场的供需状况进行认真分析和判断。一般而言，产品供不应求时，价格可以定得较高；产品供过于求时，价格需要做出相应的调整。

（二）市场竞争

市场竞争是影响价格制定的另一项重要因素。在竞争日益激烈的市场上，价格已成为企业经常使用的有力武器。

在营销实践中，市场竞争不激烈或无市场竞争时，企业可以制定较高的价格；而市场竞争激烈时，为了争夺市场份额，企业一般会参照各竞争对手的价格，适当降低价格水平。这就要求价格策划人必须熟悉市场竞争的态势，熟知企业竞争者产品的价格及其可能的变化趋势，估计竞争者对本企业产品定价或调价的可能反应，详细分析竞争者产品的特性、质量和功能等。在开放的市场中，企业总是面对各种各样的竞争，因此，市场竞争也是企业定价及实施相应价格策略的参考依据。

（三）产品成本

产品成本是产品价格制定的底线，也是最主要的影响因素。在正常情况下，企业不可能将产品的价格定得低于成本。企业总是希望其产品价格在补偿了生产、分销和销售等成本后能给企业带来合理的报酬。产品价格只有高于成本，企业才能补偿生产上的耗费，从而获得一定盈利。但在一些特殊情况下，个别产品的价格也可能会低于成本。

（四）消费者心理

研究产品定价必然会涉及消费者心理问题，因为在市场中具有不同心理特性的人对价格的感知是不同的。比如经常会发现有些产品价格上涨了，反而会导致需求量上升，造成这种现象的主要原因就是消费者的心理。价格常常被认为是质量好坏的指示器，有的消费者的消费观点是"宁可买贵的"，认为价格高的产品拥有更好的质量。同时，消费者想要通过消费高档产品来显示自己的消费层次和社会地位等，这些不同的消费心理会刺激产品的定价，即高价带来高需求。

（五）消费者收入水平

市场需求是消费者有购买能力的需求，而购买力来自消费者的收入。收入水平高的消费者，购买力强；收入水平低的消费者，购买力弱。因此，市场营销者可通过对消费者收入水平的调研来确定适合消费者购买能力的价格。例如，奢侈品品牌企业开店时会选择经济发达的地区，而普通品牌企业在开店时会选择经济发展一般的地区。

（六）消费者对产品认知的局限

"不对称信息"是经济学中的一个重要理论，在市场营销的产品定价中，该理论同样适用。由于消费者和企业对产品信息的掌握程度是不对称的，企业非常清楚自己的产品，而消费者对于该产品的制造原理、工艺、成本及功效的了解则是有限的，所以企业在进行产品定价时便可以使价格水平偏离其实际价值，尤其是对新产品和高科技产品。

★ 案例赏析6-1

Intel 公司 CPU 的定价

Intel 公司销售 CPU 芯片时，会在充分考虑消费者对产品的了解程度的基础上，采取相应的定价策略。每当 Intel 公司开发出一种新的芯片时，总是先定一个很高的价格。这种新的高科技产品制定较高的价格，很容易吸引专业计算机用户和商业用户。随着时间的推移，当消费者对 CPU 产品的制造成本情况开始了解，同时有竞争者的类似芯片出现时，Intel 公司便会大幅降低 CPU 芯片价格，以吸引一般的家庭计算机用户。通过这种方法，Intel 公司从不同细分市场中收获了尽可能多的利润。

（资料来源：邓镝. 营销策划案例分析 [M]. 2 版. 北京：机械工业出版社，2014.）

（七）政府宏观调控

在当今的市场经济舞台上，政府扮演着越来越重要的角色。为了维护市场秩序和达到其他目的，政府可能会通过"无形的手"和"有形的手"对市场上的价格策略进行干预，具体表现为一些宏观调控措施和一系列的经济法规。例如，我国规范企业定价的法律法规有《中华人民共和国价格法》《中华人民共和国反不正当竞争法》等。除此之外，地方政府也有一些保护本地企业有效发展的政策。这些政策和法规不同程度地影响着企业的定价行为，例如，当前各地房地产市场的价格就受到相关政策的影响。

除上述因素外，整个国家的经济形势、货币价值和流通量、政府力量、产品生命周期、营销组合、市场因素等也会对定价产生深远的影响。

三、价格策划的基本原则

产品的价格是产品价值的货币表现形式，但受市场供需变化、市场竞争及政府干预等因素的影响，产品的价格可能与其价值不完全一致。要想有利、有法和有度地根据企业的实际情况进行综合判断，继而科学地做好产品定价策划，应遵循以下四大原则。

（一）目的性原则

任何活动、任何项目的执行都带有一定的目的性，产品价格策划也必须遵循这一原则。价格策划的最终目的是实现企业盈利。企业在推广新研发的高科技产品时，可能采取高价策略；为了保护或扩大市场占有率，或清理库存以便回笼资金的时候往往采用低价策略。不论是高价还是低价，策划的价格只有与营销目的相匹配才能发挥有效的作用。

★ 案例赏析6-2

叁瑜伽生活馆的定价

2017 年 12 月 5 日，ln4S Fitness 旗下叁瑜伽生活馆正式开业。在开业之初，为了吸引顾客，该瑜伽生活馆进行了大量的线上线下宣传，其中最吸引眼球的就是其开业前的优惠定价：年卡原价 3 376 元，现价 1 999 元；半年卡原价 1 688 元，现价 999 元；计次卡原价 60 元/

次，现价50元2次（折合价25元/次）。通过此优惠定价，该瑜伽生活馆一开业便吸引了众多消费者的加入。

（二）创新性原则

价格策划应当出奇制胜，具有创新点，这样才能在实施时先发制人，达到价格策划的有效目的。随着新产品和新服务方式的出现及网络的发展，线上线下的比价变得方便快捷，价格透明化逐步扩大，这对企业的产品定价提出了更高的要求。创新性原则要求企业的定价策略应体现和竞争对手不一样的定价思路、定价方法，使企业把握先发优势，快速占据有利的市场地位。

（三）适时应变原则

价格相对稳定是企业经营的基本原则。变化过多、过快的定价容易失去消费者的信任，相对稳定的价格更容易获得消费者的长期选择，进而培养出忠实的消费群。但是相对稳定并不是说不能变化，而是应选择合适的时机变化，企业采取适当的价格调整策略也可以直接获利或排斥竞争对手。此外，企业在产品定价中也需要具有一定的技巧性和灵活性。

（四）区间变动原则

区间变动包括价格区间和时间区间，这是企业在进行价格策划时应注意的两项重要内容。价格区间是指企业在定价时，可以结合不同的档次确定不同的价格，使消费者对产品形成明确的价值差异认知；时间区间是指价格变动的时间周期。一般情况下，价格调整可控制在 1~3 个月一次。企业若在这段期间达到了营销目的，可采用新的价格策划方案。

需要指出的是，企业进行价格策划虽然在理论上非常清晰，操作起来也比较简单，但是在商务实践中，定价和调价却是让企业非常困扰的事情。如今，价格战术作为营销的一把利器，已博得企业的普通关注。研究价格理论，做好企业产品的价格策划，对当今企业在激烈竞争的市场中不断赢得竞争优势具有十分重要的意义。

四、价格策划的流程

产品定价一直是一道难题，定价过低容易让消费者认为产品是廉价品，定得过高又不利于快速占领市场。因此，企业在制定和选择价格策划方案时，需要经历一个反复调研、分析、评价、优选、实施、反馈、修正的过程。

（一）展开调研分析

1. 企业环境分析

企业环境是作用于企业生产经营活动的一切外界因素和力量的总和。企业环境分析的目的是从宏观层面和微观层面综合掌握影响企业价格决策的信息，以保证企业价格的适应性。价格策划人需要对社会、经济、政策、法律等环境进行细致考察，为价格策划方案的制定提供客观依据。

2. 3C 分析

3C 分析主要是针对成本（Cost）、顾客（Customer）和竞争对手（Competiter）展开分析。

成本分析主要包括对单位变动成本、固定成本与固定成本分摊方法、不同经济规模下该项产品或业务的平均成本展开分析。另外，对于影响成本的比较敏感或易变的因素也应进行分析。

顾客分析是价格策划中最关键的一环。分析顾客时需要分析顾客的价格敏感度，顾客购买特定产品与服务时最关心的因素，顾客在对比选择产品时对本企业产品的态度，顾客对一些特定产品的心理价格，在特定的价格下顾客希望获得的附加服务或产品内容等。

竞争对手分析是价格策划中不能不考虑的问题。在分析竞争对手时应注意找准主要的竞争对手，分析竞争对手产品或服务的主要特点，摸清竞争对手产品的实际价格，弄清本企业与主要竞争对手相比的优劣势等。

（二）确定定价目标

企业的定价目标在不同时期有不同的体现。当产能过剩、竞争激烈的时候，维持生存就是企业的主要目标。当企业解决了生存问题后就会开始追求利润最大化，但高价并不一定能实现利润最大化目标，企业需要在销售价格和销售量之间平衡，实现收益最优化。市场占有率最大化是企业逐步发展壮大的关键指标。企业普遍认为，赢得最高的市场占有率将享有最低成本和最高的长期利润，同时有利于树立企业在行业中的领导地位，为后续发展奠定基础。企业想要在行业中、市场中赢得好口碑，就要追逐高质量的产品，以质取胜，进而用高价弥补高质量对应的高成本。除此之外，适应竞争也是当今社会对企业发展提出的要求，即企业的定价目标要紧盯竞争者的价格。当竞争者价格变动时，企业还需要考虑自身的价格水平是否应进行调整。

（三）制定价格策划方案

价格策划人在策划产品价格时还应注意结合企业营销目标、产品定位及所处环境等，选择适当的定价方法和定价策略，形成具体的价格策划方案。价格策划方案是价格实施的行动纲领，需做到清晰明了、逻辑分明，具有一定的权威性、科学性和指引性。

（四）实施价格策划方案

价格策划方案确定以后，就要付诸实施。在遵循原则性和灵活性的前提下，企业应严格执行制定好的价格策划方案。

（五）收集反馈意见

在实施价格策划方案的过程中，企业应注意建立有效的价格信息反馈机制，通过定时或不定时收集价格策划方案执行中的表现情况和反馈意见，判断其是否能较好地满足企业的定价目标，如若不能，则需及时进行调整。

（六）修正价格策划方案

结合价格策划方案执行过程中反馈的情况，企业需要不断地对方案进行修正，剔除不能适应市场发展现状和趋势的内容与方法，补充对新情况、新问题的处理方案。

第二节　产品定价策划

一、产品定价方法

企业在进行价格策划时，主要考虑三大因素：产品成本、市场需求和竞争状况。价格策划人需要从这三大因素出发，结合产品特性等进行相应的价格决策。基于这三大因素的影响，产品定价的方法与这三大因素一一对应，分别为成本导向定价法、需求导向定价法和竞争导向定价法。

（一）成本导向定价法

成本导向定价法是以营销产品的成本为主要依据制定价格的方法，是最简单、应用相当广泛的一种定价方法。其公式是：价格＝成本+税金+利润。成本导向定价法衍生出单位成本加成定价法、变动成本加成定价法、总成本加成定价法和盈亏平衡定价法等，这些方法的优点在于简单易行，不足之处在于主要以卖方的利益为出发点，不利于企业降低成本。

成本导向定价法的策划流程如图6-1所示。

图6-1　成本导向定价法的策划流程

（二）需求导向定价法

需求导向定价法是指根据市场需求状况和消费者对产品的感知差异来确定价格的定价方法。现代市场营销观念要求企业的一切生产经营要以消费者需求为中心，并在产品、价格、分销和促销等方面予以充分体现。所以，需求导向定价法又称"市场导向定价法""顾客导向定价法"。

需求导向定价法主要包括认知导向定价法、需求差异定价法和逆向定价法三种。认知导向定价法源于消费者对某种产品价值的主观判断和自我认知，因此企业在定价时会充分分析、判断消费者对产品价值的理解程度。需求差异定价法是指产品价格的确定以消费者不同的需求特性为依据的定价方法。逆向定价法是指依据消费者能够接受的最终销售价格，考虑中间商的成本及正常利润后，逆向推算出产品最终价格的定价方法。

（三）竞争导向定价法

竞争导向定价法是企业通过研究竞争对手的生产条件、服务状况、价格水平等因素，依据自身的竞争实力，参考成本和供求状况来确定产品价格的一种方法。这种方法在竞争十分激烈的市场上普遍存在。竞争导向定价法的特点是：产品的价格不与产品成本或市场需求产生直接关系，而会与竞争对手的产品价格变化保持一致。

二、产品定价策略

定价策略与定价方法密切相关，定价方法侧重于确定产品的价格，而定价策略则侧重于根据市场的具体情况，运用价格手段去实现企业的定价目标。不同企业生产经营的产品不同，发展的阶段不同，所面临的市场情况也会有所不同，因此，不同企业会有不同的定价策略。

（一）新产品定价策略

1. 撇脂定价策略

撇脂定价策略是指在新产品上市之初，为其制定一个较高的价格，以期在短期内获得高额的利润，尽快收回投资的定价策略。这种方法的出发点是在新产品投放市场初期，竞争者和替代品较少，因而可以趁机获得较高的利润，就像从牛奶中撇取所含的奶油一样。

★相关链接

新药研发的成本与定价

在 2018 年暑期档大热的电影《我不是药神》里，一群病友之所以依赖"药神"从印度带回来的治疗白血病的仿制药品，是因为正版新药的市场价格太高，动辄几百元甚至上千元一粒。而制药企业将新药投入市场初期的价格制定得如此之高，也是因为其高昂的研发成本。

研发一种新药将要花费多少？根据 2016 年德勤会计师事务所发布的一份研究报告，从其对 12 家大型药企持续 6 年的追踪结果可看出，研发巨头的投资回报率从 2010 年的 10.1% 下降至 2016 年的 3.7%。与此同时，研发一种新药的平均成本已经从低于 12 亿美元增长至 15.4 亿美元，而且需要耗时 14 年才能推出。而新药一旦完成临床前的研究，将要进入最为重要的临床研究，这是新药能否顺利上市的关键步骤，也是投入比例较大、失败率较高的环节。

所以，只有资金实力雄厚的大药企才可以开展新药研发。如果一种新药最终能够获批上市，便能凭借高昂的价格和巨大的市场回收成本和赚取利润，药企会获益颇丰。

撇脂定价策略即高价策略。采用这种策略应注意其使用的前提条件：一是新产品有足够多的购买者，并且需求弹性较小；二是确定高价带来的好处大于由小批量生产而导致的产品成本增加；三是新产品仿制难度高，即使高价也不会迅速引来大量竞争对手；四是较高的定价能让顾客对新产品产生高质量、高档次的感觉；五是高定价产品的质量应与所定的高价相匹配。

2. 渗透定价策略

渗透定价策略是指在新产品或服务初入市场时定一个较低的价格，从而比较容易地进入市场或提高市场占有率，获得较高的销售量的定价策略。采用这一定价策略的企业，在进入市场的初期可能会有亏损，但随着产品产销量的扩大、成本的下降，企业不仅可以弥补亏损，还会因为较高的市场占有率而获得丰厚的利润。因此，渗透定价策略是一种着眼于企业长期发展的策略。

渗透定价策略即低价策略。采用渗透定价策略需要具备的特定条件为：一是顾客对产品的价格非常感兴趣，产品的价格弹性较大，采取低价一定程度上能刺激需求的迅速增长；二是企业能采用批量生产的方式生产产品，且随着产品产销量的增加，产品的单位成本逐渐下降；三是低价具有迷惑作用，能有效地阻止现有竞争者和潜在竞争者进入新产品市场；四是新产品的潜在市场需求量较大，可以为企业长远发展带来可观的收益。

3. 满意定价策略

满意定价策略是指在新产品投放市场时制定适中的价格，既保证企业获得一定的初期利润，又能为广大顾客所接受的定价策略。满意定价策略是一种介于高价策略和低价策略之间的、简便易行的定价策略，采取了比撇脂价格低、比渗透价格高的适中价格。它既不是利用价格来获取高额利润，也不是通过价格制约占领市场，而是尽量降低价格在营销手段中的地位，突出企业在产品市场中其他更有效的营销手段，是一种较为公平、正常的定价策略。

（二）差别定价策略

企业往往需要针对不同顾客、不同销售时间、不同销售地点等来调整产品价格，实行差别定价，即对同一产品或服务定出两种或多种不同的价格，但这种价格差别不反映成本的变化，而是基于消费者需求的差异性。实行差别定价要求企业对价格必须有一定的控制能力，且能较好地处理差别定价可能带来的风险。

1. 顾客差别定价

顾客差别定价是指企业把同一种产品或服务按照不同的价格卖给不同的顾客的定价策略。例如，公园、旅游景点、博物馆将顾客分为学生、老年人和一般顾客，对学生和老年人收取较低的费用；自来水公司根据需要把用水分为生活用水和生产用水，并收取不同的费用；电力公司将用电分为居民用电、商业用电和工业用电，对不同的用电方收取不同的电费。

2. 产品差别定价

产品差别定价是指企业按照产品的型号、规格、式样、花色等制定不同的价格。不同型号或式样的产品，其价格之间的差额和成本之间的差额不成比例的定价策略。例如，50 英寸（1 英寸 = 2.54 厘米）彩电比 33 英寸彩电的价格高很多，可其成本差额远没这么大；一条裙子 70 元，成本 50 元，若在裙子上绣一组花，追加成本 5 元，但价格却可以定到 100 元。

3. 地点差别定价

企业对处于不同地点的产品或服务制定不同的价格，即使每个地点的产品或服务的成本是相同的。例如，观看比赛时，不同座位的成本费用一样，按不同座位收取不同价格，是因为观众对不同座位的偏好不同；火车卧铺从上铺到中铺、下铺，价格逐渐增高。

4. 时间差别定价

时间差别定价是指企业对不同季节、不同时期甚至不同钟点的产品或服务分别制定不同价格的定价策略。例如，航空公司或旅游公司在淡季的价格便宜，而旺季一到价格立即上涨。这样可以促进消费需求均衡，避免企业资源的闲置或超负荷运转。

实行差别定价策略需要注意以下适用条件：一是市场必须可以细分，而且每个细分市场必须表现出不同的需求程度；二是以较低价格购买的顾客，不能以较高价格转卖产品；三是竞争者不能在企业以较高价格销售的市场上低价竞销；四是差别价格不会引起顾客反感，以致其放弃购买；五是差别定价不能违反法律法规。

（三）心理定价策略

心理定价是根据顾客不同的消费心理而制定相应的产品价格，以引导和刺激顾客购买的价格策略。常用的心理定价策略有数字定价策略、声望定价策略、招徕定价策略、习惯定价策略、分级定价策略等。

1. 数字定价策略

数字定价策略可分为尾数定价策略、整数定价策略、愿望数字定价策略等。

（1）尾数定价策略。尾数定价策略指企业利用消费者求廉的心理，制定非整数价格的定价策略，例如，某种产品价格定为 19.99 元而不是 20 元。使用尾数定价策略，可以使价格在顾客心中产生三种特殊的效应：便宜、精确、中意。该策略一般适用于日常消费品等价格低廉的产品。

（2）整数定价策略。与尾数定价策略相反，整数定价策略针对的是顾客的求名、自豪心理，将产品价格有意定为整数。对那些无法明确其内在质量的产品，顾客往往通过价格的高低来判断其质量的好坏。在整数定价方法下，价格的高并不是绝对的高，而只是凭借整数价格来给顾客造成高价的印象。整数定价常常以偶数，特别是"0"作为尾数。整数定价策略适用于需求价格弹性小、价格高低不会对需求产生较大影响的中高档产品，如流行品、时尚品、奢侈品、礼品、星级宾馆、高档文化娱乐城等。

（3）愿望数字定价策略。由于民族习惯、社会风俗、文化传统和价值观念的影响，某些数字常常会被赋予一些独特的含义。企业在定价时如能对这些数字加以巧用，其产品将因之得到顾客的偏爱。当然，某些为顾客所忌讳的数字，企业在定价时则应有意识地避开，以免引起顾客的厌恶和反感。

2. 声望定价策略

声望定价策略指根据产品在顾客心中的声望、信任度和社会地位来确定价格的一种定价策略。例如，对于一些名牌产品，企业可以利用顾客仰慕名牌的心理而制定高于同类产品的价格。如国际著名的 LV 箱包、劳力士手表等，在我国市场上的销售价格从几千、几万元到几十万元。顾客在购买这些名牌产品时，特别关注其品牌、标价所体现出的价值，目的是获得极大的心理满足。声望定价策略适用于一些知名度高、具有较大市场影响力、深受市场欢迎的、拥有驰名商标的产品。

3. 招徕定价策略

招徕定价策略又称特价产品定价策略，是指企业将某几种产品的价格定得非常高或者非常低，在引起顾客的好奇心理和观望行为之后，带动其他产品的销售，加速资金周转的策略。这一定价策略常为综合性百货商店、超级市场所采用。值得企业注意的是，用于招徕的降价品，应该与低劣、过时产品明显地区别开来，必须是品种新、质量优的适销产品，而不能是处理品。否则，不仅达不到招徕顾客的目的，反而可能使企业声誉受到影响。

4. 习惯定价策略

习惯定价策略是指根据消费市场长期形成的习惯性价格来定价的策略。对于经常性、重复性购买的产品，尤其是家庭生活日常用品，在顾客心理上已经"定格"，其价格已成为习惯性价格，并且顾客只愿付出这么大的代价，个别企业难以改变，降价易引起顾客对品质的怀疑，涨价则可能受到顾客的抵制，企业定价时就要迎合顾客的这种习惯心理。

5. 分级定价策略

分级定价策略即把相同品牌的产品分为不同级别，制定不同的价格的策略。例如，某品牌的羽毛球拍分为高、中、低三种档次：高端的 NS（纳米系列）、ARC（弓箭系列）；中端的 AT（钛钢系列）、MP（拱槽系列）；低端的 CAB（碳素系列）、ISO（方头系列）。档次不同，价格不同。分级定价便于顾客按需购买，有利于满足不同消费层次的顾客的需求，从而扩大产品的销量。

（四）折扣定价策略

大多数企业会酌情调整其基本价格，以鼓励顾客及早付清货款、大量购买或淡季购买，以实现有效经营，因此，折扣定价是一种常用的定价策略。

1. 现金折扣

现金折扣是针对及时付清货款的顾客的一种价格折扣，即对在约定日期付款或提前付款的顾客给予一定的折扣。例如，顾客在 30 天内必须付清货款，而如果顾客 5 天内付清货款，则给予 3% 的折扣。这有利于加速企业资金周转，减少坏账损失。

2. 数量折扣

数量折扣指按购买的数量，给予不同的折扣，购买数量越多，折扣越大，从而鼓励顾客购买更多的物品。大量购买能使企业降低生产、销售、储运、记账等环节的成本费用。例如，顾客购买某种物品 1 000 单位以下，每单位 10 元；购买 1 000 单位以上，每单位 9 元。这就是数量折扣。

3. 功能折扣

功能折扣又称职能折扣或贸易折扣，是指制造商给予某些批发商或零售商的一种额外折扣，使批发商或零售商可以获得低于目录价格的价格，促使他们执行某种市场营销功能（推销、储存、服务），并与生产企业建立长期、稳定、良好的合作关系。

4. 季节折扣

生产季节性产品的企业对销售淡季来购买产品的买主，给予折扣优待；零售企业对购买过季产品或服务的顾客给予一定的折扣，这些均属季节折扣，有利于企业的生产和销售在一年四季保持稳定。例如，滑雪橇制造商在春夏季给零售商季节折扣，以鼓励零售商提前订货；酒店、宾馆、航空公司等在营业额下降时给顾客季节折扣。

★案例赏析6-3

香奈尔的价格策略

只给富人设计高级时装的品牌定位使香奈尔从其推出第一套服装起，价格就十分昂贵，香奈尔具体采用以下三种定价方法。

（1）高质量、高价格定价法。优质的面料、精细的做工，注重细节，穿着感觉舒适、独特，使许多名媛淑女愿意以数千美元一套的高价添购香奈尔新装。

（2）成本导向定价法。用80多种成分的配方人工合成的"香奈尔5号"香水，据说是全世界最昂贵的香水。

（3）声望定价法。从香奈尔品牌创立至今，公司一直手工量体、手工缝制，只为上流社会妇女、模特等服务，每一款服装只有几件甚至一件，因此，价格昂贵。

（资料来源：世界品牌研究室.世界品牌100强：品牌制造 [M]．北京：中国电影出版社，2004.）

三、产品定价策划的注意事项

（一）产品定价策划的正确做法

企业产品定价策划是一门科学，更是一门艺术，需要胆识、见识、创造性，也需要采用正确的做法。在制订价格计划之前，应回顾企业的整体营销策略；密切关注竞争者的价格动向；定价务必要有弹性，视竞争压力及营销环境的变化，适当调整定价，并把价格当作完成营销策略的一种工具；利用定价完成产品的定位；必须深入了解成本后再决定产品价格；确保定价政策符合法律法规的要求与规定。

（二）产品定价策划应注意的问题

任何商业活动的策划都可能遇到一些特殊情况，企业在进行价格策划、实施某种价格方案的过程中，有可能面临多种不确定性。因此，企业在产品定价策划中应注意以下问题。

第一，由于经营成本与市场竞争活动不是固定不变的，所以定价也不能一成不变。

第二，尚未确定定价对销售、利润的影响之前，不宜制定价格。

第三，必须在确保潜在客户不因价格经常改变而感到无所适从之后，再采取弹性定价。

第四，客观看待市场竞争和竞争者，不宜有过度反应。在改变长期定价策略前，要弄清楚竞争者的价格变动是暂时的还是长期的、目的是什么、对本公司销售有多大影响等，再确定相应的对策。

第五，已有竞争力的价格不宜再降低，应将重点放在提高产品质量或提高附加值方面。

第三节　产品价格调整策划

企业产品价格调整策划是企业根据客观环境和市场形势的变化对原有价格进行调整的过程。企业的生产经营状况和市场形势都在不断变化，选择适当时期采取相应的措施调整产品价格，是企业适应环境变化、争取竞争主动权的一种手段。

企业进行产品价格调整主要有两种情况：一是市场供求关系发生了变化，企业认为有必要调整自己的价格，即主动调整价格；二是竞争者的产品价格有所变动，企业也不得不做出相应反应，即被动调整价格。不论是主动调整还是被动调整，其策略都主要为降价和提价两种情况。

一、产品降价策划

（一）降价的原因

企业对产品进行降价的原因有很多，既有企业外部需求及竞争等因素转变的原因，也有企业内部的战略转变、成本变化等原因，还有国家政策、法令的制约等原因。这些原因具体表现在以下几个方面。

1. 企业急需回笼大量资金

企业在运营中可能因为其他产品销售不畅，也可能是为了筹集资金进行某些新活动等，而急需回笼大量资金。此时，企业可以通过对某种需求价格弹性大的产品大幅度削价，增加销售额，获取资金。

2. 企业期望通过降价来开拓新市场

一种产品的潜在顾客往往由于其消费水平的限制而阻碍了其转向现实顾客。在降价不会对原顾客产生影响的前提下，企业可以通过降价的方式来扩大市场份额。此外，为了保证这一策略的成功，有时需要配合产品改进策略。

3. 企业成本降低，费用减少

随着科学技术的进步和企业经营管理水平的提高，许多产品的单位成本和费用不断下降，使企业产品降价成为可能。因此，企业在具备相应条件时可适当降价。

4. 企业生产能力过剩

如果企业生产的产品供过于求，库存积压严重，并且通过改良产品和加强促销等手段无法扩大销售，就要考虑通过降价来提高销售。

5. 企业基于产品生命周期的变化对价格作调整

对于某些进入成熟期的产品，企业面临激烈的价格竞争，市场占有率受到冲击，降价可以大幅度增加其销售，从而在价格和生产规模之间形成良性循环，为企业带来更多的销售量和销售利润。

6. 企业为了打击现有市场的竞争者

对于某些产品来说，每个企业的生产条件、生产成本不同，最低价格也会有所差异。部分生产成本较高的企业在别的企业主动削价以后，会因为价格被迫降低而得不到利润，只好停止生产。这无疑有利于主动降价的企业。

7. 企业受外部宏观环境的影响

经济形势瞬息万变，在宏观经济不景气的形势下，市场需求萎靡，降价是很多企业借以度过萧条期的重要手段。

（二）降价的方式

降价最直截了当的方式是将企业产品的目录价格或标价绝对下降，但企业更多的是采用各种折扣的形式来降低价格，如数量折扣、现金折扣、回扣和津贴等。此外，变相的降价形式还有：赠送样品、优惠券，实行有奖销售；给中间商提供推销奖金；允许顾客分期付款、赊销；提供免费或优惠送货上门、技术培训、维修咨询服务；提高产品质量，改进产品性能，增加产品用途。这些方式具有较强的灵活性，在市场环境变化的时候，即使取消也不会引起顾客太大的反感；同时也是一种促销策略，因此在现代经营活动中被广泛应用。

★ 案例赏析6-4

爱德华·法林自动降价商店

在美国波士顿的中心区有一家爱德华·法林自动降价商店，以独特的定价方法和经营方式闻名遐迩。

这家自动降价商店里的产品摆设与其他商店并无区别。架子上挂着一排排各种花色、式样的时装，货柜上分门别类地摆放着各类产品。商店的产品并非低劣货、处理品，但也不是非常高档的产品。这家商店的产品不仅全都标有价格，而且标着首次陈列的日期，价格随着陈列日期的延续而自动降低。在产品开始陈列的头12天，按标价出售；若这种产品未能卖出，则从第13天起自动降价25%；再过6天仍未卖出，即从第19天开始自动降价50%；若又过了6天还未卖出，即从第25天开始自动降价75%。这时，价格100元的产品，只花25元就可以买走。如果再经过6天仍无人问津，这种产品就会被送到慈善机构。

采用自动降价的方式推销产品，在于抓住了顾客购物的求廉心理。自动降价不但可以满足顾客的不同要求，而且对于处理滞销产品和过时产品有很大的作用，也有助于商店内部货物的流通。爱德华·法林自动降价商店利用自动降价法招揽顾客，取得了极大的成功，受到美国人及外国旅游者的欢迎。

〔资料来源：张志斌. "自动降价商店"中的玄机 [J]. 生意通，2006 (8)：47-48.〕

二、产品提价策划

(一) 提价的原因

提价能够增加企业的利润，但会造成企业竞争力下降、顾客不满、经销商抱怨，甚至还会受到同行的指责和政府的干预，从而对企业产生不良影响。虽然如此，在实际中仍然存在着较多的提价现象。其主要原因如下。

1. 产品成本增加，为减少成本压力而提价

成本增加是所有产品价格上涨的主要原因。成本的增加主要是因为原材料价格上涨，或者是生产或管理费用提高。企业为了保证利润率不降低，便采取提价策略。

2. 通货膨胀，为减少企业损失而提价

在通货膨胀的情况下，即使企业仍能维持原价，但随着时间的推移，其利润的实际价值也呈下降趋势。为了减少损失，企业只好提价，将通货膨胀的压力转嫁给中间商和顾客。

3. 产品供不应求，为遏制过度消费而提价

对于某些产品来说，在需求旺盛而生产规模又不能及时扩大而出现供不应求的情况下，

企业可以通过提价来遏制需求，同时又可以取得高额利润。在缓解市场压力、使供求趋于平衡的同时，为扩大生产准备条件。

4. 适应顾客心理，为创造优质效应而提价

作为一种策略，企业可以利用涨价营造品牌形象，使顾客产生价高质优的心理定式，以提高企业知名度和产品声望。对于那些革新产品、贵重产品、生产规模受到限制而难以扩大的产品，这种效应表现得尤为明显。

（二）提价的时机与方式

为保证提价策略的顺利实现，企业应注意选择合适的提价时机，例如，产品在市场上处于优势地位，产品进入成长期，季节性产品处于销售旺季，竞争对手的产品提价等。

此外，在方式选择上，企业应尽可能多地采用间接提价的方式，把提价的不利因素的影响降到最低程度，使提价不影响销量和利润，并且能被潜在顾客接受。同时，企业有必要通过各种渠道向顾客说明提价原因，配之以产品策略和促销策略，并帮助顾客寻找节约的途径，以减轻顾客的不满情绪，维护企业形象，提高顾客信心。

在营销实践中，企业除了直接涨价，还可以采用以下方式提价。

1. 利用自动调整条款

合同中的自动调整条款规定价格可以按一定的价格指数来调整，企业可要求顾客按当前的价格付款，并支付因通货膨胀引起的部分或全部费用。

2. 对部分附加服务单独定价

企业决定产品价格保持不变，但对原先提供的某些劳务（如送货上门或安装服务等）单独定价，例如，部分酒店对于顾客自带酒水会收取就餐总额一定比例的服务费。

3. 减少折扣

企业不再提供原有的现金折扣和数量折扣。

三、价格变化的反应

产品价格变化虽然是企业适应环境变化、争取竞争主动权的一种策略，也是产品不同发展阶段的正常现象，但是一旦发生调整或变化就会影响顾客、竞争者、分销商和供应商的利益，如果变化过大，还会引起政府的关注，因此企业在调整产品价格时必须考虑到相关人群的反应。

（一）顾客的反应

衡量调价成功与否最重要的标志，是顾客如何理解价格调整这一行为和企业所确定的价格能否为顾客所接受。例如，企业打算向顾客让渡利润的降价行为可能被理解为产品销售状况欠佳、企业面临经济上的困难等，一次动机良好的价格调整行为就可能产生十分不利的调整结果。因此，企业在进行价格调整前，必须认真研究顾客对价格调整行为可能的反应，并在进行调整的同时，加强与顾客的沟通。

顾客对企业提价行为的可能反应有：①很多产品都在提价，这种产品价格的上扬很正常；②这种产品很有价值；③这种产品很畅销，将来一定更贵；④企业在尽可能谋取更多的利润。

顾客对企业降价行为的可能反应有：①产品的质量有问题；②这种产品老化了，很快会有替代产品出现；③企业财务有困难，难以经营下去；④价格还会进一步下跌。

（二）竞争者的反应

在竞争市场上，竞争者的反应也会影响企业价格的制定和价格策略的效果。在价格调整情况下，竞争者的反应及其对企业的影响主要表现在：①在竞争者的价格策略不作任何调整的情况下，企业降低价格就可能起到扩大市场份额的效果；②在企业降低价格的同时，竞争者也降低价格，甚至以更大的幅度降低价格，企业降价的效果就会被抵消，销售和利润状况有可能不如调整前；③在企业提高价格后，如果竞争者并不提高价格，则对企业来说，原来供不应求的市场可能变成供过于求的市场。

鉴于以上几种情况，企业在实施价格调整策略前，必须分析竞争者的数量、竞争者可能采取的措施及其反应的剧烈程度。

（三）应对竞争者调价的策略

竞争对手在实施价格调整策略之前，一般已经过长时间的思考，仔细权衡调价的利害，并且在调价之前大多会采取保密措施，以保证发动价格竞争的突然性。一旦调价成为现实，企业在这种情况下贸然跟进或无动于衷都是不对的，正确的做法是尽快弄清以下问题：①竞争者调价的目的是什么；②竞争者调价是暂时的还是长期的；③竞争者调价对本企业的市场占有率、销售量、利润方面的影响如何；④同行业的其他企业对竞争者调价行动的反应等。同时，竞争者调价是非常迅速的，企业应及时响应，最好是事先制定反应程序和反应方案，以便灵活处理。

企业应对竞争者调价时必须结合所经营的产品特性确定对策。一般来说，在同质产品市场上，如果竞争者降价，企业必须随之降价，否则大部分顾客将转向价格较低的竞争者；但是，如果竞争者提价，企业既可以跟进，也可以暂时观望。如果大多数企业维持原价，最终会迫使竞争者把价格降低，使竞争者涨价失败。在异质产品市场上，由于每个企业的产品在质量、品牌、服务、包装、顾客偏好等方面有明显不同，所以面对竞争者的调价策略，企业有较大的选择余地，要么以不变应万变，要么有选择性地调整。

本章小结

本章对价格策划的概念、影响产品定价的因素、价格策划的流程、产品定价策划和价格调整策划等方面进行了阐述。其中，产品定价策划和价格调整策划是重点内容。产品的定价方法主要包括成本导向定价法、需求导向定价法和竞争导向定价法三种类型；产品定价策略主要包括新产品定价策略、差别定价策略、心理定价策略、折扣定价策略四大类。随着市场营销环境的变化，企业必须对现行价格予以适当的调整，调整价格可采用降价或提价策略，实施价格调整后，还应关注顾客和竞争者的反应。

价格策划是营销组合策略中最为直观和敏感的因素，是营销组合成败的关键之一。通过本章学习，学习者应在理解价格策划知识的基础上，把握企业价格策略与营销组合中其他策略之间的关系。

思考题

1. 什么是产品价格策划？价格策划的流程有哪些？
2. 企业常用的产品定价方法有哪些？
3. 产品定价策略有哪些？常见的心理定价策略有哪几种？
4. 试述产品定价策划的注意事项。
5. 简述企业发动降价或提价策略的原因与方式。

案例分析

案例一：麦当劳、肯德基的快餐价格回落到 10 年前

2013 年年底至 2014 年年初，麦当劳在全国范围内推出特价汉堡包，分别是以牛肉、鸡肉为原料的两大人气产品——麦辣鸡腿堡、巨无霸堡，全部只卖 10 元，搭配可乐和薯条的超值套餐，在午间（11：00—14：30）和晚间（17：00—20：00）售卖均不超过 20 元。2013 年 10 月，麦当劳方面宣布，深圳地区从 10 月 30 日起推出全新超值计划。届时，顾客不用再刻意等待，可在全天（除早餐时段外）购买到 15 元起的超值套餐。此次计划还推出了多款超值单品，包括 5 元起的小包薯条及小杯饮料等。顾客在点餐时可享受更丰富的选择、更灵活的搭配。

调整后的价格相比调整前降幅达到三成左右，降幅最高的是巨无霸汉堡套餐，折价约 32.6%。麦当劳方面声称这样做是为了迎合上班一族的午餐、晚餐需求。

无独有偶，针对麦当劳的调价，百胜餐饮集团旗下的必胜客也为有午餐需求的商务人群推出了优惠、快捷的商务午餐，为消费者提供价格 28 ~ 42 元不等的 7 个套餐，最高优惠幅度达 47%。此外，必胜客还长期提供多种优惠。例如，下午茶套餐可免费续杯，在校大学本科生、专科生凭有效学生证可在国内任何一家必胜客欢乐餐厅享受全面八折优惠。肯德基则是通过派发优惠券、推出超值午餐来吸引顾客，产品组合的最高优惠幅度达到六五折。

虽然麦当劳、肯德基一直对降价原因秘而不宣，但这些快餐店降价其实是受到了顾客的消费习惯变化和经济环境变化的双重影响：餐饮业的顾客更关注特价菜，整体消费档次也有所降低，老百姓在饮食消费方面更务实了。在中国开办的外国快餐店，希望通过"降价"销售保人气，以此抵消负面影响。

（资料来源：李琼，程艳霞. 营销策划理论与实务 [M]. 北京：人民邮电出版社，2014.）

案例二：画商与画家

在比利时的一间画廊里，一位美国画商正在和一位印度画家讨价还价，争辩得很激烈。其实，印度画家的每幅画底价仅在 10 ~ 100 美元。但当印度画家看出美国画商购画心切时，对其所看中的三幅画单价非要 250 美元不可。美国画商对印度画家"敲竹杠"的宰客行为很不满意，吹胡子瞪眼睛要求降价成交。印度画家也毫不示弱，竟将其中一幅画用火柴点燃，烧掉了。美国画商亲眼看着自己喜爱的画被焚烧，很是惋惜，随即又问剩下的两幅画卖多少钱。印度画家仍然坚持每幅画要卖 250 美元。从对方的表情中，印度画家看出美国画商还是不愿意接受这个价格。这时，印度画家气愤地点燃火柴，竟然又烧了另一幅画。至此，

酷爱收藏的画商再也沉不住气了，态度和蔼多了，乞求说"请不要再烧最后一幅画了。我愿意出高价买下"。最后，竟以 800 美元的价格成交。

（资料来源：黄聚河．营销策划理论与实务 [M]．2 版．北京：清华大学出版社，2013.）

【案例分析】

1. 结合案例一的内容，你认为麦当劳、肯德基、必胜客等快餐品牌采用的定价方法有哪些？它们分别采用了什么定价策略？

2. 结合本章的知识点，谈谈案例二中印度画家使用的是什么定价策略？有什么优势与劣势？

项目实训

实训目的：掌握企业产品价格策划的方法。

实训内容：选取一家企业，根据实际情况，梳理企业的产品定价方法与策略，并分析其是否有必要作价格调整。如果有必要，应该选择什么时机、什么方式进行调整。

实训形式：以小组为单位，完成一个企业的资料搜集工作，并且进行分析判断，最终形成实训报告。

第七章

分销渠道策划

■■■ \ 学习导航 ----

分销渠道管理在现代企业市场营销活动中越来越重要，这主要是因为作为营销组合中的一个要素，渠道越来越显示出比其他三个要素（产品、价格、促销）更能为企业带来持久的竞争优势的能力。渠道的构建是长期的系统工程，通常要求有一个实施机构。而且渠道是由一群在不同组织中共同作用的人来具体执行的，因此渠道关系不容易被其他企业复制，能够成为企业的核心竞争力。

学习分销渠道决策与管理，要了解分销渠道的含义、功能、流程，分销渠道成员的角色和作用，以及影响分销渠道设计的因素。本章将从这几个方面展开论述。

■■■ \ 学习目标 ----

- 理解分销渠道的概念及含义。
- 掌握分销渠道的基本职能、基本流程、基本结构等。
- 认识在现代市场条件下分销渠道设计与管理对企业营销活动的重要作用。
- 能够区分不同结构分销渠道的优缺点。
- 学会根据企业实际状况分析和选择分销渠道。

■ ★开篇案例

拿下凉茶业七成市场份额：王老吉的渠道改革

当新零售之风刮起，连传统凉茶企业广州王老吉大健康产业有限公司（简称"王老吉"）也不得不触及新零售，欲求进行渠道模式改革。

2018年8月13日，王老吉与京东新通路正式签署战略合作协议。之后，王老吉将借助京东新通路在仓配物流、大数据以及技术等方面的优势，围绕渠道经营、品牌营销、数据共享等方面与京东新通路开展深度合作，更好地满足无界零售时代多元化的消费需求。

据悉，京东新通路已经与多领域 1 000 多家全国大牌，300 多家区域品牌开展深度合作。根据双方合作内容，王老吉将正式入驻京东掌柜宝平台以及京东便利店，结合双方在品牌力、物流、渠道等多方面的优势资源，进一步提升品牌的销售时效，扩大市场覆盖范围和下沉深度。双方的联合仓配模式将提升通路效率，与传统渠道模式形成互补，进一步开辟增量市场。

对此，王老吉董事长表示，新技术正在驱动零售行业的变革，尤其对快消品牌的销售渠道提出了更高的要求。此次与京东新通路的合作，为王老吉的渠道创新提供了新的路径，借此可以更好地提升服务能力和综合运营能力。同时，王老吉方面也表示，此番合作是王老吉在无界零售时代渠道经营模式的又一次创新和探索。数据显示，截至 2018 年上半年，王老吉销售网络覆盖全球，有超千万个终端网点，年销量 200 多亿元，占据凉茶行业七成的市场份额。

2014 年下半年，在线下渠道已经较为理想的情况下，为了进一步开发线上渠道，王老吉成立了专门的电商部门。2015 年元旦，王老吉推出"福禄寿喜财吉"新春吉祥罐，并在京东商城独家发售。后来，王老吉又牵手阿里，加快国际化进军步伐。

其实，在渠道创新上，近年来王老吉一直在暗自努力。其中包括培育礼品市场，让"喜庆时分送王老吉"成为一种消费潮流，目前礼品市场的销售额占比达到 40%；创新餐饮营销，充分结合品牌"怕上火，喝王老吉"的广告效应，持续深耕餐饮渠道，目前餐饮渠道的平均铺市率已达 85%；为深化品牌与户外等场景的强关联，王老吉大力开拓瓶装市场，如今瓶装王老吉的销量每年以超过 30% 的速度在增长。

（资料来源：华夏时报）

第一节 分销渠道策划概述

分销渠道在现代企业市场营销活动中越来越重要，企业必须对其进行专业的策划，才能在市场中保持竞争力。

一、分销渠道的含义

分销渠道，是指产品或服务从生产企业向消费者转移的过程中，所经过的、由各中间环节联结而成的路径。这些中间环节包括生产企业自设的销售机构，以及批发商、零售商、代理商、中介机构等。他们为使产品或服务顺利到达最终消费者而履行各自职能，通力合作，有效地满足市场需求，实现产品价值和企业效益。分销渠道的概念包含以下四层含义。

（1）分销渠道是由渠道成员的经济活动构成的经济关系的集合。集合的起点是生产企业，终点是消费者或用户。

（2）分销渠道是通过渠道成员的营销活动，向消费者提供价值的过程。

（3）分销渠道的核心问题是交易活动，即买卖双方的购销活动。

（4）分销渠道是一个多功能系统，这个系统的活动包括产品或服务流转过程中的调研、购销、储运、分拣、包装、融资、配送等。

二、分销渠道策划概述

在现代市场营销体系中，大部分生产企业不直接向最终消费者出售产品，而是通过一定的分销渠道，借助中间商实现对最终消费者的销售。只有通过一定的市场分销渠道，企业才能将产品在适当的时间、地点，以适当的价格提供给目标客户。因此，分销渠道就成为企业实现产品销售的关键。分销渠道策划主要是指通过营销者的计划、安排，帮助品牌打开市场，发挥分销渠道在实现产品价值、提高交易效率及增强企业竞争优势方面的作用。分销渠道策划的主要内容包括以下两方面。

1. 分销渠道建设策划

企业进行分销渠道策划，首先要明确分销渠道建设的步骤，清楚分销渠道设计的影响因素，并选择合适的渠道成员，进行渠道长度与宽度的策划。

2. 分销渠道管理策划

分销渠道建设完成后，企业需要对分销渠道进行管理，例如，激励渠道成员、化解渠道成员间的冲突等，维持企业分销渠道的稳定性，优化分销渠道效率。

第二节　分销渠道建设策划

一、分销渠道的设计步骤

（一）确定渠道目标

渠道目标，是指企业预期达到的顾客服务水平及中间商应执行的职能等。综合来看，渠道目标应该以开拓市场为主，以增加便利性、提高产品的市场占有率及渠道建设的经济性为辅。每一个生产企业都必须在由顾客、产品、中间商、竞争者、企业政策和环境等形成的限制条件下，确定其渠道目标。

（二）明确各种渠道交替方案

（1）中间商类型。企业首先必须明确可以完成其渠道工作的各种中间商的类型。

（2）中间商的数目。在每一种渠道类型中，不同层次所使用的中间商数目，受企业追求的市场覆盖率的影响。

（3）渠道成员的特定任务。企业必须解决如何将产品转移到目标市场这一问题。渠道成员的任务有：运输，即将产品运送到目标市场的任务；广告，即通过广告媒介通知并影响购买者的任务；储存，即准备接受订货的物品存储的任务；接触，即寻找购买者并与购买者协商交易条件的推销任务。

（三）评估各种可能的渠道交替方案

每一种渠道交替方案都是生产企业将产品送达最后顾客的可能路线。企业所要解决的问题，就是从那些看起来似乎很合理但又相互排斥的交替方案中，选择一个最能满足企业长期目标的方案。因此，企业必须对各种可能的渠道交替方案进行评估。评估标准有三个，即经济性、控制性和适应性。

二、影响分销渠道设计的因素

（一）顾客特性

分销渠道设计深受顾客人数、地理分布、购买频率、平均购买数量，以及对不同促销方式的敏感度等因素的影响。当顾客人数多时，生产企业倾向于利用每一层次都有许多中间商的长渠道。如果顾客经常小批量购买，生产企业也需采用较长的分销渠道为其供货。因此，少量而频繁的订货，常使五金器具、烟草、药品等产品的生产企业依赖批发商。同时，这些生产企业也可能越过批发商而直接向那些订货次数少的大客户供货。此外，顾客对不同促销方式的敏感性也会影响分销渠道选择。例如，越来越多的家具零售商喜欢在生产企业举办的产品展销会上选购产品，从而使这种渠道迅速发展。

（二）产品特性

产品特性也影响分销渠道选择。对于易腐烂的产品，为了避免因拖延时间及重复处理而增加腐烂的风险，通常需要直接销售。对于体积较大的产品，则需要通过企业到最终用户的搬运距离较短、搬运次数最少的渠道来分销。非标准化产品，通常由企业推销员直接销售，这主要是由于不易找到合适的中间商。需要安装、维修的产品经常由企业自己或授权独家销售的特许商来负责经销和保养。单位价值高的产品则应由企业推销人员而不是中间商来销售。

（三）中间商特性

设计分销渠道时，还必须考虑执行不同任务的市场营销中间商的优缺点。一般来讲，中间商在执行运输、广告、储存及接待顾客等职能方面，以及在信用条件、退货特权、人员训练和送货频率方面都有不同的特点和要求。因此，分销渠道设计应根据中间商的特性进行合理选择及职能分工。

（四）竞争特性

企业的分销渠道设计还受到竞争者所使用的渠道的影响。某些特定行业的企业希望在与竞争者相同或相近的经销处与竞争者的产品相抗衡。例如，食品生产企业就希望其产品和竞争者产品摆在一起销售，以吸引顾客驻足并进行充分选购。但是有时候，竞争者所使用的渠道反倒成为企业所避免使用的渠道，比如那些同质性很强、竞争异常激烈的产品。

（五）企业特性

企业特性在分销渠道选择中扮演着十分重要的角色，主要体现在企业的总体规模、财务能力、产品组合、渠道经验和营销政策等方面。企业应根据自身的实际情况选择合适的分销渠道方案。

（六）环境特性

分销渠道设计还受环境因素的影响。例如，当经济萧条时，企业都希望能降低渠道成本，让顾客以更廉价的方式购买到产品。这也意味着使用较短的渠道，并免除那些会提高产品最终售价但并不必要的服务，更能受到最终消费者的欢迎。

三、分销渠道结构策划

分销渠道的基本结构包括长度结构和宽度结构。从生产企业到消费者的流通过程要经过多少环节，这是渠道的长度结构，又称为渠道的"纵向结构"；每一个环节有多少经销商，即为渠道的宽度结构，又称为渠道的"横向结构"。纵向结构和横向结构共同构成某一产品的营销渠道网络系统，也就是分销渠道系统。

（一）长度结构

分销渠道的长度结构按照产品从生产企业到消费者的转移过程中经过多少个购销环节来划分。每一个环节都发生一次产品所有权的转移，转移多少次就形成多少级的中间商层次。

消费品市场和工业品市场的分销渠道根据级数可以分为以下形式，如图7-1所示。

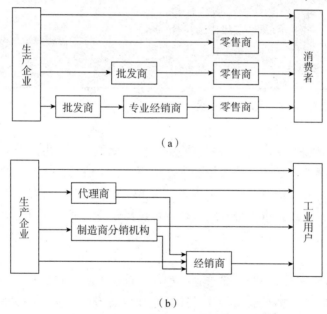

（a）

（b）

图7-1　不同长度结构的分销渠道类别

（a）消费品市场分销渠道；（b）工业品市场分销渠道

由图7-1可以看出，根据产品流向最终用户的层级，可以将渠道分为零阶渠道（直销）、一阶渠道（有一个层级中间商）、二阶渠道（有两个层级中间商）、三阶渠道（有三个层级中间商）。在营销实践中，甚至会出现多阶渠道的可能。

（二）宽度结构

分销渠道的宽度结构是指在同一个分销的层级选择的中间商数目的多少，数目越多就越"宽"，反之，就越"窄"。根据同一层级中间商的数量，分销渠道的宽度结构可以分为密集型、选择型和独家型三种类型。

渠道宽度结构的三种类型各有优缺点和适应性，企业应根据实际情况进行选择。渠道类型比较如表7-1所示。

表 7-1　渠道类型比较

分销类型	含义	优点	不足
独家型分销	在既定市场区域内每一渠道层次只有一个中间商运作	市场竞争程度低；企业与经销商关系较为密切；适宜专用产品分销	因缺乏竞争，顾客的满意度可能会受到影响；经销商对生产企业的反控力较强
密集型分销	企业在同一层级中尽可能多地选择中间商经销自己的产品	市场覆盖率高；比较适宜日用消费品分销	市场竞争激烈，经销商为了自身利益，可能会破坏企业的统一营销规划；渠道管理成本较高
选择型分销	企业按一定的选择条件，在同一层级中选择若干个中间商经销自己的产品	通常介于独家型分销与密集型分销之间	

（三）分销渠道结构设计的影响因素

1. 市场因素

市场规模大的产品使用面广，顾客需要量大，如食品、日常生活中常用的小商品等，适合选用较长的分销渠道，且中间商数量较多。生产企业一般是通过自己设立的地区批发机构或是独立的批发商将产品批发给各个零售商，再由零售商销售给顾客。与此相对应的是一些专业化较强的产品，市场容量十分有限，企业可选择较短而窄的分销渠道，把产品直接出售给零售商或最终消费者。

2. 购买行为因素

分销的目标是满足顾客的服务需求，即购买需求。因此，分销渠道结构的设计与选择必须考虑顾客的购买行为。体现购买行为特征的主要因素有购买量、购买季节性、购买额度、购买探索度等。在顾客购买量和购买额度大的情况下，可以采用短渠道，生产企业直接面向顾客销货；产品的季节性强，表明顾客对产品的需求不是长期均衡的，企业自己很难在短时间内达到铺货率，因此适合选用较长的分销渠道，同时需要数量较多的中间商成员短时间内为产品的应季销售打开通路；对于顾客购买时不惜花费时间和跑较远的路途去选购的产品，可选择较短而窄的渠道，如时装、电器、家具等。

3. 产品因素

产品因素深刻地影响分销渠道目标的实现，进而影响分销渠道的结构设计。具体来说，产品的以下属性会影响到渠道的长度：技术性、耐用性、规格化、轻重、价值、易腐性和周期性等。

4. 中间商因素

在确定渠道结构的时候，企业还应该考虑中间商的因素，包括中间商的能力、可利用性及企业选择该中间商应付出的成本等。

5. 企业因素

企业财务能力、渠道管理水平、渠道控制力度等都会影响渠道结构的设计。

四、渠道成员的选择

好的渠道设计需要优秀的渠道成员来配合。稳定的分销渠道，是稳定市场的基本保证，更是企业长远发展的必要条件。认识不到建立稳定分销渠道的重要性，在开拓市场时是十分危险的。为了稳定渠道网络，企业必须慎重地选择渠道成员。

★案例赏析7-1

日本艾普森公司招新

日本的艾普森公司是制造计算机的大厂家，当时公司准备扩大其产品线，增加经营新型计算机，该公司总经理对现有的经销商颇不满意，也不相信他们有向零售商店销售其新产品的能力，因此他决定秘密招聘新的分销商以取代现有的分销商。他雇用了一家招募公司，并给予下述指示。

(1) 寻找褐色产品（电视机等）或白色产品（电冰箱等）方面有两步分销经验（工厂到分销商到经销商）的申请者。

(2) 申请者应该是领袖型的人，他们愿意并有能力建立起自己的分销机构。

(3) 他们将被付予8万美元的年薪，还有其他奖金，以及37.5万美元帮助他们建立企业的资金。他们每人出资2.5万美元，每人均可持有企业的股票。

(4) 他们将只经营艾普森公司的产品，但可经营其他公司的软件。每个分销商将配备一名负责培训工作的经理和一个设备齐全的维修中心。

招募公司在寻找合格的、目标明确的、有希望的候选人时遇到了很大的困难。他们在《华尔街日报》上刊登的招聘广告（不提及艾普森公司的名字），吸引了1 700封请求信，但其中多半是不合格的求职者。于是该公司通过电话簿上用黄纸印刷的商业部分电话号码，得到了目前分销商的信息，并打电话与他的第二常务经理联系。公司安排了与有关人员会见，并在做了大量工作后提出了一份最具资格的人员名单。艾普森公司的总经理会见了他们，并为其12个分销区域选择了12名最合格的候选者。由于招募是在暗中进行的，现有的分销商对事态的发展毫不知情。在通知他们将在90天的期限内交接工作时，他们感到非常震惊，因为他们作为艾普森公司最初的分销商与之共事多年，但是他们并没有订立合同。这位总经理知道他们缺少经营艾普森公司新型计算机产品线和进入必要的新流通渠道的能力，他认为除此之外别无他法。

(资料来源：李先国. 分销 [M]. 北京：企业管理出版社，2003.)

(一) 选择渠道成员的步骤

建立分销渠道，要选择合作伙伴，有的企业是由总部直接在各地区挑选分销商作为其合作伙伴，有的则是由派往各地区的基层组织挑选合作伙伴。

企业在很多情况下要进行渠道成员的选择决策，如发展更多成员以适应其扩大的规模，或者弥补那些因为种种原因离开渠道的成员的空缺。选择渠道成员可以根据以下步骤展开。

1. 寻找合适的渠道成员

假设有一家生产服装的 A 公司，其产品线涵盖高中端男士、女士及婴幼儿服装等。在所有可能的渠道中，A 公司通过调查分析发现只有五类合适的渠道成员：加盟商、区域代理商、大型零售商、邮购公司和小型零售终端。于是，该公司渠道经理就在相关范围内寻找合适的渠道成员。

2. 对照选择标准做出判断

A 公司的渠道经理根据事先拟好的标准对备选渠道成员进行评估，最终发现只有加盟商、区域代理商和小型零售终端是合适的选择。在正常的情况下，合适的渠道成员会比备选的渠道成员种类少一些，因为企业通常选取最合适的前几种渠道成员。

3. 最终确定入选成员

A 公司正式与合适的备选渠道成员洽商，最终将区域代理商和小型零售终端纳入渠道体系中。入选成员能否成为正式的渠道成员取决于多方面的因素，因此入选成员不一定就是正式渠道成员。

企业选择渠道成员，首先要广泛搜集有关分销商的声誉、市场经验、产品知识、合作意愿、市场范围和服务水平等方面的信息，确定审核和比较的标准。选定了分销商后，还要努力说服对方接受企业的产品，因为并不是所有的分销商都对企业的产品感兴趣。实力雄厚的名牌企业要做出选择分销商的决策并不太困难，但对于那些刚刚成立的中小企业来说，就不是一件容易的事情了。

（二）选择渠道成员的标准

一般情况下，企业选择渠道成员（分销商）时必须从以下几个方面加以衡量。

1. 市场覆盖范围

市场是选择分销商最关键的因素。首先，要考虑所选分销商的经营范围所包括的地区与企业产品的预期销售地区是否一致。例如，产品在西南地区，分销商的经营范围就必须包括这个地区。其次，分销商的销售对象是不是企业所希望的潜在顾客。这是最基本的条件，因为生产企业都希望所选的分销商能打入自己选定的目标市场，并最终说服消费者购买自己的产品。

2. 声誉

在目前市场规则不甚完善的情况下，分销商的声誉显得尤其重要，它不仅影响生产企业的回款情况，还直接关系到市场的网络支持。一旦经销商丧失诚信、发生变化，生产企业就会陷入进退两难的尴尬境地，不得不放弃已经开发的市场，而重新开发往往需要付出双倍的代价。多数生产企业通常会避免与当地没有良好声誉的分销商建立关系。

3. 中间商的经营经验

许多企业在考虑某分销商是否可以承担分销产品的重任时，往往会考察分销商的一贯表现和盈利记录。若分销商以往经营状况不佳，则视为其营销渠道的风险较大。而且，经营某种产品的历史和成功经验，意味着该分销商有比较丰富的专业知识，也积累了一批忠实的顾客。因此，生产企业应根据产品的特征选择有经验的分销商。

4. 合作意愿

倘若分销商不愿销售企业的产品，即便这个分销商再有实力，声誉再好，对企业而言都没有任何意义。所以，合作意愿是选择分销商时不得不考虑的一个因素。分销商与企业合作得好，会积极主动地推销企业的产品，这对双方都有利。有些分销商希望生产企业也参与促销，以扩大市场需求，他们认为这样会获得更高的利润。因此，生产企业应根据产品销售需要，确定与分销商合作的具体方式，考察备选分销商对企业产品销售的重视程度和合作态度，然后再选择最理想的分销商进行合作。

5. 产品组合情况

许多企业希望分销商只销售自己一家的产品，集中精力以重拳出击。但在市场运作中，产品线的多少往往决定着顾客的多少，也决定着产品销售机会的多少，所以产品线较多并不一定是坏事。在经销产品的组合关系中，一般认为，如果分销商经销的产品与自己的产品是竞争产品，则企业应避免选用该经销商；而实际情况是，如果其产品组合有空当（如缺乏中低档产品），或者自己产品的竞争优势非常明显，那么企业也可以选取此分销商。

6. 分销商的财务状况

生产企业倾向于选择资金雄厚、财务状况良好的分销商，因为这样的分销商能保证及时付款，还可能在财务上向生产企业提供一些帮助，如分担一些销售费用，提供部分预付款或者直接向顾客提供某些资金融通（如允许顾客分期付款等）等，从而有助于扩大产品销路和生产发展。相反，若分销商财务状况不佳，则往往会拖欠货款。生产企业应进行细致的市场考察。

7. 分销商的区位优势

区位优势即位置优势。理想分销商的位置应该是顾客流量较大的地点。批发分销商的选择则要考虑其所处的位置是否利于产品的批量储存与运输，通常以靠近交通枢纽为宜。

8. 分销商的促销能力

分销商推销产品的方式及运用促销手段的能力，直接影响其销售规模。企业要考虑分销商是否愿意承担一定的促销费用，有没有必要的物质、技术基础及相应的人才。选择分销商之前，企业必须对其能完成某种产品销售的市场营销政策和技术的可实现程度作全面的评价。

第三节　分销渠道管理策划

稳定的分销渠道是稳定市场的基本保证。企业在设计了分销渠道结构和选择了分销商后，必须对渠道成员以适当的方式进行管理和控制。

一、渠道成员激励策划

渠道成员激励是指生产企业激发渠道成员的潜力，使其产生内在动力，朝着所期望的目标前进的活动过程，目的是调动渠道成员的积极性。美国哈佛大学的心理学家威廉·詹姆斯在《行为管理学》一书中认为，合同关系仅仅能使人的潜力发挥20%～30%，而如果受到充分激励，其潜力可发挥80%～90%。这是因为激励活动可以调动人的积极性。所以，激励渠道成员是渠道管理中不可缺少的一环。

（一）了解渠道成员

知彼知己，才能百战百胜。企业要想成功地管理渠道成员，首先必须了解渠道成员，了解他们的想法和需求，只有这样才能有的放矢。生产企业与分销商之间是合作的关系，而不是上下级之间的命令关系。从生产企业到用户的整个分销过程需要催化剂，有效的激励措施就是这种催化剂。具体而言，对分销商的激励有直接激励和间接激励两种。

（二）直接激励

直接激励主要有以下几种形式。

1. 返利政策

在制定返利政策时一定要考虑到以下因素。

（1）返利的标准。一定要分清品种、数量、返利额度。制定返利标准时，一要参考竞争对手的情况，二要考虑现实性，三要防止出现抛售、倒货等状况。

（2）返利的形式。是现价返，还是以货物返，抑或是二者结合，一定要注明。

（3）返利的时间。是月返、季返还是年返，企业应根据产品特性、货物流转周期而定。

（4）返利的附属条件。为了能使返利这种形式促进销售，企业一定要加上一些附属条件，如严禁跨区域销售、严禁擅自降价、严禁拖欠货款等，一经发现，取消返利。

现实中会遇到这种情况：返利标准制定得比较宽松，没有达到刺激销售的目的；或者返利太大，造成价格下滑或倒货等。因此，企业的返利政策必须制定周全并严格执行。

2. 价格折扣

价格折扣包括以下几种形式。

（1）数量折扣。经销数量越多、金额越大，折扣越丰厚。

（2）等级折扣。分销商依据自己在渠道中的等级，享受相应待遇。

（3）现金折扣。回款时间越早，折扣力度越大。

（4）季节折扣。在旺季转入淡季之际，通过提供季节折扣鼓励中间商多进货，减少企业的仓储和保管压力；进入旺季之前，加快折扣的递增速度，促使中间商进货，使产品达到一定的市场铺货率，以抢占热销先机。

（5）根据提货量，给予一定的返点。返点频率可根据产品特征、市场销货情况等而定。

3. 开展促销活动

一般而言，生产企业的促销措施非常受分销商的欢迎。促销费用一般可由生产企业负担，也可要求分销商合理分担。但作为渠道激励措施，企业可通过分担促销费用，促进分销商的产品销售，以此作为激励分销商的手段。企业还应经常派人前往一些主要的分销商那里，协助安排产品陈列，举办产品展览和操作表演，训练推销人员，或根据分销商的推销业绩给予其相应的激励。促销活动在正常营销工作中占有很重要的位置，无论是企业统一组织、统一实施，还是分区组织、分区实施，从提交方案到审批、实施、考评，都应当有系统的程序，以确保促销活动顺利进行。

4. 提供市场基金

市场基金即市场启动基金。给分销商一个市场报销的额度，用于调动分销商在各个环节的积极性。

5. 设立奖项

生产企业通过在渠道成员间设立奖项，如合作奖、开拓奖、回款奖、专售奖、信息奖、销货奖等，给予分销商在物质及精神方面的双重鼓励。

6. 直接补贴

直接补贴是指针对分销商对本企业产品的陈列状况给予其补贴。考虑到陈列数量、场所、位置、货架等不同情况，一般需要对那些将本企业产品大量陈列在过道、橱窗或专柜的分销商给予一定的补贴。

（三）间接激励

在市场机制日益成熟的今天，理智的分销商们对真正独特且行之有效的营销方法的渴望，已经远远高于他们对所营销产品的利润空间和生产企业广告费的追逐。因此，进行间接激励显得尤为重要。所谓间接激励，就是通过帮助中间商进行销售管理，以提高销售的效率和效果，来激发分销商的积极性。

间接激励通常的做法有以下几种。

1. 帮助分销商进行库存管理

例如，帮助分销商建立进销存报表，可以助其了解某一周期的实际销售数量和利润；安全库存数的建立，可以帮助分销商合理安排进货；先进先出的库存管理，可以减少即期品（即将过期的产品）的出现。

2. 帮助零售商进行零售终端管理

终端管理的内容包括铺货和产品陈列等。通过对零售商进行定期拜访，企业可以帮助零售商整理货架，设计产品陈列形式，在举办促销活动时，设计漂亮的堆头和割箱陈列。

3. 帮助分销商做好销售管理工作

帮助分销商建立客户档案，并根据客户的销售量将其分级，并据此告诉分销商，对待不同等级的客户应采用不同的支持方式，从而更好地服务于不同性质的客户，提高客户的忠诚度。

4. 库存保护

使分销商保持一个适度的库存量，以免断货。

5. 开拓市场

使分销商获得广阔的发展空间，是一种较为长远的激励措施，是分销商最希望得到的激励方式。

6. 产品及技术支持

为分销商提供优质的产品和强有力的技术支持及服务。

以上措施都存在一定的短期性。从长远看，企业对分销商应该实施伙伴关系管理，也就是和分销商结成合作伙伴，风险共担，利益共享。

二、渠道成员冲突管理

（一）渠道成员冲突的含义

渠道成员冲突是指分销渠道中的某一成员将另一成员视为敌人，且在利益上对其进行伤害，设法阻挠或损害该成员的权益，以获得稀缺资源的情景。简而言之，所有渠道中相关成员的某一方或几方利用某些优势和机会对另一个或几个成员采取某些敌对行为的情况，都可以认为是渠道成员冲突。

（二）渠道成员冲突的成因

（1）利益冲突。这是最根本、最敏感的矛盾和冲突，因为每个渠道成员都是独立的经济利益体，尤其是在总体资源有限的情况下，往往一个群体的获益只能通过牺牲其他群体的利益来获得。由于牵涉利益冲突，容易引发渠道成员间的对抗。

（2）观念冲突。渠道成员冲突很多是由非利益因素引起的，例如成员的固执己见、误解、沟通渠道不畅等。利益上的纠纷可以通过谈判来解决，而群体之间如果观念上有分歧，短期内是很难调和的。比如对目标市场的开拓或产品推广，企业希望采用人海战术，利用促销员在终端进行强力推广，配合特价或抽奖等方式进行，这样比较节约费用；而分销商觉得这种方式的影响小、效果不好、操作烦琐，主张采用在小区域投入广告的方式推广，但费用较高，企业不同意。

（3）目标冲突。目标冲突指的是渠道成员之间为了各自不同的目标而产生的冲突。每个渠道成员都是独立的经济体，当然都会有不同的目标，包括销量目标、市场占有目标等。即便在统一的总体目标下，各成员间的分目标冲突也是难以避免的。

（三）渠道成员冲突的表现形式

企业必须对渠道成员冲突加以重视，防止渠道关系恶化，甚至整个渠道体系的崩溃。渠道成员冲突的表现形式有水平渠道成员冲突、垂直渠道成员冲突和多渠道成员冲突。

1. 水平渠道成员冲突

水平渠道成员冲突是指某一渠道内同一层级中的成员之间的冲突。如同级批发商或同级零售商之间的冲突，表现为跨区域销售、压价销售、不按规定提供售后服务或提供促销等。

2. 垂直渠道成员冲突

垂直渠道成员冲突是指同一条渠道中不同层级之间的冲突。如生产企业与分销商之间、总代理与批发商之间、批发商与零售商之间的冲突，表现为信贷条件的不同、进货价格的差异、提供服务的差异等。

3. 多渠道成员冲突

多渠道成员冲突也称交叉冲突，是指两条或两条以上渠道之间的成员发生的冲突。当生产企业在同一市场或区域建立两条或两条以上的渠道时，就会产生此类冲突。如直接渠道与间接渠道形式中成员之间的冲突，代理分销商与经销分销成员之间的冲突，表现为销售网络紊乱、区域划分不清、价格不同等。

（四）化解渠道成员冲突的对策

渠道成员冲突的存在是一个客观事实，难以根除，只能辩证分析，区别对待。首先，并非所有的冲突都会降低渠道效率。低水平的渠道成员冲突可能对分销效率无任何影响，中等水平的渠道成员冲突有可能会提高渠道的分销效率，而高水平的渠道成员冲突才会降低渠道的分销效率。适当冲突的存在会增强渠道成员的忧患意识，刺激渠道成员的创新表现。同时，企业要坚决制止会导致渠道成员关系破裂的高水平渠道成员冲突。化解渠道成员冲突的对策有以下几种。

1. 销售促进激励

为减少渠道成员的冲突，有时成员组织的领导者不得不折中其政策和计划，对以前的渠道进行修改，通过物质利益刺激渠道成员求大同，存小异，将事情平淡化处理，如提供价格折扣、数量折扣、付款信贷、按业绩的奖励制度、分销商成员的培训、成员的会议旅游等。

2. 进行协商谈判

协商谈判是为实现解决冲突的目标而进行的讨论沟通。成功的、富有艺术的协商谈判能够将原本可能中断的渠道关系引向新的成功之路。

3. 清理渠道成员

对于不遵守规则、屡犯不改的渠道成员，企业应该对其进行重新审查，将不合格的成员清出渠道队伍。如对那些肆意跨地区销售、打压价格进行恶性竞争的分销商，或长时间未实现规定销售目标的分销商，都可以清除出渠道队伍。

4. 使用法律手段

法律手段是指当渠道系统中存在冲突时，一方成员按照合同或协议的规定要求另一方成员行使既定行为的法律仲裁手段。例如，在特许经营体系中，特许特权商认为特许总部不断新添的加盟商侵犯了他们的利益，违反了加盟合同中的地理区域限定，这时就很可能采取法律手段来解决问题。法律手段只能是解决冲突的最后选择，从长远来看，双方可能会因此不断卷入法律纠纷而使渠道关系不断恶化。

三、渠道整合

由于分销商素质参差不齐、利益竞争加剧等渠道隐患的增多，企业必须进行有效的渠道整合，真正提高分销渠道的作用，以促进销售效率和利润的提高。渠道整合即渠道互动联盟，它能通过渠道成员间的优势互补，达到集成增势的效果，从而强化渠道竞争能力。渠道整合可以通过以下途径进行。

（一）渠道扁平化

传统的销售渠道的经典模式是：生产企业→总分销商→二级批发商→三级批发商→零售

店→消费者。多层次的销售网络不仅进一步瓜分了渠道利润，而且分销商不规范的操作手段容易造成严重的网络冲突。更重要的是，分销商掌握的巨大市场资源，几乎成了生产企业的心头之患，可能导致销售网络漂移、可控性差等情况发生，因此，改革势在必行。

渠道扁平化是指生产企业利用现代化的高新技术及管理办法，最大限度地将产品直接销售给最终消费者，减少流通环节，继而节省渠道成本，避免信息失真。渠道扁平化的核心是重视销售终端，加强产品在消费者中的宣传力度，这样有利于开展终端促销活动。

（二）渠道品牌化

品牌已经渗透到了生活中的各个领域，产品需要品牌，服务需要品牌，分销渠道同样也需要品牌。专卖店作为渠道品牌化的一种重要方式，迅速扩张到各个行业。专卖店一般具备几个优点：其一，它可以作为一个展示中心，充分展示产品，提升产品形象，进而促进产品的销售；其二，它可以作为一个推广中心，用户往往会被专卖店人员专业、热情的服务所打动，对企业的产品有更多的了解，留下较好的印象；其三，它可以作为一个培训中心，许多用户的产品知识并不是很专业，这就要求企业能够提供及时的培训；其四，它还是一个销售中心，人们可以根据自己的爱好，根据自己对产品的现场印象，从中购买到自己满意的产品。

（三）渠道集成

目前，传统渠道和新兴渠道之间的矛盾越来越突出。传统渠道主要是指各类型的线下分销商，新兴渠道主要体现为网络订购渠道。传统渠道和新兴渠道都具有自己的竞争优势，并存于市场中，但是新兴渠道使传统渠道面临着越来越大的挑战。解决渠道成员冲突最好的办法就是渠道集成，即把传统渠道和新兴渠道完整地结合起来，充分利用两者的优势，共同创造一种全新的经营模式。例如，不少通过网络销售产品的企业也开设线下体验店，进行产品介绍和体验，继而促进线上销售。当然，这种方法要求企业能够对传统渠道施以足够的控制，所以操作难度较大。

（四）渠道关系伙伴化

企业可以通过渠道整合，建立伙伴型的渠道关系。各个代理商不仅是利益共同体，而且是命运共同体，所以渠道本身就是一个战略的联盟。渠道成员之间合作的形式很多，如联合促销、信息共享、相互培训等。

本章小结

本章在对分销渠道概念进行介绍的基础上，对分销渠道建设策划和分销渠道管理策划分别进行了阐述。分销渠道结构策划是分析渠道建设策划的重要内容，包括长度结构策划和宽度结构策划。分销渠道管理策划包括渠道成员激励和渠道成员冲突管理。渠道成员激励包括直接激励和间接激励两种类型；渠道成员冲突包括水平渠道成员冲突、垂直渠道成员冲突和多渠道成员冲突，企业可以通过销售促进激励、进行协商谈判、清理渠道成员、使用法律手段等方式化解渠道成员冲突。

作为营销组合中的一个关键要素，渠道越来越显示出其更能为企业带来快速的经济效益和持久的竞争优势的能力。通过对分销渠道策划的学习，学习者可以利用相关理论知识进行分销渠道策划实践。

思考题

1. 简述分销渠道的含义，以及分销渠道经历了哪几个阶段的演变。
2. 挑选渠道成员有哪些步骤？如何选择合适的渠道成员？
3. 渠道成员激励的主要方式有哪些？
4. 渠道成员冲突有哪些类型？

案例分析

江小白入川记：深度分销的另类玩法

酒业一直有句名言：西不入川，东不入皖。江小白却硬生生在四川创造了一个行业传奇。

在江小白的内容营销、自媒体营销还没有为人所熟知时，江小白的营销团队就和平台商一起采用线上线下结合的人海战术深耕渠道。成都是中国酒业江湖兵家必争之地，全球酒业的名片之都。以成都为例，可以详细了解到江小白的深度分销模式。

1. 确定战略

"打下成都，引爆全川"的战略定位明确之后，江小白以深度分销模式为其核心战术，明确了直建队伍、直建终端的打法，把成都分成7个大区、7个纵队、1个大本营加1个办事处。7个大区分为60个业务小区，每个业务小区有200～260个终端。

在铺市阶段，为了更快速高效地抢占终端，采用每个网点送6瓶的策略（AB类店单店单策打法）。如果遇到以前滞销的老产品，则一对一进行更换，提升品牌新形象。

2. 借势雪花渠道

在成都市场进行深度分销的过程中，江小白发现每个区域都有一部分优质网点没法攻破，更有一些网点被配送商或竞争者买了酒水专供，江小白根本就进不了卖场。随后，江小白对成都渠道结构进行了一次清查，惊喜地发现了一个突破口——雪花啤酒的渠道。

雪花啤酒在成都有200多个一、二级分销商，10亿的大盘子，市场占有率达到75%。江小白启动了和雪花啤酒渠道的协同工作，制定了一对一谈判策略。采用"保姆式"营销模式，江小白"嫁接"了雪花啤酒1/3的配送商。

3. 我为江小白代言

江小白的身影出现在数千家大大小小的餐厅、火锅店、串串店、大排档、面馆……一日三餐，任何一个消费场景下都能看到江小白。

为了解决最后一个消费者动销问题，江小白制定了"我为江小白代言"活动。活动内容是：用餐的消费者只需拿着江小白或"我为江小白代言"的电影通告卡合影并将其上传至微博和微信朋友圈，并附上一段文字，"我们相聚×××（消费者用餐的餐厅名），我们为江小白代言"。分享完毕之后，推广小伙伴就会一气呵成把开盖、消费体验、销售动作做完。

"我为江小白代言"是基于三个痛点来设计的：①餐厅这种三五好友相聚的消费场景缺少一个情绪媒介点爆相聚氛围；②产品基于消费场景火热氛围的二次传播；③消费者真正开瓶开盖畅饮，而不再是只喜欢江小白的文案。这个活动解决了产品在消费场景中的二次传播，解决了消费者开盖喝起来的体验问题，解决了产品与消费者场景互动问题，一举三得。

4. 下班约酒吧

现在的都市年轻人生活节奏快、工作压力大，为了打破"80后""90后"群体钢筋水泥的束缚，江小白用一场真实的约酒去潜移默化改变这一群人的虚拟社交。用一瓶小酒倡导有温度的社交，强化他们的互动黏性，并重新书写他们的生活方式。

江小白在成都各大中心商务区、高新区、软件园、创业孵化区等新生代群体高度集中的地方，以及上下班地铁口必经之地展开了猛烈的"下班约酒吧"的地推活动。

活动内容非常简单易操作：①目标消费者拿着江小白的产品拍照，通过"双微"分享并@三位以上好友，发出约酒令，并附上"我有酒你有故事，下班一起约酒吧"；②如是企业单位部门聚会，通过H5（网页互动效果的技术集合），填上聚会时间、地点、人数、酒的数量，江小白就会安排区域负责人送过去。

5. 亲爱的小娜

江小白锁定了地铁框架媒介，通过"江小白体"撬动这个流量入口，把线下的受众从地铁媒介入口拉到微博上互动。"亲爱的@小娜：成都的冬天到了，你在北京会冷吗？今天喝酒了，我很想你，一起喝酒的兄弟告诉我，喝酒后第一个想到的人是自己的最爱，这叫酒后吐真言吗？已经吐了，收不回来了。"

对于这条文案，江小白是洞察到了人性消费的需求，因为大家的工作压力很大，导致很多人异地恋。当这样的网友看到这条广告语的时候，他一定会拍下来，分享给他想念的那个人，这就给消费者制造了一个主动传播的点。

最后，值得一提的是，在移动互联网时代，传统企业要懂得借助新营销重新定义自己，借助新营销的力量为企业和品牌升级转型。

〔资料来源：杨叶护. 江小白入川记：深度分销的另类玩法［J］. 销售与市场. 2017，（21）：20-22.〕

【案例分析】
试用分销渠道策划相关知识分析江小白的成功原因。

项目实训

实训目的：掌握分销渠道设计的结构。

实训内容：对比消费品市场上的两家典型竞争企业，研究各自的渠道结构，分别说明其采用的是哪种渠道结构，并分析其渠道成员的构成。

实训形式：以小组为单位进行调查研究，最终形成实训报告。

第八章

整合营销传播策划

整合营销传播理论最初由美国西北大学教授唐·舒尔茨于 1992 年在《整合营销传播》一书中提出。整合营销传播在企业的市场营销体系中有着重要的地位。第一，整合营销传播是企业营销活动的起始点。企业开展整合营销传播的目的，是让消费者认识企业品牌形象，充分了解产品信息，进而产生购买欲望，促成购买行为。第二，整合营销传播有利于企业品牌建设。整合营销传播能够使目标消费者形成对企业品牌的认知，培养品牌知名度、美誉度和品牌忠诚度，使自身的品牌产品在市场上保持竞争优势。第三，企业通过整合营销传播，保证企业产品或服务的销售增长。第四，在互联网时代，整合营销传播能够给企业带来流量。在企业的营销过程中，如何将消费者吸引到企业的营销系统中来，是企业完成最终销售的关键，这一过程主要依靠整合营销传播来进行。所以从某种程度来说，整合营销传播是传统广告理论在信息化时代的升级迭代，融合了品牌建设、引流、销售、客户关系管理等企业营销活动的各个方面，成为重要的营销活动之一。

■/\\学习目标 ....

- 了解整合营销传播的概念。
- 掌握整合营销传播策划的主要内容。
- 掌握整合营销传播的效果评价。
- 掌握广告策划的内容和流程。
- 掌握营业推广策划的内容和流程。
- 掌握公共关系策划的内容和流程。
- 掌握人员推销策划的内容和流程。

★开篇案例

招商银行：25周年行庆网络整合营销

为了提升品牌知名度，塑造品牌形象，在招商银行成立25周年之际，招商银行推出了策划已久的整体品牌营销，围绕慈善、音乐、关爱、祝福、分享等内容构筑整体品牌的感恩营销，将招商银行"25年因您而变"的品牌理念传递给社会。

一、营销目标

1. 品牌形象的塑造

利用招商银行25周年庆的契机，加强品牌宣传，进一步提升招商银行的品牌影响力，塑造良好的品牌形象。

2. 活动效果的提升

招商银行举办了多个线上线下的庆祝活动，希望通过网络推广，提高25周年庆典互动活动的参与效果。

二、项目策略

从品牌形象塑造及事件影响力层面，利用不同的媒介组合方式以及线上线下整合方式，对招商银行25周年行庆进行网络推广。

1. 品牌形象的塑造

（1）面向大众网民，以媒体的影响力与高覆盖性拉动网民关注，达到品牌声量最大化。这些媒体包括新浪、腾讯、优酷、爱奇艺等。

（2）针对核心高质量目标人群，让他们直接接触推广信息，达到活动效果的最大化。选择FT中文网、社交媒体、精准富媒体等。

（3）针对推广内容，配合网络口碑营销。微博平台搭配优选的博主、社交网络的红人资源，论坛帖、问答及博文等要进行精心撰写，在网络口碑方面最大限度地辅助硬广投放，吸引网民主动获取活动相关的信息，形成对活动的关注，登录网站参与活动。同时辅以百度搜索引擎，为网站活动带来流量。

2. 活动效果的提升

（1）通过推动互动活动及促销活动的全民参与，网友与招商银行25周年形成交集，从互动中了解品牌内涵。

（2）以慈善、回馈社会为主要传播概念，招商银行策划了"25周年慈善音乐会及抢票活动""25周年行庆摄影大赛""你我的25年""志愿者行动""点亮蓝灯"等一系列活动。

三、执行策略

1. 关于品牌形象的高震撼露出

（1）利用门户网站（新浪网）打造品牌知名度，能够获得最大化的有效品牌曝光。

（2）媒体类别选择以覆盖效果为主要标准，即时通信包括腾讯、MSN，视频媒体包括爱奇艺这类网友黏性较高的媒体，利于覆盖多层次受众。

2. 关于塑造高端品牌形象

（1）主动拦截高端目标人群，如财经圈、新闻圈人群等，有效传播。

（2）媒体类别的选择以在高端人群中的影响力为主要标准，如高端财经媒体 FT 中文网等。

3. 关于网络舆论环境的优化

通过口碑、论坛、搜索引擎建立并净化网络信息舆论环境。

4. 慈善活动策划

（1）招商银行 25 周年慈善音乐会在北京、上海、深圳三地举办，招商银行携手中国儿童基金会、壹基金关爱自闭症儿童，诚邀郎朗、宋祖英、赫比·汉考克、那英等知名人士作为演出嘉宾。同时以音乐会的门票作为奖品刺激，运作成一次抢票活动，以吸引大众网友的关注。

（2）25 周年行庆摄影大赛。通过摄影大赛，将招行的重大历史事件、身边不为人知的感人故事，通过具象画面来展示。同时从用户的角度，使其通过网络互动自发地对招商银行 25 周年的伴随产生联想与共鸣，以形成良好的长尾传播效应。

（3）慈善活动。在 25 周年行庆之际，动员全行员工加入企业社会责任活动中。

（4）在 4 月 2 日世界自闭症日当天，招商银行与壹基金等共同发起大型公益活动"蓝色行动"。

5. 招商银行 25 周年行庆广告创意

每一朵葵花都是您的象征，广告用葵花拼成"您"字，突出招商银行始终把客户放在首位，引申出主题口号"因您而变，成就梦想"。

四、执行效果

此次投放综合运用了 4 种媒体，包括 6 家户外媒体、17 家平面媒体、6 个电视频道、10 家网络媒体，选择使用全国性、网络性、多元性的媒体，集中传播力量，达到较好的传播效果。活动总共带来超过 531 万次的点击，活动页面超过 50 亿次流量。百度搜索招商银行 25 周年，可搜索出 168 万个结果。

（资料来源：根据艾瑞网《招商银行：25 周年行庆网络整合营销》一文整理）

第一节　整合营销传播概述

一、整合营销传播的概念

整合营销传播的概念来源于业界的实践。企业在实践过程中发现，要想改进销售，一个重要的前提是企业把相关的信息在恰当的时间以适当的媒介和恰当的方式传播给恰当的目标人群。业界提出，传播是企业组织与目标消费者进行对话并引发销售的必备先决要素。因此，学界提出了营销即传播，并提出了整合营销传播的概念。企业要想获得最好的传播效果，需要采用多种媒体和多种传播形式进行营销传播。

在《整合营销传播》一书中，舒尔茨教授将整合营销传播的定义表述为："整合营销传播是一个业务战略过程，它是指制订、优化、执行并评价协调的、可测度的、有说服力的品牌传播计划，这些活动的对象包括顾客、潜在顾客、内部和外部消费者及其他目标。"美国广告协会在 1989 年就整合营销传播给出定义："整合营销传播是一个营销传播计划的概念，即评价大众广告、直复广告、销售促进和公共关系等各种传播手段的战略作用，进而整合这些传播手段，以便提供清晰的、一致的、最好的传播效果。"

整合营销传播强调以顾客为中心，以市场为导向，协调企业营销战略过程中的各方利益间的关系问题。可以从以下五个方面来理解整合营销传播的内涵。

第一，整合营销传播的本质是企业建立与目标消费者和相关利益者之间稳定、良好关系的管理过程。企业要实现这一目标，必须深入分析和研究目标消费者和相关利益者的物质需求、精神需求、消费意愿、价值取向、文化理念，从而有针对性地向目标消费者和相关利益者传递有效信息，并根据其反馈的信息来调整传播的内容和方法。

第二，整合营销传播强调"用一个声音说话"。企业所有的传播手段及相应的传播活动应当传递一致的企业形象，向消费者传递统一的品牌形象。

第三，整合营销传播活动的管理过程必须以市场需求为导向。

第四，整合营销传播的载体是品牌，内容则是产品的精神属性或物质属性。企业既可以通过品牌与目标消费者就产品的功能、品质、外观、使用利益等属性进行沟通，也可以通过品牌与目标消费者针对品牌的抽象理念、文化和精神等内容进行沟通与交流，从而使企业与目标消费者之间形成相互认同和信任的关系。

第五，整合营销传播必须以大数据为技术支撑，通过对目标消费者的数据分析，有效地整合品牌信息和各种传播媒介，以求达到最理想的传播效果。企业要充分掌握消费者的各种资料，才能针对现有和潜在消费者及相关利益者制定沟通策略和信息传递策略。

二、整合营销传播的原则

（一）战略一致性原则

企业的整合营销传播活动是为实现企业的营销战略而存在的，在进行传播的过程中需要与企业的品牌定位相一致、相匹配，任何传播活动都不得损害企业的品牌定位，而应该加强目标消费者和相关利益群体对品牌的认知，增加好感度。所以，企业在进行整合营销传播设计时需要建立自上而下的、全局的思维，要先围绕企业营销战略来进行整合营销传播的设计和实施。

（二）以顾客为中心原则

企业在进行整合营销传播过程中必须以服务顾客为中心，以满足顾客需求为导向。企业的整合营销传播定位、媒介选择、内容设计和整合计划均需要站在顾客的视角来考虑，建立用户思维。

（三）整体顾客体验原则

战略性整合营销传播的重点在于顾客对产品和企业的整体体验，而不只是对营销活动的体验。这一点和以顾客为中心的要求可以说是密不可分的。整合营销传播经理人的目标必须从外部传统营销传播活动的狭隘观点转到搭建顾客与品牌及企业的整体顾客关系上。

（四）获取顾客认知资源原则

随着市场竞争的日趋激烈、产品同质化现象的加剧，当前的营销传播信息严重过载，存在传播内容量大、传播热点转换快、传播形式更新快的特点。同时，媒体的权威性和关注度在下降，信息产生聚合效应困难，顾客对广告的排斥程度增加，这些使企业获得顾客的注意力等认知资源变得越发困难。因此，整合营销传播需要注重的一个核心原则是使顾客从海量的信息中快速地识别企业所传递的信息。

（五）传统与新兴相结合原则

20世纪90年代整合营销传播的理念刚被提出来时，主要的传播媒介是传统的广告媒体。到了互联网时代，媒体的形式发生了翻天覆地的变化，让整合营销传播的媒介选择变得复杂。由于顾客接触媒体习惯的变化，仅仅采用传统的媒体进行整合营销传播已经不能满足顾客获取信息的需求，更达不到好的传播效果。只有将线上和线下、传统和新兴、认知和情感结合的传播模式才能够获得更好的效果。

（六）推拉传播相结合原则

在传统的整合营销传播中，推式的广告媒体占主导地位，如电视广告、户外广告、报刊广告、短信推送等，这些营销传播主要采用触点到达的传播模式，在传播过程中通过主动推送让顾客"被告知"。但是，随着接收信息方式的转变，顾客可以自动屏蔽不感兴趣或不想知道的信息，而更愿意主动参与到新媒体传播活动中，如以微信、论坛、微博等为代表的拉式社交媒体。所以，企业的整合营销传播必须考虑将推式与拉式传播相结合，仅仅依靠一类媒体形式很难保证传播效果。

三、整合营销传播的新形态

（一）强调互动，更重体验

企业在当下的传播环境中，已经意识到互动式、体验式传播的重要性，而这需要更高端的技术作为支撑。

2012年，上海麦肯为太古地产的三里屯VILLAGE策划并执行了广告企划"Let's Play XXL（潮玩大尺度）"。在这次活动中，消费者在下载了活动指定的手机App后，能够与现场所展示的恐龙化石进行有趣的互动，成功地营造了一种时尚、有趣的假日气氛，而支撑这场活动的即是AR（增强现实）技术，它将恐龙化石生动地展现在消费者的面前。现场的消费者在参与活动的同时，还在社交网络上与朋友分享这次有趣的经历，吸引更多人来到三里屯VILLAGE。北京的主流媒体、社交网站、生活服务类媒体在活动期间以头条的方式进行了无数次的转载，三里屯VILLAGE的客流量较往年同期增加了40%。从中可以看到，这样的方式能够创造双赢的局面，既能够帮助企业吸引更多的消费者，获得商业利益和良好的口碑，又能使消费者享受其中。

（二）联合意见领袖，注重粉丝效应

新媒体活跃的当下，意见领袖在二级传播中发挥着日益重要的作用，尤其是在微博平

台。若企业在进行品牌及产品营销时，能与意见领袖保持适当的关系，让意见领袖参与自己的营销传播，从而获得大量的关注，则能获得更好的传播效果。

2014 年，在对意见领袖进行定制化产品投放后，可口可乐借助当红明星在社会化媒体上的号召力和影响力，引发崇拜者的自主扩散，吸引更多消费者的关注。在这次营销传播过程中，可口可乐对瓶身进行新颖的设计，瓶身上的歌词来自包括周杰伦、五月天等在内的拥有大批崇拜者的知名歌手的歌曲，既考虑到了不同的年龄层，又及时地抓住了时下热点。例如，世界杯和毕业季期间，其官方微博也借势发布与瓶身的歌词有关的微博，带动崇拜者在微博上发布自己最喜爱的歌词，利用崇拜者的力量助推营销传播效果达到最大化。

（三）跨平台、跨媒体、跨地域营销

在新媒体大数据的背景下，单一平台、单一媒体、单一地域已经无法满足企业营销的需要。企业现代意义上的整合营销传播呈现跨平台、跨媒体、跨地域，甚至是跨国界的新形态。

（四）自媒体营销

自媒体营销，即以微博、微信、手机 App 等作为企业的营销平台。在这些平台上的用户都是企业的潜在顾客，企业可利用这些自媒体平台不断地传播、更新企业和产品的相关信息，与潜在顾客保持密切联系。

以戴瑞珠宝为例，其官方微博自 2011 年 7 月注册以来，已拥有超过 360 万的关注者，在戴瑞珠宝的品牌及产品营销推广过程中发挥了重要作用。

第二节　整合营销传播策划的内容和过程

一、整合营销传播策划的内容

根据业界对整合营销传播概念的理解以及市场实践验证，本书将从以下方面对整合营销传播策划的内容进行介绍。

（一）广告策划

广告作为最重要的传播手段之一，是整合营销传播的核心。广告策划以市场分析为基础，以广告定位、广告目标、广告表达、广告制作和使用为内容，以策划文案为直接结构，以效果评估为终结，追求广告活动进程的合理化和效果最大化。

（二）营业推广策划

营业推广是指除人员推广、广告和公共关系活动以外，在一个比较大的市场上，为了刺激目标消费者需求而采取的能够迅速产生激励作用的一种促销手段。营业推广是企业在广告传播的同时，达成实效销售的重要手段。

（三）公共关系策划

公共关系是指某一组织为改善与社会公众的关系，促进公众对组织的认识、理解及支持，树立良好组织形象，促进产品销售所做的一系列公共活动。企业通过公共关系策划，树立良好的品牌形象，继而促进其他整合营销传播手段与公众之间的沟通效果。

（四）人员推销策划

人员推销是指营销人员运用说服、暗示、沟通等一切可能的方法把产品或服务提供给顾客，使其接受或购买的过程。在整合营销传播策划中，人员推销要与其他传播手段共同传递一致的企业形象。

二、整合营销传播策划的过程

（一）制订整合营销传播计划

企业进行整合营销传播策划的第一步就是制订整合营销传播计划，考虑传播目标、目标群体、传播定位、媒体计划、内容计划、整合计划和预算制定等方面的问题。

1. 设定传播目标

企业需要结合企业的营销战略进行综合考虑，从而设定传播目标。例如，企业进行整合营销传播是为了树立品牌形象、扩大销售、营业推广，还是建立顾客忠诚度或与参与对手竞争。目标确定后，再将其分解为具体的、可量化的分目标，因为不同的传播媒介会对应不同的消费行为。

2. 目标群体分析

目标群体分析是进行整合营销传播的基础。企业需要通过对目标群体的分析，确定传播的目标市场，从而精准地向目标客户群体传递信息。随着互联网时代的来临，传统的市场细分定位策略逐渐被精准的基于场景营销的顾客画像所代替，从而使企业通过更加精准的方式向目标客户群体传播信息。

3. 确定传播定位

传播定位是整合营销传播的聚焦点。在当今社会，人们接收到的信息量巨大。而且信息是碎片化的，要想让消费者在过载的信息中记住产品信息或品牌信息，企业需要在传播之前进行准确的传播定位。例如，王老吉凉茶通过建立"怕上火，喝王老吉"的品牌口号，强化消费者的认知，建立凉茶的品牌形象，让消费者能够从大量信息中快速识别出该品牌。

4. 制订媒体计划

媒体计划是企业为了将传播内容通过合适的媒体进行传播所做的传播计划。

5. 制订内容计划

内容计划是以媒体计划为基础，确定不同的媒体应该传播的内容。通过这些内容的传播，实现品牌信息的一致性、对媒体特征的适应性。

6. 制订整合计划

整合计划是指组织通过内部与外部之间的资源整合进行的营销传播计划。

7. 预算制定

预算制定指企业为进行整合营销传播活动、实现预期效果而设定的费用预算，该指标是营销传播过程中最为关键的因素之一。

（二）整合营销传播实施

整合营销传播实施是对营销计划的执行过程，通常包含内部组织管理、外部合作商管理、创意构思和内容制作、媒体选择和安排、实施监控等工作。

1. 内部组织管理

内部组织管理主要是构建一个能实施传播活动的团队。这个团队可能由一个部门的员工组成，也可能由多个部门的员工组成，实现跨部门协作。如一个新产品的上市推广，离不开研发部门、生产部门、销售部门的相互协调与配合。

2. 外部合作商管理

一项整合营销传播活动的顺利开展，往往离不开与外部组织机构进行合作，如市场调研公司、广告公司、赞助商、经销商、销售终端等。它们会不同程度地参与企业的整合营销传播活动，因此与它们的沟通、协调显得格外重要。外部合作商的管理，对企业的整合营销传播活动起到重要作用。

3. 创意构思和内容制作

在当今以内容为王的传播时代，营销活动的创意构思和内容制作成为营销传播的核心要素。有创意的、新颖的内容不仅能加深消费者对传播信息的记忆，增强企业品牌形象，在消费者心中建立强有力的认知，还能提升人际传播的频率，从而达到预期的传播效果。

4. 媒体选择和安排

在做好前期工作后，企业拟传播的信息何时、以何种方式和频率传达给消费者，需要企业进行传播媒体的选择和安排。在选择媒体时，首先需要考虑匹配性，即所选媒体是否与要向其传播的消费者相匹配；其次，需要考虑不同媒体在不同时间、不同消费者触点、不同消费者认知过程中的作用；最后，还要统筹安排媒体的规模、时长和位置。

5. 实施监控

由于在营销传播过程中，广告主、广告公司、媒体公司往往存在不同的统计传播指标的方式，为了确保传播效果达到预期目标，需要进行传播的实施监控。企业和外部合作机构需要按合同约定的条款进行确认，确认的内容包括播放次数、播放时长、版面大小、点击次数等指标。

（三）整合营销传播效果评估

整合营销传播效果评估可以从传播的到达效果评估、态度改变效果评估和行为改变效果评估三个方面进行。

1. 传播的到达效果评估

确保将大量产品利好的信息成功传达给消费者，引起并保持他们对产品的注意，是整合营销传播活动的基础步骤和重要环节，也是实现一系列产品传播效果的前提。

2. 传播的态度改变效果评估

消费者通过企业的产品宣传、促销活动，销售人员推介及自己的体验，会对企业品牌及其产品产生一定的了解和认知，并形成品牌态度。因此，企业在进行整合营销传播后，消费者对品牌的印象和认知产生多大程度的改变，具体是什么方向的改变，是企业在进行整合营销传播过程中至关重要的问题。

3. 传播的行为改变效果评估

企业进行整合营销传播活动后，消费者选择、购买企业产品或服务的次数是否有所增加，该活动能否长期吸引消费者对企业的关注、能否激发消费者的购买决策行为、能否为企业带来销量的增长等，都可以用来评估企业整合营销传播活动是否带来了销售效果的改变。

第三节　广告策划

一、广告策划概述

（一）广告策划的内涵

广告策划的基本内涵，可以从宏观和微观两个层面进行说明。从宏观上来说，广告策划是指对整体广告运作战略与策略的运筹规划。从微观上来说，广告策划是指针对某一具体产品开展的围绕目标市场的战术性谋划设计。

（二）广告策划的诉求对象

广告策划的诉求对象就是广告活动的受众。广告通过传递信息，刺激接收者的购买兴趣和欲望，从而促使其产生购买行为。广告活动的过程就是广告信息传递表达的信息流动过程。广告策划人员将广告信息经过创意、设计、加工、处理后制作成广告作品，通过媒体流向广告接收者，如图 8-1 所示。

图 8-1　广告活动过程

广告策划的诉求对象一般与广告主的目标消费群体是一致的。因此，在进行广告策划时要先进行广告策划的诉求对象分析，找到其视听"兴奋点"，以此作为广告信息的切入口和发挥点。

在确定广告策划的诉求对象时，要根据广告欲传递的信息进行有针对性、差异性的选择。例如，抗皱美肤类的化妆品以追求美丽年轻的女性为诉求对象，减肥瘦身产品以追求苗条、健康形体的女性为诉求对象。

（三）广告策划的内容

广告策划涉及广告总体策划、广告媒体策划和广告设计策划。广告总体策划的内容包括制定广告目标、广告定位和广告预算等；广告媒体策划的内容包括广告媒体选择、媒体效果评估等；广告设计策划的内容包括广告主题策划、广告设计组成要素策划和广告表现手法策划等。

二、广告策划的流程

一个完整的广告策划流程由几个不同的阶段组成，不同阶段策划工作的对象、内容、目标均有所不同。通常情况下，一个规范的广告策划过程可分为组织准备、广告调研、广告战略与策略规划、广告计划制订、实施与总结五个阶段。

（一）组织准备阶段

（1）成立广告策划小组。策划小组应由客户主管、策划创意、文稿撰写、设计制作、摄影摄像、市场调查及媒介公关等方面的人员组成。成立策划小组是用集体智慧来完成广告策划工作，是广告策划活动由经验化向规范化、科学化发展的有效途径。

（2）规定工作任务，安排广告工作时间进程。

（二）广告调研阶段

广告调研是广告策划的前提与基础，可以根据以下步骤开展。

（1）调查、搜集市场信息和相关资料。具体内容包括品牌及产品调查、行业信息调查、消费者状况调查、竞争者状况调查等。

（2）分析、研究相关资料和数据。对调查、搜集的全部资料和数据进行归纳、总结、分析和研究，要求能够描述现状、揭示趋势，为下一步制定策略提供参考依据。

（三）广告战略与策略规划阶段

广告战略与策略规划是整个广告策划的核心与主体。

（1）根据前期分析研究的成果，做出决定性、战略性的选择。

（2）进行广告战略与策略规划。以策划创意人员为中心，对广告目标加以分析，根据目标市场战略确定广告的定位战略和诉求策略，进而发展出广告创意和表现策略，再根据产品、市场及广告特征提出合理的媒体组合策略、促销组合策略等。

（四）广告计划制订阶段

（1）对上述广告战略和策略规划用系统的形式加以规范，形成有计划性的工作思路。

（2）编制广告策划文本，即广告策划书。策划书既是策划成果的集中体现，也是策划人员向客户说明并争取广告业务的文本依据，必须经过认真修改与审定之后才能完成。

（3）与相关决策者进一步沟通，并对广告计划进行阐释说明，最后就广告策划方案达成一致。

（五）实施与总结阶段

（1）计划的实施与监控。广告策划小组分工合作，按照计划要求，对广告进行创作、设计及媒体投放，并对整个过程进行监控和调节。

（2）评估与总结。按照评估指标对广告的实际效果进行评估，并在广告计划实施全部完成后，对整个广告策划运作进行总结与评价，撰写总结报告存档。

三、广告媒体策划

广告媒体策划是广告策划的重要组成部分。广告媒体主要分为大众广告媒体、小众广告媒体和新媒体三种类型。这些媒体在到达率、传播频率和影响力方面互有差异。

(一) 大众广告媒体

大众广告媒体主要包括广播、报纸、杂志、电视等大众熟知的媒体，也是广告传播活动中最为常见的传播媒体。

1. 广播广告

广播媒体是利用电波传播声音的纯听觉媒体。它通过语言和音响效果，诉诸人的听觉，凭借声音的抑扬顿挫、轻重快慢以及节奏感和感情色彩等方面的特点，唤起人们的联想和想象，加深人们对广告内容的记忆。广播媒体具有传播速度快、覆盖面广、受众多等特点，但其传播的广告信息易流逝，创意表现也有一定的局限性。

2. 报纸广告

报纸广告是以文字和图画为主要视觉刺激的印刷媒介。报纸广告发行频率高、发行量大，可以及时广泛发布，反复阅读，便于保存。但在互联网高速发展的今天，报纸广告的作用效果呈下降趋势，主要在于其印刷效果不佳、受众逐渐减少等。

3. 杂志广告

杂志广告和报纸广告一样，都属于平面印刷媒体广告。不过杂志广告的针对性更强，目标更明确。为了吸引众多读者，杂志行业不断细分，娱乐、影视、财经、旅游等各种杂志纷纷面世。杂志种类增多、可看性提高，使竞争更加白热化。各种杂志无不在内容编排、印刷质量上力求完美，以扩大发行，为杂志广告提供一个更加广阔的天地。

4. 电视广告

电视广告是一种兼具视听效果，并运用文字、形象、表演等综合手段进行传播的大众传播媒体。电视广告以其声形俱备的特色和广泛的受众群体成为最有效的广告形式之一。但是，随着新媒体广告的蓬勃发展，网络剧、网络综艺、视频直播等媒介在侵占着电视广告的投放份额，电视广告通过植入式营销、精准营销等方式寻找突破口。

★相关链接

植入式营销：从《速度与激情》来看

植入式营销，指将产品或品牌及其代表的视觉符号甚至服务内容策略性地融入电影、电视剧或其他电视节目中，通过场景的再现、情节的渲染，感染观众情绪，让观众在不知不觉中对产品及品牌留下印象，从而影响观众的消费价值取向，继而达到营销的目的。

1. 植入式营销之侧面广告效应

与一般的广告片不同，在电影中，导演可以把汽车内在与外在的点点滴滴表现得淋漓尽致。这种刻意的特写在影片中又不会显得突兀，而是顺理成章，很客观地呈现在观众面前，与直接的广告不同，不会使观众产生直白宣传时的抵触心理。

在影片《速度与激情》中，摄影师对布莱恩开的那辆丰田 SUPRA 的每一次着力刻画，都带给了观众无穷的震撼：那夸张的外形和凶猛的动力带给观众无尽的回味，而不到 5 秒的百公里加速及完美的操控，深深地揪住每一个驾驶狂人的心。想必这种效果也只有在电影中才能表达得如此淋漓尽致。

2. 植入式营销之品牌文化的宣传

汽车与一般消费品不同,其百年多的发展史赋予了它多姿多彩的文化与内涵。一辆没有品牌文化的汽车是空洞的,是没有血液的;从艺术的角度看,它也将是毫无价值的,只能作为单纯的代步工具。因此,品牌文化对于一个汽车企业的生存很重要,它就是维持品牌常青的那棵树。对于那些拥有百年造车文化的企业来说,这种无形的文化积淀也是其参与市场竞争的一种资本。

3. 植入式营销之产品定位的表达

当电影赋予了汽车灵魂的时候,汽车便有了性格。不同的性格便会塑造出不同的形象,进而向目标人群展现出不同的内在美。这正如《速度与激情》告诉我们的,SUPRA 不是一个温顺的家伙,而是一款凶猛的速度机器。有时候,这种产品定位的表达也可以通过驾驶者在片中的不同形象来加以渲染。

(资料来源:新东方网 MBA 案例,《汽车与电影的植入式营销:从速度与激情来看》)

(二) 小众广告媒体

依托于小众广告媒体的广告形式主要有户外广告、售点广告、直邮广告和交通广告。

1. 户外广告

户外广告,泛指基于宣传目的而设置的户外广告物,常出现在交通流量较高的地区。常见的户外广告有户外广告灯箱、高速路上的路边广告牌、霓虹灯广告牌、大小商铺的门面等,近年来甚至出现了依托升空气球、飞艇等载体的先进的户外广告形式。

精心设计的户外广告视觉冲击力强,表现形式丰富多彩,并且对投放区域和消费者的选择性强,是深受现代企业欢迎的广告形式。但户外广告存在覆盖面小、广告效果难以测评等问题。

2. 售点广告

售点广告即 POP 广告,英文为 Point of Purchase Advertising,指在购买场所和零售店内部设置的展销专柜,以及在商品周围悬挂、摆放与陈设的各种形式的广告物,其主要目的是促进零售终端的产品销售。POP 广告对于终端销售具有重要作用。它以较低的成本渲染购买氛围,影响消费者的购买心理,直接影响销售结果。

3. 直邮广告

直邮广告即 DM 广告,英文为 Direct Mail Advertising,直译为"直接邮寄广告",即通过邮寄、赠送、传递等形式,将宣传品直接送到消费者手中、家里或公司所在地。DM 广告不同于其他传统广告媒体,它可以有针对性地选择目标对象,一对一地直接发送,可以减少信息在传递过程中的流失,使广告效果达到最大化。DM 广告对于短期促销活动的传播效果较好。

4. 交通广告

交通广告是一种流动的广告形式,以公共交通工具为广告媒介,诸如交通工具上的广告牌、广告宣传画、车站内的广告牌、车身广告等。这种广告在人口比较集中的大城市非常有效，是一种常见的流动广告媒体。

（三）新媒体

依托于新媒体的广告形式主要有楼宇广告、手机广告和网络广告。

1. 楼宇广告

楼宇广告是一种新型的围绕着楼宇展开的一系列广告活动，包括楼宇户外超大液晶屏（LED）上的广告、电梯等候区的楼宇液晶电视上的广告、电梯内部的框架广告等。楼宇广告易事先锁定目标受众，并与之进行高频率的接触，有利于企业进行社区终端渗透营销。

2. 手机广告

手机广告主要是指通过移动媒体进行传播的一种互动式的网络广告。它由移动通信网承载，具有网络媒体的一切特征。由于其移动性，用户能随时随地接收信息，所以比互联网传播更具优势。广告主可以通过精准推送、手机插屏等多种形式向用户传递广告信息。同时，各类新媒体，如微博、微信等的快速发展也主要依托于移动互联网技术。

3. 网络广告

网络广告即在网络平台上投放的广告，是利用网站上的广告横幅、文本链接等在互联网平台刊登或发布广告，通过网络将信息传递给互联网用户的一种高科技广告运作方式。网络广告的市场正在以惊人的速度增长。众多国际级的广告公司成立了专门的"网络媒体分部"，以开拓网络广告的巨大市场。

网络广告具有覆盖面广、受众基数大、时效性强、互动性强等特点，并且可以较为准确地统计受众数量，易于进行广告效果评估。

★ 案例赏析8-1

IKEA 图片标记活动

广告详解：瑞典互动广告公司 Forsman & Bodenfors 受理了马尔默（瑞典城市）IKEA 实体店的广告活动。

广告媒体：广告公司选择了 Facebook（一个社交网站）作为宣传平台。

创意点：在 Facebook 等社交网站的页面上有个图片标记功能，用户上传一张图片，便可以在图片上标记出这张图片上有哪些好友，而其他用户也可以对这张图片进行标记。广告公司在 Facebook 上面，为 IKEA 的实体店创建了一个账户，叫 Gordon gustavsson，然后上传图片，并宣传"谁在（IKEA）图片上第一个标记出自己的名字，图片上面的家具就归谁"。

广告效果：该活动通过用户之间的信息流，迅速得到扩展。很多用户每天都等待着 Gordon gustavsson 上传图片，生怕漏掉哪个钟爱的家具，IKEA 的家具一遍又一遍被用户查看。这种做法有很强的互动性、参与性与传播性。

（资料来源：根据网络报道《IKEA 在 Facebook 上的营销案例》整理而成）

（四）广告媒体评价指标

如前文所述，广告媒体种类繁多，而且不断有新兴媒体出现。那么，企业该如何选择？

究竟什么样的媒体或媒体组合才能精准地向目标消费群体传达企业想表达的信息呢？以下指标可以为企业选择广告媒体提供依据。

1. 权威性

权威性是衡量广告媒体本身带给广告的影响力的指标。媒体的权威性指标为广告带来的影响举足轻重，不可忽视。

2. 覆盖面

覆盖面是指广告媒体在传播信息时主要到达并发挥影响力的地域范围。企业在选择广告媒体时，首先应考虑的就是这个媒体的覆盖区域有多大和在什么位置。

3. 触及率

一则广告借助某一媒体推出后，可能只会让部分受众接收到。媒体的触及率就是用来衡量这一比率的，即接收到的人数占覆盖区域内总人数的百分比。

4. 视听率

视听率是指媒体或媒体的某一特定节目在某一特定时间内，特定对象占收视（听）总量的百分比，是一项用来统计电视/广播节目拥有观众/听众人数的指标。视听率是广告商投资做广告的主要依据，也是分析判断广播/电视节目播出效果的重要依据。

5. 重复率

重复率是指每一位广告受众平均可以重复接收到此则广告的次数。以重复率衡量广告媒体主要基于两个原因：一是细分媒体效果，研究广告产生影响的程度；二是研究媒体的使用方法，确定广告的投放形式。

6. 效益

效益是指衡量采用某一媒体可以得到的利益同所投入的经费之间关系的指标，是对媒体经济效益的度量。

7. 每千人成本

每千人成本（CPM）是一种媒体送达 1 000 人的成本计算单位。每千人成本并非广告主衡量媒体的唯一标准，而只是为了对不同媒体进行衡量而制定的一个相对指标，是衡量一个媒体价值的数字。

每千人成本的计算公式为：每千人成本 =（广告费用/到达人数）×1 000。例如，某晚报发行量是 50 万份，通栏广告价格为 10 000 元，实际执行价为 5 000 元，到达人数为 1 000 000 人，那么它的每千人成本为（5 000/1 000 000）×1 000 = 5（元）。

（五）广告媒体选择的影响因素

在分析广告媒体选择的影响因素时，需要基于营销与广告的因素、媒体本身的因素两个方面进行考虑。

1. 基于营销与广告的因素

（1）产品个性。产品的个性特点会影响广告表现的创作形式，也会影响广告媒体的选择，如奢侈品广告不适合通过公交媒体进行传播，制订媒体计划时必须注意。

（2）目标市场。这是进行媒体选择与确定广告投放形式时需要重点考虑的。企业要根据目标市场的特点将目标消费者进行分类，针对各类目标群体分别使用不同的媒体进行传播。

（3）竞争对手。广告竞争几乎是在所有领域展开的。广告主（或广告代理）必须充分调查了解竞争对手的广告战略与策略等，以便在选择广告媒体时发挥己之所长。

（4）广告内容。广告内容创作与媒体选择、投放形式虽然是分头进行的，但是它们之间必须非常自然地协调一致。应当明确的是，什么样的内容适合什么样的媒体发布，反过来，什么样的媒体适合发布什么样的内容。

2. 基于媒体本身的因素

媒体的成本、预估效益是直接影响广告媒体选择的重要指标。除此之外，媒体的可行性、灵活性、协调性等因素也影响广告主对媒体的选择。

四、广告设计策划

广告设计策划的内容主要包括广告主题策划、广告设计组成要素、广告设计表现手法等内容。

（一）广告主题策划

广告主题策划通过分析产品及市场，为广告确定一个诉求重点，这个重点就是广告主题。广告主题是产品广告的基本思想，是对与顾客需求、顾客消费心理和企业目标相契合的产品最主要个性特征的概括。广告主题是广告的灵魂，它决定了广告的创意、需求表现和实际效果，没有广告主题的广告是不会成功的。

广告主题有三类：理性主题、情感主题、道德主题。

（1）理性主题。理性主题直接向目标消费者或公众诉诸某种行为的理性利益，或显示产品的功能利益和需求，以促使人们做出既定的行为反应。通常，消费者对理性主题反应最明显。

（2）情感主题。情感主题试图通过向目标消费者传达某种情感因素，以激起人们对某种产品的兴趣和购买欲望。这类广告主题一般适用于化妆品、饮料等产品或服务行业，通过激发消费者的情感性购买动机获得成功。

（3）道德主题。道德主题将道义诉诸广告主题，使广告受众从道义上分辨什么是正确的或适宜的，进而规范其行为。这种广告主题通常用于公益广告。

（二）广告设计组成要素

广告设计的目的是要以独特的创意形式迅速吸引消费者眼球，让他们产生购买意愿，为企业带来盈利。因此，广告设计需要同时兼顾消费者的需求及企业利益。想要设计出优秀的广告，需要先掌握广告设计组成的三个要素，即广告创意、广告内容和视听效果。

1. 广告创意

对创意的理解可以从静态和动态两个角度来进行。静态的创意就是通常所说的点子，是广告设计者有目的地进行的一种创造性思维活动。从动态方面看，创意融合了广告的主题、内容及表现手法，可以让一个点子在纷繁复杂的广告中脱颖而出，紧紧抓住消费者的注意力，获得他们的认同。

2. 广告内容

广告设计的内容主要由主题、文案、标识、品牌展示等构成。关于主题的策划在前文已经进行了描述，这里不再赘述。

（1）文案。广告文案是辅助主题对产品、活动内容等进行详细说明的文字。一份好的广告文案要能具体描述出广告的目的、产品的特点、企业的精神等内容，最重要的是可以直击消费者的心灵，引起消费者的共鸣，打动消费者。

（2）标识。标识是一个企业或其产品的载体，是一种特征性符号，代表了企业的品牌形象。

（3）品牌展示。在广告设计中，品牌展示是对企业的一种宣传和推广，也是扩大品牌知名度、建立消费者品牌认知和树立品牌形象的一种方法。

3. 视听效果

广告创意与内容要求广告设计要具有一定的冲击力和辨识度，所以创意与内容的呈现需要通过画面、声音等视听元素实现。

综上所述，广告创意、广告内容和视听效果这三个要素在广告设计过程中都发挥着不可或缺的作用，只有将三者有效配合和运用，才能从整体上体现出广告设计的目的。

（三）广告设计表现手法

一则好的广告，能够利用各种巧妙的设计和艺术的表现手法，给公众留下深刻的印象，加深他们的记忆，从而达到营销传播的效果。常用的广告设计表现手法如下。

1. 直接展示法

直接展示法是将某产品或主题直接如实地展示在广告版面上，充分运用摄影或绘画等细腻技巧，着力渲染产品的质感、形态、功能和用途，将产品精美的质地呈现出来。

2. 对比衬托法

对比衬托法是把作品中所描绘事物的性质和特点放在鲜明的对照之中，互比互衬。这种手法可以更鲜明地强调或提示产品的性能，给人以深刻的视觉感受。

3. 合理夸张法

夸张是在一般之中追求新奇变化，通过虚构把对象的特点和个性进行夸大，赋予人们一种新奇与变化的情趣。

4. 运用联想法

丰富的联想能突破时空的界限，使审美对象与审美者在联想过程中产生美感共鸣，加深画面的意境。

5. 幽默法

幽默法是指广告作品发挥艺术感染力，营造一种耐人寻味的幽默意境的方法。幽默的矛盾冲突可以达到意料之外又在情理之中的艺术效果，引起观赏者会心的微笑。

6. 比喻法

比喻法是指在设计过程中选择两种在某些方面各不相同，而在某些方面又有相似性的事物，"以此物喻彼物"，进行延伸转化，获得"婉转曲达"的艺术效果的方法。与其他表现手法相比，比喻法比较含蓄委婉，有时难以一目了然，但一旦领会其意，便能产生无尽的意味。

7. 以情托物法

以情托物法在表现手法上侧重选择具有感情倾向的内容，以美好的感情来烘托主题，发挥艺术感染力，这是现代广告设计对美的意境和情趣的追求。

五、广告投放策划

广告投放是企业经营和市场营销的重要组成部分，包括企业要在哪些区域、以多大的广告规模、在哪些媒体上投放广告，广告主要针对哪些产品宣传，广告以什么规格、频次、排期来呈现等内容。进行广告投放策划，要从广告投放原则、广告投放策略、广告投放周期几个方面进行分析。

（一）广告投放原则

一些企业投放广告喜欢狂轰滥炸，或"多管齐下"，即通过电视、报纸、互联网等多种媒介对同一则广告密集投放，企图达到"1+1+1>3"的效果。那么，是不是广告投放选择的媒介越多、投放的频次越多，广告效果就越好呢？答案是未必。要使广告组合投放的收益最佳，必须掌握以下原则。

1. 扩大有效受众原则

任何一种媒介的受众都不可能与企业产品的目标消费群完全重合，因此，企业进行广告投放时应该最大限度地互补挑选媒介，即选定一种媒介后，要针对它没有覆盖的那一部分消费群，借助其他媒介来完成。这样做的目的是使广告最大限度地覆盖产品的目标消费群，达到广告效益的最大化。

2. 巩固提高原则

想让消费者对广告信息产生兴趣、记忆和购买欲望，广告需要以一定的频率反复提醒和巩固其在消费者头脑中的印象。受众对在一种媒介上重复刊播的广告的注意力会随着时间而消退，因此需要多种媒介配合，延长受众对广告的注意时间。

3. 信息互补原则

不同的媒介有不同的传播特性，如电视广告易于吸引消费者的注意力，但不能传递太大的信息量，而报纸、杂志就可以传递较大的信息量。一般促销活动的信息可以通过电视或报纸发布，但促销活动的详细规则可以由店头海报来传递。

4. 时空交叉原则

不同的媒介有不同的时间特征，如网络、报纸发布信息非常及时，可以连续进行宣传，间隔较短。而杂志一般以周或月为单位，不宜发布即时新闻。在媒介组合中，应该考虑时间上的配合，如在网络、报纸做简明的新闻报道式的广告，在杂志做深度的软文广告。

总之，无论采取哪种形式投放广告，都应遵循效益最大化原则，即对在各种媒介上发布的广告规格和频次进行合理组合，以保证在达到广告效果的情况下，节省广告费用。

（二）广告投放策略

广告的投放策略应根据产品或品牌所要达到的传播效果而定。从市场推广的角度看，产品的主要周期可以分为市场启动期、市场成长期、市场成熟期及市场衰退期。而产品宣传的目的可以分为提升产品知名度、打造品牌美誉度、树立产品形象等。不同的产品生命周期及不同的产品宣传目的，采用的广告投放策略会大相径庭。

1. 集中式投放策略

在特定区域、特定时刻及特定媒体总量的限制下，广告集中投放能产生一种挤出效应。如在广告版面总量为 100 的情况下，A 企业投放总量为 80 的广告，其他企业只能投放剩余的 20；如果 A 企业投放总量再提高，其他企业所能投放的广告版面便相应地再减少。A 企业在短时间内进行集中式投放，一方面可以提高自身的曝光率，另一方面也让其他企业没有机会打广告，让消费者只能看到 A 企业，所以其效果是非常显著的。

这种集中式的广告投放并非适合所有企业及产品的市场推广。只有在产品信息相对透明、企业无须花长时间培养市场对产品的认识，同时市场上同类产品竞争激烈、少量广告投放很难见效的情况下，才适宜使用此策略。

2. 连续式投放策略

连续式投放策略的优势在于细水长流般地将产品或品牌渗透进消费者脑海中，使他们对产品的印象与好感持续增强。当然，这种投放策略需要企业有较长远的广告预算，同时也要预防后进的竞争对手以高强度的广告投放进行包围及拦截。

3. 间歇式投放策略

对于一些在市场上已经非常畅销或者品牌知名度相当高的产品，许多人认为已经没有投放广告的必要。但是，广告投放还承载着一个非常重要的功能，那就是唤醒消费者情感，这就是间歇式投放策略要达到的目的。像可口可乐、百事可乐、微软、IBM 等行业巨头，还要不定时地在有关媒体上发布一些已有产品的广告信息，因为如果企业没有不定期地进行相关的广告投放，其他品牌的产品就可能乘虚而入。

从市场推广的角度看，间歇式的投放策略适合处于高度成熟期的产品，只需要间歇性地唤醒消费者对产品的记忆与好感，无须密集投放。而广告投放间歇期的长短，则要视市场竞争的激烈程度而定。

（三）广告投放周期

广告投放周期通常分为三个期间。

（1）引导期。做初期的信息传播，重点在于引起消费者的好奇与期待，吸引消费者的注意。

（2）公开期。例如，楼盘被正式推向市场时，一切媒体运作及印刷资料皆已准备就绪。一旦开盘，随着强销期的来临，就会有大量的报纸广告，再结合强有力的业务推广，如人员拜访、电话追踪、派报邮寄等，全面展开立体的促销攻击。

（3）续销期。这一阶段为公开期后的续销行为，需要重新修正广告策略，改变已不适当的广告方向，进行最后的冲刺，以实现最圆满的业绩。

第四节 营业推广策划

一、营业推广的含义

营业推广又称销售促进,是指除人员推广、广告和公共关系活动以外,在一个比较大的市场上,为了刺激目标消费者需求而采取的能够迅速产生激励作用的一种促销手段。营业推广最大的特点是立即显效,企业在新品上市推广、清理库存、换季清仓或直面竞争对手时,往往会采用营业推广的促销措施,并且能取得非常明显的效果。

在营业推广过程中,多采取优惠券、代金券、现金折扣、赠品奖励、抽奖活动、游戏比赛、免费试用、样品赠送、现场陈列和示范演示等多种形式。

二、营业推广策划的流程和内容

营业推广策划是一项系统工程,需要对营业推广的各个环节进行一系列的策划。营业推广策划的流程包括五步,即确定营业推广目标、选择营业推广手段、制定营业推广方案、实施营业推广方案(包括过程控制)和评估营业推广方案。

(一)确定营业推广目标

与其他营销活动策划一样,进行营业推广策划的第一步是要在企业营销活动目标范围内确定本次营业推广活动欲实现的目标。根据营业推广活动的目标对象,可以将营业推广的对象分为消费者、中间商和推销人员三类。针对不同对象开展的营业推广活动,促销目标也存在差异。

1. 针对消费者开展的营业推广活动的目标

(1)促进产品销量,刺激消费者购买。

(2)吸引竞争对手的顾客并将其转化为本企业的顾客,改变其品牌忠诚。

(3)开拓新顾客,将潜在顾客转化为现实顾客,增加客户量。

2. 针对中间商开展的营业推广活动的目标

(1)增加中间商对本企业产品的销量,特别是新产品的销量。

(2)鼓励中间商销售本企业过季产品或库存产品。

(3)培养中间商的品牌忠诚度,抵制竞争对手的促销活动。

3. 针对推销人员开展的营业推广活动的目标

(1)激励推销人员开拓新客户,增加产品销量。

(2)鼓励推销人员大力促销库存产品,加快企业资金回笼速度,增加现金流。

(3)鼓励推销人员搜集和反馈市场信息,从而提供优质的客户服务。

(二)选择营业推广手段

营业推广的手段种类繁多,不同产品与市场要选择不同的推广手段。通常来说,在选择营业推广手段时,企业应结合营业推广目标,考虑产品特点、市场需求、竞争产品特点、活动预算等因素，具体实施时可以参考表 8-1 所归纳的常见营业推广手段及其具体内容等。

表 8-1 营业推广手段及其具体内容或适用范围

序号	营业推广手段	具体内容或适用范围
1	优惠券、代金券	主要适合快消品或小型零售市场，直接用券冲抵购货款
2	集点优惠	收集规定数量或形式的图案、标志，以此作为换购产品的凭证
3	赠送产品	如买一赠一、赠物、赠券等
4	有奖销售	赠送现金、红包、返现等
5	加量不加价	适用于饮料、洗护用品、副食品等
6	附赠抽奖	购买一定金额的产品，可参与抽奖活动
7	折扣促销	直接打折、满一定销售额享一定折扣优惠
8	团购	包括通过第三方平台的团购活动和企业的团购活动
9	样品试用	派发新品小样供消费者试用
10	POP 广告	在卖场通过 POP 广告激发消费者的购买欲望
11	限时特卖	一定时段给予一定的优惠价格，如整点促销、整点打折、限量抢购等
12	指定特价	企业选择某指定产品进行特价促销活动
13	以旧换新	常见于电子产品，将旧产品折换一定金额用于购买新产品，以达到增加新产品销量的目的，占领市场
14	货到付款	随着网络购物的兴起，商家采用先收货再付款的方式来刺激消费者购买产品，降低消费者购物风险
15	分期付款	分期付款已渗透到各类产品消费中，对于追求时尚、新奇事物但一次性支付能力不足的消费者，是有效的推广手段

（三）制定营业推广方案

营业推广方案是确保企业营业推广活动顺利实施的行动指南，是推广活动的具体安排。一份优秀的营业推广方案要做到结构完整、内容全面，具备可行性和可操作性。营业推广方案通常包括推广规模、推广对象、推广途径、推广时间和推广预算等内容。

1. 营业推广规模

企业在制定营业推广方案时，首先要确定推广的规模。规模大小必须结合目标市场的实际情况，并根据推广收入与促销费用之间的关系来确定。一般而言，营业推广规模越大，对潜在消费者产生的影响就会越大。但从成本效益角度看，规模大不一定就能达到最佳的投入产出比。所以，营业推广的成本效益，是确定营业推广规模的依据。

2. 营业推广对象

企业营业推广的对象可以是目标市场中的全部，也可以是其中一部分，如中间商或推销人员或目标消费者，企业应该分析判断刺激哪些群体才能最有效地扩大销售。一般来说，应选择现实的或可能的长期用户作为推广对象。

3. 营业推广途径

选择有效的推广途径有利于实现营业推广的目标。由于每一种促销方式对中间商或用户的影响程度不同，费用多少也不同，因而必须选择既能节约推广费用，又能收到预期效果的营业推广方式。比如，为了配合新品上市，可以用赠送样品或现场演示的推广方式，通过试吃、试用，增强目标消费者的实际体验感知，达到有效促进销售的目的。

4. 营业推广时间

营业推广时间的控制，是营业推广能否取得预期效果的关键因素之一。企业要认真研究何时开展营业推广、持续多长时间等问题。营业推广的时间不宜过短或过长：过短，会使潜在顾客未能接收到营业推广的好处；过长，会使消费者产生对某种产品的不良印象，打消其购买的积极性。

5. 营业推广预算

推广的费用是制定推广方案时应考虑的重要因素。确定营业推广预算的方法有两种：一是先确定营业推广的方式及单项费用，如印刷费、宣传活动费、赠品成本、减价提成等，然后再预计其总费用；二是总促销预算比例法，即在一定时期的促销总预算中拨出一定比例用于营业推广。后者较为常用。

（四）实施营业推广方案

为确保营业推广方案的实施效果，在正式实施前要进行预试，以防发生重大失误，预试通过后方可付诸实施。在实施过程中还要进行过程监控，发现问题及时处理，以不断优化营业推广方案，总结经验。

1. 预试营业推广方案

预试营业推广方案的方法有两种：一种是通过询问消费者，进行调研、对比试验等；另一种是面向中间商的预试，如征询意见、深入访问等。在预试结果同预期结果相近时，便可进入实施阶段。

2. 实施营业推广方案

（1）事先准备阶段。准备的内容包括流程的规划和设计、促销品的整理和鉴定等。

（2）实施阶段。营业推广活动必须严格按照具体的操作计划来实施，而且企业必须配备相应的机构或工作小组，对营业推广方案各个环节的工作做出具体安排与指导。

（3）销售延续阶段。延续阶段指从实施营业推广策划方案开始，到推广活动结束为止的时间。众多国内外人士的营业推广经验表明，从正式推广到大约95%的产品经推广售毕的时间为最佳期限。

在执行过程中，要实施有效的控制，及时反馈信息，发现问题要采取必要措施，调整和修改原定方案。

（五）评估营业推广方案

评估营业推广方案是营业推广管理的重要内容。在营业推广方案实施后，要对其有效性进行评估。准确的评估有利于企业总结经验教训，为今后的营业推广决策提供依据。常用的营业推广评估方法有两种。

（1）阶段比较法。阶段比较法是指把推广前、中、后的销售额和市场占有率进行比较，从中分析营业推广产生的效果的方法。这是最普遍采用的一种方法。

（2）跟踪调查法。跟踪调查法是指在推广结束后，了解有多少参与者知道此次营业推广，其看法如何，有多少参与者受益，以及此次推广对参与者今后购买的影响程度等的方法。

三、典型营业推广方法

（一）面向消费者的营业推广方法

1. 赠送促销

向消费者赠送样品或试用品是企业常用的促销手段。赠送样品是推广新产品最有效的方法，缺点是费用较高。样品可以选择在商店分发，或在其他产品中附送，也可以直接邮寄、定点分送或入户派送。

2. 优惠券、折价券

在购买某种产品时，持券可以免付一定金额的费用。折价券可以通过现场派发、扫二维码、广告或直邮的方式发送。优惠券可分为零售商型优惠券和厂商型优惠券。

（1）零售商型优惠券。此种优惠券由零售商根据自定的营业推广方案向消费者发放，只能在限定的场所或空间使用，包括直接折价式优惠券、免费领赠品优惠券、送积分点券式优惠券。

（2）厂商型优惠券。与零售商型优惠券不同，此种优惠券是由产品生产企业所派发的购买该品牌产品时可获得的折扣和特价优惠，包括直取式优惠券、媒体发放的优惠券、随产品发放的优惠券，目的是吸引顾客重复消费。

3. 折价优惠

折价优惠也叫现金折扣优惠，是企业常用的营业推广方法之一。折价优惠是指企业在某一时期内，为了与竞争产品的价格相抗衡，增加市场份额，从而降低产品价格，减小利润换取销量的营业推广活动。通常，折价优惠在销售点上能强烈地刺激购买欲望，短期内快速提升销售额。企业常用的折价优惠方式包括在标签上用显著标志标明折价幅度，或在软质包装上标明打折幅度，或在套袋上标明折价金额，或捆绑销售、套装销售等。

4. 集点优惠

集点优惠也叫集印花优惠，指消费者每购买一定金额的产品可以获得一定数量的印花，集满相应数量的印花后可以换取某种产品或以低价换购某种产品。此种营业推广方式的最终目的是让顾客再次消费或再度光临某家商店。集点优惠与其他促销方式最大的差别在于时间上的滞后性。消费者必须先消费某产品，才能收集点券，在一定的时间内，达到了符合赠送的数量，才可以获得赠品。

5. 竞赛与抽奖

竞赛与抽奖是企业通过某种特定方式，以奖品为诱因，让消费者参与某项活动，期待获得某种奖品的营业推广活动。实践表明，竞赛与抽奖的促销效果明显，特别是一些大奖的设置能大大刺激消费者的购买欲望。

6. 包装促销

包装促销是以较优惠的价格提供组合包装和搭配包装的产品，包括包装内赠送、包装上赠送、包装外赠送和可利用包装赠送等多种形式。

7. 其他促销方式

（1）现场演示。企业派促销员在销售现场演示本企业的产品，向消费者介绍产品的特点、用途和使用方法等。

（2）会议促销。通过参加各类展销会、博览会和业务洽谈会，在现场进行产品介绍、推广和销售活动。

（二）面向中间商的营业推广方法

1. 折扣鼓励

为刺激、鼓励中间商大批量地购买本企业产品，对第一次购买和购买数量较多的中间商给予一定的折扣优惠。购买数量越多，折扣越多。

2. 推广津贴

为促使中间商购进企业产品并帮助企业推销产品，对中间商给予报酬，如广告津贴、展销津贴、陈列津贴等。

3. 展会推广

生产商开展各类展会邀请中间商参加，在会上陈列产品，企业的推销人员介绍产品相关知识，同时进行现场操作演示，以此为参展商招揽新客户，并增加与原有客户的合作。

（三）针对推销人员的营业推广方法

1. 资金奖励

推销人员在产品销售中起了相当大的作用，有时甚至起到了决定性作用，所以，对销售产品有突出成绩的推销人员给予资金奖励是一种有效的鼓励措施。这种方式能刺激销售业绩突出者，使其更加积极主动地销售本企业的产品；同时，也有利于激发其他推销人员，使其为销售产品而努力，以达到促进销售的目的。

2. 年终奖

如果推销人员的业绩优良，工作成绩突出，为企业的发展做出了贡献，就应该给予年终奖奖励。年终奖既是对推销人员努力的承认，也能激励推销人员继续努力工作，以实现更佳的工作成绩。

3. 培训机会

作为企业员工，推销人员会重视在企业的发展平台。企业为推销人员提供不同程度的培训机会和与同行、业内人士的交流机会，可以提高推销人员工作的积极性。

4. 职务晋升

对业绩出色的推销人员进行职务晋升，并鼓励其指导和培养其他推销人员，有利于对优秀推销人员的培养和销售队伍的构建。

★案例赏析8-2

有一种激励叫"红包"

当下，微信的电子"红包"满世界乱飞，而当"红包"被作为营销工作的渠道人员、促销人员和消费者的激励手段时，却体现了辉山奶粉的经营者敏锐、系统、即时的营销务实性。

在每个区域，以经销商为单位，把终端的所有促销人员组织起来，建立一个微信群聊平台。以此平台为基础，当每个促销人员终端成交时，只要在平台发出购物小票，经销商就会依照之前确定好的奖励标准，即时在群聊平台发放红包，红包的留言备明接收红包的具体人员，并以相应的激励语言鼓励。在每天工作结束后，根据当天的总体业绩，经销商也会发部分手气红包，以此激励促销人员。在杭州市场的初步尝试过程中，此种方式效果极好，快速地调动了终端营业推广人员的积极性。再通过总结和升华，把"红包激励"作为一个区域的制度，在区域内快速推广，收效良好。

婴童渠道是奶粉销售的一个主要渠道，辉山奶粉在婴童渠道方面原则上不配备促销人员，那么如何激励店面的销售呢？通过了解，辉山奶粉的经营者建议经销商这样做：先建立婴童渠道店主群聊平台，每当店面例行进货时，只要在群里发出进货凭证或者打款凭证，经过经销商确认后，就即时在群里发放事先规定好的进货奖励红包，当然，此红包属于店面所有。对于店面实际销售后的红包激励，只要店主发出交易凭证或者图片，经销商就会即时在群里发放定向红包。此红包不作为店面激励，而是通过店主二次发放给促进成交的店员，并把发放截图发至群里以备检核。除成交外，一般的新客奖励也通过此种方式发放。有了红包激励的辉山奶粉，很快得到婴童店店员的支持，促销效果无形中快速提升。

营销无极限，红包原创于微信，流行于传播。但是，把红包作为一种奶粉营销过程中的激励手段，却着实有效！

（资料来源：中国营销传播网《有一种激励叫"红包"》）

第五节　公共关系策划

一、公共关系策划概述

（一）公共关系策划的含义

公共关系（简称"公关"）策划是营销策划人员根据企业形象的现状和目标，通过对公众进行系统分析，利用已经掌握的知识和手段对公共关系活动的整体战略和策略进行规划，包括谋划并设计公共关系战略、专题活动和具体公共关系活动的最佳行动方案的过程。

（二）公共关系活动的基本特点

1. 针对性

公共关系活动是在审时度势后，根据组织或公众的某种特殊需要而举办的。这就使得它的目标明确，同时活动也比较集中，能较好地解决某一特殊问题。

2. 传播性

公共关系活动的策划者把活动作为一个信息传播的载体，通过活动内容把信息传达给活动参与者，并且进一步通过参与者的人际传播和大众传播媒介把信息传播到更大的范围。

3. 协调性

公共关系活动的协调性表现在活动过程的各个方面与各个环节，主要体现在三方面。第一，目的与内容的协调。一个既定的目的，要通过内容来实现，两者之间相互协调，策划构思才能实现。第二，内容与活动形式协调。第三，实施操作管理的协调。在实施管理过程中，管理事项纷繁复杂，各个实施项目之间要综合协调，否则活动就不能实现既定的目的。

4. 效率性

公共关系活动讲求效率性，主要体现在两个方面：第一是投入与产出的比例，一个活动应该衡量投入了多少人力和物力，能产生多少效益；第二，现代社会的人们有较强的时间观念，参与活动的公众付出了时间的代价，活动策划者应该予以有效的回报。

5. 灵活性

公共关系活动方式多样，活动内容和规模大小根据需要而定，在活动过程中也可以作适时调整。

（三）公共关系策划的原则

企业在进行公共关系策划时需要遵守以下原则。

1. 求实原则

公共关系策划必须建立在对事实的真实把握基础上，以诚恳的态度向公众如实传递信息。

2. 系统原则

在公共关系策划中，应将公共关系活动作为一个系统工程来认识，按照系统的观点和方法予以谋划和统筹。

3. 创新原则

公共关系策划必须打破传统、刻意求新、别出心裁，使公共关系活动生动有趣，从而给公众留下深刻而美好的印象。

4. 弹性原则

公共关系活动涉及的不可控因素很多，任何人都难以把握，留有余地才可进退自如。

5. 伦理道德原则

无论是公共关系活动的策划者还是从业人员，都需要按照社会的伦理道德规范行事，对自己要有严格的道德要求。

6. 心理原则

策划者需要将心理学的一般原理应用在公共关系策划中，正确把握公众心理，按公众的心理活动规律，因势利导。

7. 效益原则

公共关系策划要以较少的费用，去取得更佳的效果，达到企业预先确定的目标。

二、公共关系策划的程序

（一）分析公共关系现状

公共关系策划人员被称为"开方专家"。他们进行公共关系策划的第一步，就是综合分析在公共关系调查中收集到的信息资料，对组织进行诊断，认识问题，只有这样才能"对症下药"。

（二）确定公共关系目标

公共关系目标是公共关系策划所追求和渴望达到的结果。目标规定公共关系活动要做什么，要做到什么地步，要取得什么样的效果。公共关系目标是公共关系全部活动的核心，是公共关系策划的依据和方向。

（三）制定公共关系策划方案

一旦确定了公共关系目标，便可制定具体的公共关系策划方案。一个完整的公共关系策划方案应包括以下几个方面的内容。

1. 目标系统

公共关系目标不是一个单项指标，而是一个目标体系。策划人员应当对总目标进行分解，形成一系列的操作目标。

2. 公众对象

任何一个组织都有其特定的公众对象，确定公众对象是公共关系策划的首要任务。只有确立了公众对象，才能选定需要的公共关系媒介及公共关系活动模式，从而将有限的资金和资源科学地分配使用，取得最大的效益。

3. 选择公共关系活动模式

公共关系活动模式多种多样，究竟选择哪一种活动模式，要根据公共关系的目标、任务，公共关系的对象分布、权利要求等具体确定。常见的公共关系活动模式有以下几种。

（1）交际型公共关系活动模式。这种活动模式主要以面对面的人际传播为手段，通过人与人的直接交往，建立广泛的联系。这种活动模式富有人情味，主要适用于旅游服务等第三产业部门。

（2）宣传型公共关系活动模式。这种活动模式重点是采用各种媒介向外传播信息，当组织要提高知名度时，一般采用此种模式。发新闻稿、开记者招待会、新产品展览、广告、演讲、板报等都属于这种模式。

（3）征询型公共关系活动模式。征询型公共关系活动模式的目的是为组织决策咨询和收集信息。有奖征文、有奖测验、问卷调查、信访制度、举报中心、专线电话等都属于征询型公共关系活动模式。这种活动模式有助于增强公众的参与感，提高组织的社会形象。

（4）社会型公共关系活动模式。这种模式是通过开展各种社会福利活动来提高组织的知名度和美誉度。赞助各种文化体育活动、开展公益性和福利性事业等都属于这种类型。

（5）服务型公共关系活动模式。这种活动模式主要以提供各种服务来提高组织的知名度和美誉度，如消费指导、售后服务、咨询培训等。

（6）进攻型公共关系活动模式。这是在组织与外界环境发生激烈冲突、处于生死存亡的关键时刻采用的以攻为守、主动出击的一种公共关系活动模式。

（7）防御型公共关系活动模式。公共关系部门不仅要处理好已出现的公共关系纠纷，还要预防可能出现的公共关系纠纷。及时向决策部门反映外界的批评意见，主动改进工作方式，争取主动等，就是防御型公共关系活动模式。

（8）建设型公共关系活动模式。这是在组织创建初期，为了给公众留下良好的第一印象，提高组织在社会上的知名度和美誉度而采用的一种公共关系活动模式，如举办开业庆典、奠基仪式、免费参观等。

（9）维系型公共关系活动模式。维系型公共关系活动的主要目的是通过不间断的宣传工作，维持组织在社会公众心目中的良好形象。

（10）矫正型公共关系活动模式。这是当组织遇到风险或组织的公共关系严重失调，使组织形象发生严重损害时所采用的一种公共关系活动模式。这种模式的特点是及时发现问题，及时纠正错误，及时转变不良形象。

4. 确定公共关系传播的媒介

媒介的种类很多，各种媒介各有所长，也各有所短。只有选择恰当的媒介，才能取得良好的效果。

5. 确定时间

制订一个科学的、详尽的公共关系计划时间表。公共关系计划时间表的确定，应和既定的目标系统相配合，按照目标管理的办法，形成一个系统的时间表。对于活动的起始时间，公共关系人员要独具匠心，抓住最有利的时机，以取得事半功倍的效果。

6. 确定地点

安排好每一次活动的地点。每次公共关系活动要用多大的场地，用什么样的场地，都要根据公众对象的人数、公共关系项目的具体内容和组织的财力预先确定。

（四）编制公共关系预算

编制公共关系预算，首先要清楚地知道组织的承受能力，做到量体裁衣。公共关系活动的开支构成大体包括：①行政开支，主要包括劳动力成本、管理费用及设施材料费；②项目支出，即每一个具体的项目所需的费用，如场地费、广告费、赞助费、邀请费以及咨询费、调研费等；③其他各种可能支出，如突发性事件支出等。

（五）分析评估、优化方案

经过认真的信息情报分析，公共关系人员确定了公共关系目标，制定了公共关系策划方案。但这些方案是否切实可行、尽善尽美，就有赖于对方案的分析评估和优化组合了。对公共关系策划方案评估的标准有两条：一是看方案是否切实可行；二是看方案能否保证公共关系目标的实现。如果方案实施成功的可能性大，又能保证策划目标的实现，便可付诸实施；

否则，方案便要加以修正和优化。

（六）审定方案、准备实施

公共关系策划方案经过分析评估、优化组合，最终形成书面报告，交给相关决策层，以最终审定决断，准备实施。任何公共关系策划方案都必须经过本组织的审核和批准，使公共关系目标和组织的总目标一致，以便使公共关系活动和其他部门的工作相协调，从而得到决策层和全体员工的积极配合和支持。策划方案一经审定通过，便可组织实施。

三、公共关系专题活动策划

（一）公共关系专题活动的基本类型

公共关系专题活动有许多不同的类型，可以有以下几种划分方法。

1. 按公共关系专题活动的规模分类

根据活动规模和参与人数，可以分为大型系列活动、大型活动和小型活动。

2. 按公共关系专题活动的场地分类

根据活动举办的场地，一般可分为室内活动、普通室外活动和野外活动。

3. 按公共关系专题活动的性质分类

（1）商业性活动。如商业促销活动、商业推荐活动等。

（2）公益性活动。如环保、敬老、慈善、救灾活动等。

（3）专业性活动。如科技、文学、艺术、体育等某一专业内容十分突出的活动。

（4）社会工作活动。如道德示范、公民教育等属于社会工作范畴类的活动。

（5）综合性活动。如集各种性质于一体的活动。

4. 按公共关系专题活动的形式分类

（1）会议型活动。如新闻发布会、研讨会、洽谈会、交流会、鉴定会和培训类活动。

（2）庆典型活动。如奠基礼、周年庆典、落成典礼、开业典礼、颁奖典礼、庆功会等。

（3）展示型活动。如展览会、展销会、促销活动等。

（4）综合型活动。如集各种活动形式于一体的系列活动。

（二）典型公共关系专题活动策划

1. 公共关系赞助

公共关系赞助是指组织通过无偿提供资金或物质对各种社会公益事业做出贡献，以提高社会声誉，树立良好社会形象的公共关系专题活动。公共关系赞助是最常见、最重要的公共关系活动之一，越来越多的营利性组织以自己收益的一部分回馈社会公益事业，既表示它们乐于承担一定的社会责任和义务，又能有效证明组织的经济实力，以获取公众的信任。公共关系赞助活动有以下类型。

（1）从赞助的对象来看，可以分为环保赞助、文艺赞助、科教赞助、公益赞助、体育赞助等。

（2）从赞助的形式来看，可以分为组织参加型赞助和组织发起型赞助，前者是指对其他组织的赞助邀请做出响应，后者是指一个组织为实现某项公共关系目的而主动发起的赞助活动。

2. 举办新闻发布会

新闻发布会又称记者招待会，是一个组织集中发布新闻，扩大社会影响，搞好媒介关系的重要方法。举办新闻发布会要注意以下两点。

第一，是否具有召开新闻发布会的新闻价值，也就是主题是否确定。一般而言，企业新产品的开发，经营方针的改变，组织领导人的更换，企业的合并，组织的周年庆典，发生的重大事故等，都可以成为新闻发布会的主题。

第二，选择发布会的最佳时机。最佳时机的选择，一方面要考虑企业自身的需要，另一方面要考虑社会形势，使自己的新闻发布会尽可能与社会大环境合拍，利用社会的声势扩大影响。

3. 策划媒介事件

策划媒介事件不是指无根据地编造新闻，而是指有意识、有目的、有计划地根据新闻事件的特点，有效开展一些宣传组织形象的活动，以便引起新闻媒介的广泛报道。策划媒介事件在公共关系活动中具有特殊的重要意义，往往比投新闻稿、举办新闻发布会更能产生轰动效应和引起公众的注意。策划媒介事件要注意以下问题。

（1）要选择公众的兴趣点。

（2）事先进行充分的舆论准备。

（3）充分利用名人效应。

（4）选择恰当时机。

（5）制造的新闻要自然得体。

（6）充分调动媒体参与的积极性。

4. 举办展览

（1）展览活动可以从不同的角度划分为不同的类型。

①从内容上划分，可分为综合性展览和专题性展览。综合性展览的规模一般很大，参展项目繁多，参展内容全面，综合概括性强。例如，我国举办的"改革开放成果展览会"等，是在世界范围内全面展示一个国家或地区的优秀成果的展览活动。

专题性展览通常是由某一组织或特定行业性组织围绕某一特定专题而举办的展示活动。例如，"中国酒文化博览会"就是以酒为核心，通过酒来展示企业文化和中国传统的酒文化。

②从展览规模上划分，可分为博览会、陈列室、样品室、橱窗等。

③从展览时间上划分，可分为长期固定形式的展览、定期更换部分内容的展览和一次性展览。

④从展览性质上划分，可分为展览会和展销会。展览会以展示宣传为目的，而展销会以展示和销售为目的。

（2）展览活动的筹划包括以下工作。

①确定展览会的主题与目的。

②确定参展单位、参展项目与参展标准，对参展者进行正式邀约。

③对讲解员、接待员等工作人员进行培训。

④准备展览会的辅助设备和相关服务，制定展览会的经费预算。

⑤认真设计布展。围绕展览的主题，精心选择展品并进行展厅布置。

⑥做好宣传。通过新闻传播、广告、海报、传单、邀请函等方式将展览会信息传递出去，吸引观众，扩大社会影响。

⑦搞好接待。展览活动需要面对人数众多的观众，接待任务非常重要。

⑧总结存档。展览活动结束后，公共关系人员应当注意收集新闻媒介对展览活动的有关报道、评价，总结经验教训，存档保留，作为下次举办展览活动的参考依据。

5. 开放参观活动

开放参观活动是指将本组织的工作场所或工作程序对外开放，欢迎社会各界人士或有关公众代表参观考察的一种社会活动。其主要作用是加深公众对组织的了解，引起公众对组织的兴趣，解除公众对组织的误解或者扭转公众对组织的不良印象。

为使开放参观活动取得成功，在筹划过程中必须把握以下环节。

（1）明确目的。任何开放参观活动都必须以一个明确的目的作为活动策划的依据。

（2）确定路线。要设置合理的参观路线与地点，开放区域应保证能够全面、清楚地了解参观内容，并以不影响组织的正常工作为准则。

（3）选择开放时间。"开放日"的选择最好与组织的某些特殊日期联系在一起，如周年纪念、开业庆典等。

（4）制作资料。制作资料主要包括展品、展牌、展室的设置，标语、图片、图表的制作，解说词的编写，有关印刷品、纪念品的设计与制作等，不仅要精益求精，而且要能充分体现组织的风格与特色。

（5）做好接待。要准备好宣传品和公共关系礼品、训练有素的接待人员、完善的接待设施等，为公众提供交通、饮食、休息、娱乐、咨询等方面的服务。

四、危机公共关系策划

（一）公共关系危机的概念

公共关系危机是指企业在运行的过程中，由于某种突发事件的出现，损害了品牌在公众心目中的形象，影响了品牌的美誉度。公共关系危机可以导致企业与公众的关系迅速恶化，品牌的正常经营活动受到影响，生存与发展受到威胁，使品牌处于高知名度、低美誉度的形象地位。企业出现了公共关系危机，就有必要开展危机公共关系活动，帮助企业最大限度地降低危机的影响。

（二）公共关系危机的特征

1. 必然性和偶然性

只要有公共关系，就会有公共关系危机。但就具体的事件而言，它的发生又具有偶然性。公共关系大系统是开放的，每时每刻都处于与外界的物质、能量信息的交换和流动之中，其中任何一个环节都可能因某种偶然因素而导致系统失衡、崩溃，从而形成危机。

2. 突发性与渐进性

公共关系危机总是在意想不到、没有准备的情况下突然爆发，具有突发性。但就本质而言，公共关系危机的爆发是一个从量变到质变的过程。也就是说，危机的酿成是一个累积渐进的过程，通过一定潜伏期的隐藏和埋伏后，如果未能得到有效控制，就会继续膨胀，形成公共关系危机的总爆发。

3. 破坏性与建设性

公共关系危机，小可辱没形象，大可颠覆市场，其破坏性显而易见。认识到危机的破坏性，才不会掉以轻心；认识到危机的建设性，才会采取主动姿态，沉着冷静而满怀信心地面对危机，从中寻找和抓住任何可能的机会。正如某公共关系公司的一位经理所说："危机，即危险加机遇。"

4. 急迫性与关注性

公共关系危机总是在短时间内猛烈爆发，具有很强的急迫性。一旦爆发，会造成巨大影响，成为社会舆论关注的焦点、竞争对手发现破绽的线索。

（三）公共关系危机的处理策略

企业出现了公共关系危机，就有必要对公共关系危机进行处理，采取一定的措施控制危机的发展，挽回企业的损失。通常，公共关系危机处理的步骤如下。

（1）控制事态发展。危机事件突如其来，最明智的办法就是面对事实、公开事实、增强透明度，利用传播媒介等有效手段及时公开组织所采取的处理事故的一切措施，以防止事态扩大，表明企业积极处理危机的态度，赢得时间去化解危机。

（2）情况调查，收集信息。社会组织出现危机事件后，应及时组织人员运用有效的调查手段，迅速开展事故调查工作，并形成基本的调查报告，为处理危机、制定相应政策及应急措施提供基本依据。

（3）成立专门机构，制定对策措施。出现危机事件后，企业应迅速成立处理事件的专门机构。公共关系部门会同有关职能部门人员组成有权威性、有效率的工作班子，统一行动，制定处理危机的基本方针和对策，有序开展工作。

（4）采取对策措施。在对危机事件进行真相调查分析的基础上，可以针对不同的公众对象确定不同的对策，采取相应的措施。针对企业内部，及时向员工通报危机的现状，要求员工不对外传播任何对组织不利的言辞；针对受害者，企业应主动承担责任，向受害者表示歉意，了解其赔偿要求，有分寸地做出让步；针对新闻媒体，企业要成立临时的记者接待机构，由专人负责发布消息，主动向新闻界提供真实准确的消息；针对其他公众，企业要利用新闻媒介向公众公开致歉，尽力挽回在公众心中形成的不良印象。

（5）总结经验，建立预警系统。

★案例赏析8-3

某餐饮企业"三小时危机公关"

2017年8月25日，据媒体报道，某餐饮企业有两家门店多次发现老鼠爬窜、餐具清洗不到位等严重隐患。其中，一家店鼠患严重，有员工将簸箕和餐具一同放入洗碗机内清洗，且洗碗机内积了厚厚的油污；另一家店的洗碗机也存在同样的卫生问题，有员工用餐具漏勺掏下水道。

当人们纷纷议论曾经以极致服务而闻名的该餐饮企业该如何收场时，事发 3 小时后，该餐饮企业发表了致歉信。2 个多小时后，它又对这一危机发布了 7 条处理通报。

在致歉声明中，看不到"仅"或"只有"这样的字眼。

首先，他们没有按照惯例，将事发的概率范围尽可能缩小，反而承认，"每个月我公司也会处理类似的食品安全事件"。

接下来，该餐饮企业进一步表示，往常该类事件的处理结果已公告于众，消费者可以通过其官网或者微信平台进行查证，即为自己对食品安全问题的重视找证据。该餐饮企业表示："我们感谢媒体和公众对我们火锅的监督并指出我们工作上的漏洞，这暴露了我们的管理出现了问题。"换句话说，该餐饮企业强调他们一直在坚守社会责任的底线，而对于管理漏洞深表自责。

该餐饮企业在最短的时间内，在处理通报中出台了一些具体的行动：聘请第三方公司，对下水道、屋顶等各个卫生死角排查除鼠；与第三方虫害治理公司从新技术的运用到门店设计等研究整改措施；公布一系列整改措施具体负责人的职位、姓名甚至联系电话。这些细节的公布，不仅使传说中的"相关负责人"瞬间透明，还消除了消费者无法监督的疑虑，让一场浮于表面的"危机公关"变为有迹可循的"公关管理"。

该餐饮企业一直以来主打"将员工当作顾客来服务"的企业文化。其大多数员工来自农村，经济水平不高，公司鼓动他们"用双手改变命运"，并赋予他们给顾客赠送菜品、免单等权力，为其解决住宿，建立子女寄宿学校，对有贡献的员工奖励全家旅游、父母养老金等。

出现问题时，该餐饮企业没有对员工进行偏袒和回避，表示涉事员工"需按照制度要求进行整改并承担相应的责任"。

出现问题时，该餐饮企业没有选择回避，而是积极承认自己的错误。相比那些出现问题后逃避甚至积极为自己"洗白"的企业，无疑是值得肯定的。

（资料来源：搜狐新闻《三小时内火线回应，某餐饮企业危机公关高在哪里?》）

第六节　人员推销策划

一、人员推销概述

（一）人员推销的概念

人员推销是指营销人员运用说服、暗示、沟通等一切可能的方法把产品或服务提供给顾客，使其接受或购买的过程。

（二）人员推销的特点

（1）销售的针对性。人员推销的双方是直接进行接触的，因此，与顾客有针对性地沟通是人员推销的主要特征。

（2）销售的有效性。推销人员通过展示产品、指导顾客使用产品，使目标顾客能当面接触产品、了解产品的性能和特点，促使其产生购买行为。

（3）建立深入的客户关系。推销人员与顾客直接打交道，交往中会逐渐产生与顾客间的信任和理解，建立起良好的关系，容易培育出忠诚顾客，稳定企业的销售业务。

（4）信息传递的双向性。在推销过程中，推销人员一方面把企业信息准确地传递给目标顾客，另一方面也把市场信息、顾客的需求和意见及时反馈给企业，为企业调整营销方针和政策提供依据。

二、人员推销的方式

1. 上门推销

上门推销是指由推销人员携带产品样品、说明书和订单等走访顾客，推销产品。上门推销是一种古老的、常见的、积极主动的人员推销方式，但随着互联网时代的发展和人们自我保护意识的增强，上门推销的效果越来越差。

2. 柜台推销

柜台推销又称门市推销，是指企业在适当地点设置固定门市，由营业员接待进入门市的顾客，并向其推销产品。柜台推销与上门推销正好相反，它是等客上门的推销方式。由于门市里的产品种类齐全，能满足顾客多方面的购买要求，所以这种方式容易使顾客接受。

3. 会议推销

会议推销是指利用各种会议向与会人员宣传和介绍产品。例如，在订货会、交易会、展览会、物资交流会等会议上推销产品。这种推销形式接触面广、集中性强，可以同时向多个推销对象推销产品，成交额较大，推销效果较好。

三、人员推销策划的流程和内容

一般而言，人员推销策划的流程可以分为四个步骤，包括确定推销目标与任务、选择推销策略、组建推销队伍和制订推销行动计划。

（一）确定推销目标与任务

策划人员要对企业的内外部环境进行全面的分析调查，在此基础上进一步明确推销目标与任务。人员推销的任务主要包括以下方面。

（1）挖掘和培养新顾客。目的是积聚更多的顾客资源，进行市场开拓。

（2）培育企业忠实顾客。推销人员应该培育一批忠实顾客，这是企业市场稳定的基石。

（3）提供服务。推销人员应该为顾客提供咨询、技术指导、迅速安全交货、售后回访等服务，以服务来赢得顾客的信任。

（4）沟通信息。推销人员应该熟练地传递企业的各种信息，说服、劝导顾客购买本企业产品。同时，主动听取顾客对产品、企业的意见和建议。

（5）产品销售。推销人员努力的最终成果，应该是把企业产品销售出去，实现企业的销售目标。

（二）选择推销策略

在明确推销目标之后，推销人员就要选择适合的推销方式，并结合不同的推销策略与技巧开展推销工作，常见的推销策略如下。

1. 试探性策略

此策略亦称刺激—反应策略，即在不了解顾客需求的情况下，事先准备好要说的话，对顾客进行试探。同时，密切注意对方的反应，然后根据反应进行说明或宣传。

2. 针对性策略

此策略亦称配合—成交策略。这种策略的特点是事先了解顾客的需求，然后有针对性地进行"说服"，当讲到"点子"上引起顾客共鸣时，就有可能促成交易。

3. 诱导性策略

此策略亦称诱发—满足策略。这是一种创造性的推销，即首先设法引起顾客需求，再说明所推销的这种产品或服务能较好地满足这种需求。这种策略要求推销人员有较高的推销技术，在"不知不觉"中成交。

（三）组建推销队伍

企业应围绕推销目标组建推销队伍。首先，要确定推销队伍的组织结构，一般可以按照地理区域、产品类型、目标市场来设置，也可以综合考虑这几种因素进行设置。其次，要确定推销人员的数量。推销人员的数量一般与推销人员的素质、销售目标直接相关。

（四）制订推销行动计划

推销计划可以分为年计划、月计划和日计划。一般来说，公司管理部门要求推销人员汇报年计划或月计划，并对计划的制订提出指导和修改意见，而日计划则由推销人员自己制订。日计划是制定月计划和年计划的基础，有效的日计划包括拜访顾客前和拜访顾客后两方面的内容。

拜访顾客前的计划主要集中于对顾客详细的基本情况和购买行为的了解，并有针对性地制定满足顾客需求的方案，预估可能发生的各种情况。拜访顾客后的计划主要集中于对本次推销结果的分析和总结，规划下一步行动计划。

推销人员应当形成计划表，书面记录自己的推销工作、进度、成果。

本章小结 \\\

整合营销传播是一种可以获得增值价值的传播过程，需要与企业的战略、品牌定位相匹配，需要关注顾客需求，合力发挥广告、公共关系、营业推广、人员推销等多种促销手段的效果，共同传递统一的企业或产品形象。本章介绍了整合营销传播的内涵、整合营销传播策划的内容和操作过程，并详细介绍了整合营销策划活动的要素，包括广告策划、营业推广策划、公共关系策划和人员推销策划。通过本章的学习，可以理解整合营销传播的基本思维和原则，掌握整合营销活动策划的方法和流程。未来的整合营销传播将不断地向数字化和技术驱动的方向前进，精准的整合营销传播将会大大提高传播的效率和效果。

思考题

1. 如何理解整合营销传播的内涵？
2. 试述广告策划方案的实施过程。
3. 评价广告媒体效果的指标主要有哪些？
4. 试述营业推广方案的实施过程。
5. 简述处理公共关系危机的程序。
6. 如何组建一支高效的推销队伍？

案例分析

天猫的整合营销传播案例

天猫作为淘宝网的组成部分，成立于 2008 年，2011 年从淘宝网独立出来，随后宣布更名为"天猫"，完成了破茧成蝶的品牌蜕变。2012 年的"11·11 购物狂欢节"，在支付宝交易额 191 亿元中，天猫占 132 亿元，在这个所有商家都全力以赴的黄金销售日打了个漂亮的胜仗，奠定了天猫在中国电子商务 B2C 领域第一把交椅的地位。

1. 公共关系

在整合营销传播组合模型中，公共关系是营销传播活动的要素之一，它强调的是企业与公众之间的双向沟通，目的是建立企业与消费者间相互理解的关系并形成企业商誉。

在营销过程中，天猫在公共关系方面下足了功夫，并取得了不俗的成果。

（1）更名为"天猫"，重塑品牌。2012 年 1 月 11 日，淘宝商城正式更名为"天猫"，并以 60 万元的奖励面向公众征集"品牌 Logo 和形象"设计方案，成为一时热点。"天猫"二字来自 T-mall 的中文谐音，结合"猫"的挑剔性格，"天猫"的名称代表着时尚、性感、潮流和品质。

（2）天猫年度盛典。2012 年 3 月 29 日，天猫举行年度盛典，正式公布其全新品牌标识和形象。在盛典现场，天猫联手奔驰、宝洁、三星等数百个知名品牌，采用全新的 AR 互动技术，打造真实和虚拟世界相结合的未来购物城。天猫年度盛典的举办，标志着天猫独立品牌的问世。

（3）调整与商家的关系。2011 年 10 月，淘宝商城公布了 2012 年的招商新规，将保证金从 1 万元提高到 5 万元、10 万元、15 万元三档，技术服务费从 6 000 元提高到了 3 万元和 6 万元两档。高保证金提高了企业入驻的门槛，使天猫的商品更有质量保障，保护了消费者的利益。

2. 广告

广告能在很大程度上提高知名度，推动品牌发展。天猫在广告方面下了一番功夫。

（1）电视广告。天猫在 2012 年"11·11"做了两则广告。一则广告请来高晓松、杨幂、李晨、高圆圆等明星助阵，分别有层次地念出天猫的广告词，"双 11 购物狂欢节，上天猫，就购了"。

另一则广告的广告词是"这一天，不去纽约，也能买空第五大道；不到香港，也能疯抢铜锣湾。天猫 11 月 11 日购物狂欢节，5 折狂购，仅此一天，上天猫，就购了"。

天猫的电视广告中，利用明星效应和促销的方式对消费者进行"狂轰滥炸"，形成节假日强大的舆论浪潮，促进销售狂潮的实现。

（2）网络广告。天猫是电子商务网站，商品的选择、交易均在网上实现，所以网络广告是天猫整体广告策略中非常重要的一部分。天猫采用的是"密集出击"的方式，几乎遍布所有的网络活动。

天猫根据网络特点制作了一些适合网络传播的广告：视频缓冲时插入的广告；视频暂停时出现在播放框中的商品展示广告；出现在播放器右侧的特价商品广告；通过 QQ 等聊天工具跳出的弹窗广告。

（3）电视节目赞助。天猫赞助了湖南卫视金鹰独播剧场。天猫之所以选择湖南卫视这个赞助对象，一是因为看重它的品牌效应，与之联合对于天猫的品牌传播具有很大的推动作用；二是因为看重它的高收视率，有利于扩大其传播范围。另外，金鹰独播剧场时段的核心观众是家庭主妇、追逐偶像剧的青少年和一些白领，他们是网购的主力军，对他们进行定向传播，是有针对性的、机智的选择。

3. 销售促进

销售促进是商家使用激励措施吸引消费者产生购买行为的有效营销手段。天猫主要采用了以下方式。

（1）节假日折扣。例如，天猫筹划的"11·11 购物狂欢节"，以全场 5 折优惠的口号吸引了大量网购人群。其实并非所有商品都是 5 折优惠，但仍使交易额猛增。

（2）会员制。在天猫，可以直接免费注册成为会员，从而建立商家与消费者的紧密联系。会员可以享受诸如累积积分（积分买特定的商品可以抵扣部分现金）、退货保障、生日礼包等优惠。

4. 微博营销

以天猫身份开通的微博用户包含天猫商家微博、公司成员个人微博、营销社区微博三种，形成了一种自上而下的总体营销格局。从天猫的微博内容来看，一方面，其提供商城相关的新闻资讯、商品和服务信息、品牌文化，从而构建商城的品牌价值，提升消费者的品牌意识；另一方面，即时跟进促销活动状况，方便其关注者获取有关商品打折优惠活动、抽奖活动等信息。另外，不时发布一些生活常识、名人名言、幽默笑话等，拉近与其关注者之间的距离，取得了良好的传播效果。

新浪微博的主要用户群体为影视明星、企业高管、白领、大学生群体等，与天猫的品牌定位相契合。微博营销作为天猫线上和线下营销的耦合剂，与其他营销策略相互促进、相辅相成，形成了强大的营销力量。

（资料来源：谭爱芳，蒋娟娟. 天猫整合营销传播案例分析［J］. 新闻世界，2013（5）：198-200.）

【案例分析】

1. 在本案例中，天猫的整合营销策略是如何发挥作用的？

2. 通过此案例，讨论整合营销传播相对于传统营销有何优势？现代企业应如何发挥整合营销传播的作用？

项目实训

实训目的：掌握整合营销策划的内容和方法。

实训内容：某大型连锁家居企业经过多年的发展，其优质的家居网络商城遍布全国，在传统家居行业一路意气风发，成为家装家居行业的领导者。但是随着"80后""90后"成为市场的消费主体，他们更加倾心于时尚有活力的家居品牌，消费渠道也逐渐由线下转移到线上。目标消费群体消费习惯的变化让该企业在争取新生代的市场中颇为疲惫，如何延续线下市场的风光？如何抢占线上年轻而强劲的消费群体？如何在线上掌握用户心理，线下抢占最佳触点？

实训形式：以小组为单位，完成家居行业资料搜集或实地调研，撰写一份针对该大型连锁家居企业的整合营销传播方案。

第九章

网络与新媒体营销策划

互联网和移动通信的快速发展，使信息传播具有无限的可扩展性和接收的便利性，各种新兴的传播媒体不断涌现。随后，企业开始尝试网络营销工作，并出现了越来越多的网络营销推广成功案例。人们已经开始意识到网络营销的诸多优点，并越来越多地通过网络进行营销推广。

随着互联网技术的不断更新，在传统互联网营销手段的基础上，诞生了一批基于移动互联网技术的新兴媒体，如微博、微信、直播、问答社区等。新兴媒体的出现，颠覆了传统的营销手段，为企业的线上营销提供了更多的机会和挑战。作为全新的营销手段，网络和新媒体营销将改变企业的产品策略、价格策略、渠道策略和促销策略。本章就网络和新媒体营销的特点、作用、常见形式和营销组合策划等问题进行阐述。

- 了解网络营销的概念、特点及作用。
- 了解常见的网络营销形式。
- 掌握网络营销组合策划。
- 掌握新媒体营销的概念、特点、操作模式。

★开篇案例

2018 把乐带回家，看百事可乐如何"玩转"春节档新媒体营销

2018 年，百事可乐的春节档营销依然跟往年一样，以"把乐带回家"为主题。百事可乐邀请了邓超、张一山、周冬雨、吴莫愁、王嘉尔、林更新等明星来造势，其微博话题"2018 把乐带回家"阅读量高达 2.3 亿次，站内讨论量高达 149.4 万次。

百事这次全民狂欢活动的成功，除了有众多明星造势，还离不开它环环相扣的广告文案和营销活动。接下来，从其新春广告音乐微电影《霹雳爸妈》的预告片及微博倒计时活动、正片上映、海报文案和微博转发活动四个方面来看看这次营销活动。

一、新春广告音乐微电影预告片以及倒计时活动

首先是 2018 年 1 月 10 日，新春广告预告片首次曝光，众多明星的露脸立马激发了观众的热情，并引发了全民关注。随之而来的是 5 天的倒计时活动，由百事中国官方微博每天转发微博文案和音乐微电影预告片。每一次倒计时活动都是一次传播，并为后面的广告正片埋下了悬念。

二、新春广告音乐微电影《霹雳爸妈》正片上映

据统计，这个广告在 1 月 15 日上映后不到 24 小时内，全网播放量已达一亿次。这部微电影长达 20 分钟，以邓超和吴莫愁饰演的夫妻二人在做年夜饭，等儿子（王嘉尔饰）回来开饭的情节展开。电影围绕"亲情"这一情感主线，情节转折起伏，并有穿越场景，对年轻观众具有十足的吸引力；在春节这一特殊的节日背景下，又能引起强烈的情感共鸣。同时，电影中明星聚集，广告结尾是各明星的音乐表演，歌词也是幽默搞笑不断，在煽情的同时也不忘以幽默感来迎合观众喜好。

三、利用电影余热连续发布海报文案，用意外来吸引人注意

1 月 18 日到 1 月 22 日，百事中国官方微博分别"@各位参演明星"带话题"2018 把乐带回家"，并附上新春广告音乐微电影，围绕电影人物和情节，发出了一系列海报。这一系列海报幽默搞笑不断，剧中人物前后反差对比强烈，利用了文案的意外手法来引人注意。

为了吸引广大网友眼球，百事除投放海报之外，还在微博上进行了两次抽奖活动。

四、微博转发活动引发再次传播

1 月 16 日，百事策划了转发微电影，带话题"霹雳爸妈"分享爸妈了不起的青春故事，参与抽奖的活动。利用"与我相关"这种与网民息息相关的活动，让人们愿意去分享故事。活动奖品：主办方将随机抽取 10 名幸运者，送出百事可乐旺财乐福限量礼盒 10 套。

虽然表面上看仅仅是一次微电影转发活动，但带动了整个百事"2018 把乐带回家"营销活动的传播。

2 月 15 日，在除夕这一天，百事中国官方微博活动带话题"2018 把乐带回家"，并且"@你最想祝福的人"。活动做到了"与我相关"，让更多人愿意参与进来。除此之外，还"@各位明星"，引发各位明星的崇拜者关注，造成更大范围的传播。

（资料来源：根据豆瓣网《2018 把乐带回家，百事可乐这波春节营销活动玩得很 6》一文整理，原文作者：叶小鱼）

第一节　网络营销策划概述

一、网络营销的含义和特点

（一）网络营销的含义

网络营销产生于 20 世纪 90 年代，是为实现企业总体经营目标所进行的以互联网为基本手段的各种营销活动。

本书对网络营销的定义是：通过互联网连接企业、用户及公众，向用户与公众传递有价值的信息和服务，为实现顾客价值及企业营销目标所进行的规划、实施及运营管理活动。

（二）网络营销的特点

1. 传播范围广、不受时空限制

通过国际互联网络，网络营销可以将广告信息 24 小时不间断地传播到世界的每一个角落。只要具备上网条件，任何人在任何地点都可以接收信息，这是传统媒体无法达到的。

2. 交互性和纵深性

交互性强是网络媒体最大的优势，它不同于传统媒体的信息单向传播，而是信息互动传播。通过网络链接，用户可以从企业的相关站点中得到更多、更详尽的产品信息，企业也可以及时得到用户的反馈信息，进一步缩短了用户和企业、品牌之间的距离。

3. 成本低、速度快、灵活性强

网络营销的信息制作周期短、成本低，在互联网上做广告时能够按照客户需要及时变更广告内容，企业经营决策也能得到及时实施和推广。

4. 多维性和可衡量性

网络营销的信息是多维的，它能将文字、图像和声音有机地组合在一起，传递多感官的信息。另外，网络营销能对传播效果进行完善的统计，以此跟踪和衡量营销效果。

5. 投放更具针对性

企业通过建立完整的用户信息数据库，有针对性地投放广告，密切迎合广告目标受众的兴趣和需求，提升传播效果。

6. 受众关注度高

截至 2017 年 12 月，我国网民达 7.72 亿人，互联网普及率为 55.8%。网民规模的不断增大表明广大受众接收信息的方式在发生变化。现在，人们只要使用移动设备或任何能连接互联网的终端设备就能上网，随时随地获取各种信息。

7. 可重复性和可检索性

相对于电视广告而言，互联网可以将文字、声音、画面等营销信息完美地结合之后供用户主动检索，重复观看；另外，较之平面广告，网络营销信息的检索更加方便、快捷。

二、常见的网络营销形式

按照不同的分类方法，网络营销有不同的形式。

（一）根据传播平台进行分类

根据传播平台，网络营销可以分为搜索引擎营销、即时通信营销、BBS（Bulletin Board System）营销、聊天群组营销、网络知识性营销、RSS（Really Simple Syndication）营销、SNS营销以及本章第三节将介绍到的微博、微信、直播等新媒体营销形式。

1. 搜索引擎营销

企业借助搜索引擎，可在人们检索信息的时候将营销信息传递给目标客户，最终达到销售产品或提升企业知名度的目的。搜索引擎营销追求性价比，能以较少的投入获得较大的来自搜索引擎的访问量并产生商业价值，因此受到众多企业的重视。

搜索引擎营销主要形式包括竞价排名、分类目录登录、搜索引擎登录、付费搜索引擎广告、关键词广告、搜索引擎优化（搜索引擎自然排名）、地址栏搜索等。

2. 即时通信营销

即时通信营销又叫IM营销，是企业通过即时通信工具推广产品或品牌的一种手段，主要形式有两种：第一种是网络在线交流，企业通过建立网页上的即时通信工具，与浏览网页的客户进行沟通交流；第二种是广告，企业通过即时通信工具，发布产品信息和促销信息，达到宣传目的。

3. BBS营销

BBS营销又称论坛营销。企业利用论坛这种网络交流平台，通过文字、图片、视频等方式传播企业品牌、产品和服务的信息，从而让目标客户更加深刻地了解企业的产品和服务，加深企业的市场认知度。

BBS营销通过专业的论坛帖子策划、撰写、发放、监测、汇报等一系列流程，在论坛空间内进行高效传播，利用论坛的聚众能力，形成网友与品牌之间的互动，从而达到企业品牌传播和产品销售的目的。

4. 聊天群组营销

聊天群组营销是即时通信工具的延伸，即利用各种即时聊天软件中的"群组功能"展开营销，如QQ群、微信群、旺旺群等。聊天群组营销具有成本低、传播及时和互动效果强的特点，被企业广泛采用。

5. 网络知识性营销

网络知识性营销是利用百度"百科"、新浪"爱问"或企业网站自建的疑问解答板块等平台，与用户之间通过提问与解答的方式来传播企业品牌、产品和服务的信息。

网络知识性营销扩展了用户的知识面，让用户体验到企业的专业技术水平和高质量的服务，从而对企业产生信赖和认可，最终达到传播企业品牌、产品和服务信息的目的。

6. RSS营销

RSS营销，又称网络电子订阅营销。使用RSS形式的人以业内人士居多，如研发人员、财经人员、企业管理人员等。他们会在一些专业性很强的网站，用邮件形式订阅杂志，从而了解行业即时的动态信息。因此，RSS营销的针对性强、传播效果好。

7. SNS营销

SNS即社会性网络服务，是备受广大用户欢迎的一种网络交际模式，人人网、开心网等都是 SNS 型网站。SNS 营销是随着网络社区化而兴起的营销方式，企业利用 SNS 网站的分享和共享功能，通过病毒式传播，让企业信息被更多人知道。

（二）根据传播目的进行分类

按照传播目的，网络营销可以分为网络病毒式营销、网络事件营销、网络口碑营销和网络直复营销等。

1. 网络病毒式营销

网络病毒式营销是利用用户口碑进行传播的一种常用的网络营销方法。在互联网上，这种"口碑传播"更为方便，可以使信息像病毒一样迅速蔓延，是一种高效的信息传播方式。病毒式营销一般是用户自发进行的，几乎不需要费用。

病毒式营销的巨大威力就像一颗小小的石子投入平静的湖面，一瞬间似乎只是激起了小小的波纹，但是稍后波纹就会不断进行层层叠叠的延展，短短几分钟，整个湖面都起了震荡。这就是病毒式营销的魅力。

★案例赏析 9-1

多芬：传播女性美

多芬推出了一部视频短片——《我眼中的你更美》，其病毒式营销获得了巨大的成功。这部广告片不仅令人振奋不已，还创造了线上营销纪录，推出后仅一个月，浏览量就突破了 1.14 亿次。《我眼中的你更美》之所以能够取得如此出色的成绩，是因为联合利华公司将这部短片翻译成 25 种语言，并在其 33 个 YouTube 官方频道播放，全球超过 110 个国家的用户都可以观看到。

短片旨在寻求一个答案：在自己和他人眼中，女性的容貌到底有何差异？多芬的调研报告显示，全球有 54% 的女性对自己的容貌不满意。Gil Zamora 是 FBI 人像预测素描专家，在短片中，他和受访女性分坐在一张帘子两边，彼此看不见对方，Gil Zamora 根据女性对自己容貌的口头描述勾勒出她的模样。然后，Gil Zamora 根据陌生人对同一女性容貌的口头描述再画另一张画像。之后，他把两张素描画像摆放在一起对比，结论是一个女人在他人眼里要比在她自己眼里美丽得多。

短片打动了消费者的心，在推出后的第一个月就获得了 380 万次的转发和分享。随后的两个月内，多芬的 YouTube 频道新增了 1.5 万个订阅用户。此外，短片也影响到了传统媒体、纸媒、广播新闻竞相报道，甚至引发了一系列线上讨论。2013 年 6 月，多芬和广告代理商奥美获得了戛纳国际创意节全场钛狮奖。毋庸置疑，这是病毒式营销的一次巨大成功。

（资料来源：搜狐网《病毒式营销的 10 大成功案例！》）

2. 网络事件营销

网络事件营销是指企业以网络为传播平台，通过精心策划、实施可以让公众直接参与的一些事件，并使其从中享受到乐趣，以期通过这样的事件吸引公众注意力，改善与公众的关系，塑造企业良好的形象，以谋求更大效果的营销传播活动。

★ 相关链接

玩运营不可不知的经典"事件营销"案例

聚美广告"我为自己代言"曾风靡社交网络，其广告语朗朗上口，通俗易懂，条理清晰，体现出为自己代言的决心，传递出无穷的正能量。一时间，"我为自己代言"成了热门话题，网友将原本励志的广告变成或搞笑或调侃的带有娱乐感的时尚游戏。它在为聚美优品带来巨大的品牌效益的同时，也展示了事件营销新颖多样的特点，并集新闻效应、广告效应、公共关系、形象传播、客户关系于一体。

当然，事件营销如果可以捆绑当下的热点，就更能吸引用户的注意力。

（资料来源：梅花网《玩运营不可不知的经典"事件营销"案例》）

3. 网络口碑营销

网络口碑营销是把传统的口碑营销与网络技术有机结合起来的新的营销方式，应用了互联网互动性和便利性的特点。在互联网上，企业营销人员以文字、图片、视频等信息与目标客户进行互动、沟通，对企业的品牌、产品和服务等相关信息进行讨论，从而加深它们在目标客户心中的印象，最终达到网络营销的目的。网络口碑营销是 Web 2.0 时代网络中最有效的传播模式，在国际上盛行已久。

4. 网络直复营销

网络直复营销是指生产厂家通过网络，直接发展分销渠道或直接面对终端消费者销售产品的营销方式，如 B2C、B2B 模式等。

网络直复营销是通过把传统的直销行为和网络有机结合，从而演变成的一种全新的、颠覆性的营销模式。很多中小企业因为分销成本过大和自身实力太弱等，纷纷采用网络直复营销，达到以小博大的目的。

（三）根据传播内容进行分类

根据传播内容，网络营销可以分为网络视频营销、网络图片营销和网络软文营销。

1. 网络视频营销

网络视频营销是指企业将视频短片以各种形式放到互联网上并进行传播的一种营销手段。网络视频广告具有电视短片的种种特征，如感染力强、形式内容多样、创意丰富等，又具有互联网营销的优势，如互动性与主动传播性强、传播速度快、成本低廉等。

2. 网络图片营销

网络图片营销就是企业把设计好的有创意的图片，在各大网络论坛、博客和社交软件等工具上进行传播，或通过搜索引擎的自动抓取功能进行传播，最终达到企业的营销目的。

3. 网络软文营销

网络软文营销又叫网络新闻营销，是指通过门户网站、地方或行业网站等平台传播一些具有阐述性、新闻性和宣传性的文章，包括一些网络新闻通稿、深度报道等，把企业和产品等相关信息以新闻报道的方式向消费者进行广泛传播的一种新型营销方式。

第二节 网络营销组合策划

网络营销组合策划，即在以网络为传播媒介的前提下，探索企业在产品、价格、渠道、促销等方面的营销策略的转变。

一、网络营销产品策划

网络营销产品策划以研究消费者需求为中心，关注每个消费者的终身价值，努力培育消费者的忠诚度。

在互联网时代，消费者的需求特征表现为个性化、人格化和定制化，企业的产品或服务只有与消费者的个性需求相匹配，才能提升消费者满意度，促使其产生购买欲望和重复消费行为。因此，企业在进行网络营销产品策划时，应充分利用网络平台，有针对性地为目标消费者进行单独设计、量身定制，最大限度提升消费者满意度。

网络营销产品策划的具体措施有：建立消费者数据库，利用大数据精确分析消费者的需求和消费心理特征；在业务流程设计上要从消费者的角度出发；建立客户关系管理系统，对其进行有效管理等。

★案例赏析9-2

钻石小鸟：互联网定制钻石品牌

1克拉裸钻，在传统的珠宝店售价大约10万元，而在钻石小鸟，标价大约5万元。比传统的珠宝店便宜50%还能有利润，钻石小鸟背靠的是"互联网"这棵大树。顾客可以自己在网上选择合适的裸钻、中意的款式，甚至自己设计草图，让钻石小鸟的设计师将其实现。

最初，徐潇（钻石小鸟创始人）只是将裸钻的照片放在网店里，同时附上形状、重量、颜色、净度、切工等有关钻石的全部参数，顾客选择了裸钻之后，再选择喜欢的戒托或款式。按照顾客的需求，向上游供应商下订单，完成镶嵌，最后送到顾客手中。最初几年，钻石小鸟基本上可以做到零库存，而网店又让徐潇省下了开设实体店的成本。这些成本的节约，让钻石小鸟在将钻石饰品的价格设为市场价的一半时，还能有利润。

目前，钻石小鸟超过一半的收入仍然来自顾客的定制，互联网让大规模定制成为可能。通过将顾客需求和流程标准化，钻石小鸟已经形成了自己的定制产品库。登录钻石小鸟网站，顾客可以通过选钻、选托等流程一步步完成定制。仅裸钻选择，钻石小鸟就可以让顾客根据不同参数，从全球钻石库中选择中意的钻石。而在各个体验店，顾客同样可以按照上述流程完成购买，如果店面存货不能满足顾客需求，珠宝顾问会引导顾客从网上定制。即使是在实体店，所有的订单也全部通过互联网完成。

（资料来源：根据搜狐网《钻石小鸟：渠道很轻，品牌很重》一文整理）

二、网络营销价格策划

在进行网络营销时，企业应该在传统营销定价模式的基础上，利用互联网的特点，研究消费者愿意付出的最低成本，以提供合适的性价比，赢得价格竞争优势。根据网络营销的特点，网络定价可采用以下几种策略。

1. 竞争定价策略

通过顾客跟踪系统，时刻注意潜在顾客的需求变化，价格策略也要向顾客需要的方向发展。一部分企业会将服务体系和产品价格在网站上公开，这就为其他企业了解竞争对手的价格策略提供了方便。随时掌握竞争者的价格变动，再调整自己的竞争策略，时刻保持在同类产品中的相对价格优势，是企业常用的一种营销手段。

2. 个性化定价策略

消费者往往对产品外观、颜色、样式等方面有具体的个性化需求。个性化定价策略就是企业利用网络的互动性，根据消费者的个性需求特征来确定产品价格的一种策略。

3. 自动调价、议价策略

根据季节状况、网络供求状况、竞争状况及其他因素，在计算收益的基础上。企业通过设立自动调价系统，自动进行价格调整。同时，企业可以建立与消费者直接在网上协商价格的集体议价系统，使价格具有灵活性和多样性，从而形成创新的价格策略。

4. 折扣定价策略

折扣定价策略主要有数量折扣、现金折扣、季节折扣等形式，如为了鼓励中间商淡季进货，或激励消费者淡季购买，可采取季节折扣策略。随着网络营销手段的丰富化，网络折扣策略也呈现出很多新兴的模式。例如，天猫"双十一"推出的"定金膨胀""限时秒杀"等，都是网络折扣策略的一种新发展。

5. 拍卖竞价策略

经济学家认为，市场要想形成最合理的价格，拍卖竞价是最合理的方式。网上拍卖是由消费者通过互联网轮流公开竞价，在规定时间内由价高者赢得所拍产品的一种策略。

6. 招徕定价策略

企业利用部分消费者求廉的价格心理，特意将某几种产品的价格定得较低以吸引消费者。某些网店随机推出降价产品，每天都有一两种产品降价出售，使消费者经常来采购廉价产品，同时也促使他们选购其他正常价格的产品。

企业最终选择何种网络定价策略，与其全部的网络营销活动有关。在网络竞争日益激烈的环境下，企业为了求得生存和发展，必须对竞争者的价格变动做出正确的、及时的反应。随着经济环境的变化和竞争者、消费者行为的变化，不同的企业会有不同的策略选择。企业在选择定价策略时，要采用适合本企业的合乎逻辑的方法。

三、网络营销渠道策划

网络营销渠道可以分为两类：一类是通过互联网实现的从生产者到消费者的网络直接营销渠道，如苹果官网、小米官网这样的网上销售平台；另一类是网上第三方平台、中间商提供的间接营销渠道，如京东、淘宝网等。

（一）网络营销渠道的功能

以互联网作为支撑的网络营销渠道具有三大功能。

（1）订货功能。网络营销渠道向消费者提供产品信息，同时方便企业获取消费者的需求信息，以求达到供求平衡。一个完善的订货系统可以最大限度地降低库存，降低销售费用。

（2）结算功能。商家应开发多种付款方式，便于消费者通过网络渠道购买产品后及时结算。

（3）配送功能。对于无形产品，如音乐、服务、软件等，可以直接通过网络进行配送；对于有形产品，企业需要以良好的专业配送服务体系为支撑。

（二）网络营销渠道的建设

由于网上销售对象和企业自身经营特点不同，网络营销渠道与传统营销渠道有很大的区别，根据商业模式的不同而不同。一般来说，典型的网络商业模式有如下两种。

（1）B2B 模式，即企业与企业之间的商业模式。例如，企业通过互联网从上游供应商进货，如阿里巴巴网站。这种模式每次交易量大、交易次数较少、购买量集中。上游企业通过专业配送，既可以保证速度也可以保证质量，减少中间环节造成的损伤。

（2）B2C 模式，即企业与消费者之间的商业模式。国外的亚马逊，国内的淘宝、京东、唯品会等电子商务网站都是 B2C 商业模式的代表。借助发达的配送体系、逐步健全的网络信用机制，B2C 商业模式在国内逐步成为主流消费模式。

除此之外，随着电子商务的进一步发展，涌现出了 C2C 等新兴的商业模式。比如，闲鱼网站便是专门提供个人与个人二手交易的平台。

（三）网络营销渠道建设需考虑的因素

企业在进行网络营销渠道建设时需要考虑三个方面的因素。

（1）从便于消费者操作的角度来设计网络购物环境，需符合消费者的消费行为习惯，如提供模拟商场、模拟超市等，甚至运用 VR、AR 技术来增强消费者网络购物的体验感与真实感。

（2）提供方便、快捷、安全的结算方式。实施网络营销的企业需要加强与金融服务机构的合作，丰富支付方式和支付类型，并做好网上支付的安全控制，避免交易中泄露消费者的个人身份信息。

（3）建立完善的物流配送体系。企业可以采用自建物流服务体系，或者与专业的物流公司合作的模式，建立完善的物流配送体系，缩短将物品送达消费者的时间。

四、网络促销策划

这里的网络促销主要是指狭义的促销，即利用网络技术向虚拟市场传递有关产品或服务的销售促进信息，引发消费者的需求，唤起其购买欲望和促成其购买行为的各种活动。

（一）网络促销的特点

（1）网络促销活动通过网络传递产品或服务的有关信息，要求从事网络营销的促销者不仅熟悉传统的促销知识和技巧，而且具备相应的计算机网络技术知识。

（2）网络促销活动在互联网这个虚拟市场上进行，要求从事网络营销的人员必须分清虚拟市场和实体市场的区别，跳出实体市场的局限性。

（3）由于互联网的广泛性，网络促销活动的范围比实体促销活动的范围更广，全球性的竞争迫使每个企业都要学会利用互联网开展业务。

（二）网络促销的常用手段

1. 折扣促销

折扣促销是目前网上最常用的一种促销方式。由于网上销售的产品不能给人全面、直观的印象，也不能试用、触摸等，在同样价格的条件下，消费者更愿意到实体店进行消费。因此，幅度较大的折扣可以促使消费者进行网上购物的尝试并做出购买决定。

2. 抽奖促销

抽奖促销是大部分网站乐意采用的促销方式之一。抽奖活动以诱人的奖品进行产品或服务的促销，可以调动消费者参与活动的积极性，增加活动人气。网上抽奖活动主要适用于网络调查、产品销售、新品推广等活动。

3. 积分促销

网上积分活动很容易通过技术手段实现，并且可信度很高，实施起来相对简便。积分促销一般设置价值较高的奖品，消费者通过多次购买或多次参加某项活动来增加积分以获得奖品。积分促销可以增加上网者访问网站和参加某项活动的次数，以提高其对网站的忠诚度和参与活动的积极性。

4. 会员制促销

会员制促销是一种能成功培养忠诚顾客的手段。在互联网背景下，网络沟通的便利性使会员制促销获得了更大的支持，尤其是虚拟社区的兴起为企业开展会员制促销奠定了基础。

5. 发行虚拟货币

当顾客申请成为会员或参加某种活动时可以获得网站发行的虚拟货币，用来购买本网站的产品，如酷必得的"酷币"等，实际上是给购买者相应的优惠。

6. 联合促销

当企业的产品或服务与其他企业的产品或服务存在互补性或其他关联时，可以联合开展促销活动，这对扩大双方的网络销售都有利。

7. 优惠券促销

每当顾客消费一定的数额或次数，企业可以给其发放优惠券，以此提前锁定顾客的下一次消费。

以上仅列举了部分常用的网络促销手段。随着网络营销竞争的加剧，企业的网络促销模式也在不断更新，每天都会诞生非常多的新兴促销手段。网络营销人员要时刻关注最新的行业信息，更新营销方法，为适应网络消费者的新需求开发新的营销模式和手段。

（三）网络促销的注意事项

在进行网络促销时，企业要重视与消费者的沟通与交流，在售前、售中、售后各个环节都加强消费者对企业的认同感与满意度。因此，企业需要做好以下三方面的工作。

（1）帮助消费者认知、识别产品或服务信息。互联网时代，消费者会获得大量的碎片化信息，企业有必要在自己的门户网站上向消费者提供清晰简洁、丰富生动的产品信息及相关资料，帮助消费者建立对企业的全面认知。

（2）增强消费者的参与感。例如，企业可以通过互联网平台建立顾客数据库，将顾客需求与产品设计、制造工艺紧密结合起来，利用网络的便捷性和互动性，鼓励顾客参与，以便更好地接触和分析、研究顾客，设计和创造出顾客满意的新产品，提高顾客总价值。

例如，小米手机的工程师在小米社区不断与顾客进行使用后的体验交流，让顾客参与产品性能的研究中来，生产出既能满足顾客需求又极具竞争力的产品，真正发挥网络营销的优势，达到双赢的局面。

（3）培养顾客忠诚度。一方面，企业要及时跟进顾客购买后的使用评价和建议，收集顾客反馈意见，并及时解决；另一方面，企业可以开展一些导向性的奖励活动，引导顾客给予好的评价。

第三节　新媒体营销策划概述

一、新媒体概述

（一）新媒体的概念

在互联网出现之前，营销传播的主要方式是通过电视、广播、杂志和报纸，所以，以这四种媒体为代表的传播媒介被称为传统媒体。传统媒体相对于新媒体的缺点是信息量的局限性和经营模式的单一性。近些年，互联网和移动通信的快速发展，使信息传播具有无限的可扩展性和接收的便利性，各种新兴的传播媒体不断涌现。

新媒体是一个相对的概念，"新"是相对于"传统"而言的。如广播相对报纸是新媒体，电视相对广播又是新媒体。本节所探讨的新媒体是指在计算机信息处理技术基础之上出现和发展起来的媒体形态，是基于互联网出现的微信、直播平台、短视频 App、微博等网络社区型新媒体。

与传统媒体相比，新媒体具有个性化突出、受众选择性增多、表现形式多样、信息发布实时等特点，具有交互性强、全息化、数字化、网络化等优势。

（二）新媒体典型代表分析

1. 微博

新浪微博 2018 年第一季度财务报表显示，截至 2018 年 3 月，微博月活跃用户数增至4.11 亿，成为全球第七家活跃用户规模突破 4 亿的社交产品。微博的特点是开放性强、传播属性强、广告投放资源丰富。在广告资源方面，微博自身的推广广告位和第三方营销公司及各行业资源账号都非常丰富。

2. 微信

腾讯公司董事会主席于 2018 年 3 月透露，微信的月活跃用户数达到 10 亿，成为中国第一个月活跃用户超 10 亿的产品。微信的特点是封闭性强，人与人之间属于强关系连接。使用频率较高，对于 H5 的交互支持较为丰富，企事业单位或个人可以通过开通微信公众账号在微信平台推广营销活动。

3. 直播平台

截至 2017 年上半年，中国在线运营的直播平台达到 270 家，网络直播用户共 3.43 亿，占网民总体的 45.6%。2017 年上半年，6 家直播平台的安卓下载量过亿，直播平台巨头化格局已经形成。各家直播平台开始与其他领域合作，开展电商直播、非遗直播、公益直播、政府执法监管直播等多种内容的直播，向 PGC（专业内容生产）模式转型。直播的特点是及时性强，其互动形式容易拉近与消费者之间的距离，广告资源由直播平台广告位和知名的主播构成。

4. 短视频 App

短视频即短片视频，一般指在互联网新媒体上传播的时长在 5 分钟以内的视频。随着移动终端的普及和网络的提速，短平快的大流量传播内容逐渐获得各大平台、用户等的青睐。随着"网红"经济的出现，短视频行业逐渐崛起一批优质 UGC（用户原创内容）制作者，微博、秒拍、快手、今日头条纷纷进入短视频领域，募集一批优秀的内容制作团队入驻。短视频的主要特点是：视频能够承载的内容丰富，依托于微博、微信等社交媒体平台传播。短视频的广告资源有短视频平台自身的广告位和短视频制作团队或短视频博主。

5. 以知乎为代表的网络问答社区

截至 2018 年 6 月，知乎已经提供 15 000 个知识服务产品，生产者达到 5 000 名，付费用户人次达到 600 万，每天有超过 100 万人次使用知乎大学。知乎的特点是：在某一垂直领域的问答较为全面、专业，形式以图文为主，有利于垂直领域知识的沉淀，广告营销形式以知乎平台广告位、问答和作家专栏为主，软文投放较多。

6. 以今日头条为代表的新闻客户端

今日头条是一款基于数据挖掘的智能推荐搜索新闻引擎产品，为用户推荐有价值的、个性化的信息，提供连接人与信息的新型服务，是国内移动互联网领域成长最快的产品服务商之一。今日头条可以根据用户的阅读习惯，有针对性地向用户推荐其喜欢的内容，属于资讯类平台，广告资源以今日头条自身广告位和第三方头条号推广为主。

（三）新媒体营销的优势

1. 全时传播

信息传播的时效性有四个发展阶段：定时、即时、实时、全时。全时传播指的是信息随时可以进行发布。

2. 全域传播

新媒体的地域和空间限制越来越少，只需要设备和传输信号，就可以发布信息。

3. 全民传播

新媒体的传播不只是机构、媒体单位的事情，每一个人都可以参与其中，谁都可以是记者、编辑。

4. 全速传播

新媒体的传播速度比传统媒体快，在事件发生的同时就能够进行传播。

5. 全媒体传播

新媒体传播信息的形式不单是文字或者图片，还附有音频、视频等多触觉通道。

6. 全渠道传播

新媒体传播的客户端多样化，计算机、手机等都可以进行信息发布。

7. 全互动传播

新媒体上的新闻线索搜集、采访、发行等一系列活动，所有用户都有机会参与，并且可以在事后发表评论。

8. 去中心化传播

不存在类似于"头版头条"这样的状况，在新媒体上，受众可以选择很多主题进行讨论，同时也说明了新媒体使新闻多元化。

表 9-1 所示为新媒体营销与传统媒体营销的对比。

表 9-1　新媒体营销与传统媒体营销的对比

项目	传统媒体营销	新媒体营销
传播路径	单向传播路径	传播路径广泛
互动效果	企业与大众沟通不畅	企业可以直接与受众建立双向沟通渠道
舆论限制	有很大舆论限制	不同利益代表可以发出不同的声音
明显优势	信息可信度相对较高	信息量大、传播速度快

二、新媒体营销策划概述

（一）新媒体营销策划的概念

新媒体是信息时代的产物，提供给企业更加宽阔的营销平台，企业只有利用好新媒体，才能争取忠诚客户，不被市场竞争淘汰。新媒体营销是指企业借助基于互联网的新媒体进行品牌形象塑造、产品宣传的过程。新媒体营销策划，即借用新型的媒介，围绕满足消费者需求的目的而进行的营销策略。由于新媒体与传统媒体的区别，二者在理论基础、策略体系等方面也有不同之处。

（二）新媒体营销策划的理论基础

传统营销策划的理论基础是由美国广告学家 E. S. 刘易斯在 1898 年提出的 AIDMA 法则。该法则表明，消费者从接触到信息到最后达成购买，会经历五个阶段。A：Attention（引起注意）→I：Interest（产生兴趣）→D：Desire（唤起欲望）→M：Memory（留下记忆）→A：Action（购买行动）。

新媒体营销环境下，该理论基础转变为 AISAS 营销法则，如图 9-1 所示。2005 年，国际 4A 广告公司日本电通广告提出，AISAS 的含义为：A（Attention）——引起注意，I（Interest）——产生兴趣，S（Search）——主动搜索，A（Action）——付诸行动，S（Share）——口碑分享。

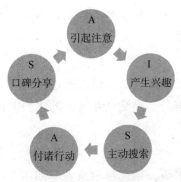

图 9-1　AISAS 营销法则

AISAS 营销法则指通过引起消费者的注意（Attention），使消费者对信息产生兴趣（Interest），开始主动搜索（Search）产品的其他信息，进而付诸行动（Action）产生购买行为，并通过网络进行分享（Share）。但分享的结束并非意味着营销的结束。消费者的网络分享，可以影响其他潜在消费者，引起对方的注意，进而使其产生兴趣、主动搜索甚至购买再分享。

三、新媒体营销策略

（一）新媒体产品策略

在新媒体营销中，产品策略更强调以顾客为中心。企业通过新媒体深度洞察顾客需求，或利用大数据挖掘顾客消费行为，并予以提炼，从而了解顾客的产品需求，再帮助顾客来设计和开发产品。因此，产品策略在新媒体中也叫作生产和消费的联结。在新媒体时代，企业产品的设计有可能是由顾客与企业共同完成的，至少顾客在线上对企业产品设计提出的个性化要求，企业需要及时响应。

新媒体营销在互联网平台上展开，能直接接触到消费者，因此也要满足网上消费者一些特有的需求特征，所以新媒体营销产品在原产品层次上还增加了期望产品层次和潜在产品层次。期望产品层次，指消费者希望的产品的个性化价值。潜在产品层次是满足消费者潜在需要的超值利益，在新媒体营销中，它是指在核心产品、个性化产品、附加产品之外，能满足消费者的潜在需求。这种需求是被消费者意识到，但是并没有被消费者重视的需求。可想而知，如果潜在产品层次得到满足，消费者获得了超过预期的心理体验，就会增强对该产品的偏好和忠诚程度。

（二）新媒体广告投放策略

新媒体营销迎合了现代营销观念的宗旨，与消费者的沟通更加便捷，更容易构建关系营销，使精确营销和数据库营销成为可能，消费者的个性化需求容易得到满足，从而获得更好的营销传播效果。

新媒体时代，广告呈现出互动性、多样化、海量化等特点。因此，对企业的广告传播也提出了以下要求。

1. 精准定位

结合新媒体传输速度快、互动性强、个性化、定制化服务等优势，将受众的特性与产品、品牌更好地匹配起来，针对不同特征的人群和其不同的生活轨迹，让广告主精确地找到想要的目标受众，充分降低传播成本。

2. 内容为王

广告传播者必须改变传统的广告创意策略，通过创意将广告信息融入媒体，使广告看起来像媒体资讯或娱乐内容的一部分，让受众在愉快的体验中自发传播，从而带动品牌的传播和产品的销售。

3. 整合传播

企业应采用多样化的传播渠道，拓宽与消费者双向沟通的路径，传递统一的产品信息，树立稳定的品牌形象，最大化地满足消费者的体验需求，实现广告信息的有效传递。

新媒体时代，企业可以参照以下流程制定广告投放策略。

（1）确认投放新媒体广告的目的。

（2）结合企业和产品的定位，分析目标群体，选择与之匹配的广告载体。

（3）确定创意及新媒体广告的展现形式。

（4）获取广告投放入口，联系洽谈并投放。

（5）每天分析广告投入数据，实时进行广告策略优化调整。

（三）新媒体促销活动策略

新媒体时代，企业促销更注重话题性、互动性和趣味性。新媒体促销为受众提供了广泛的参与机会，从过去的单向传播转为双向传播、多向传播，传播者与受众之间的地位更为平等；以数字化形式进行传播，可以轻易复制扩散，容易引起病毒式的传播风暴。新媒体时代，企业促销活动具有以下特征。

1. 消费者变被动为主动

新媒体时代，消费者不再只是传播对象和旁观者。新媒体时代给予了消费者更多的主动权，消费者之间也有更多的关联，加上移动终端的普及，消费者可以在任何地方参与互动。如今消费者更乐于参与而不是被动地接收信息，他们会主动利用各种渠道去比较、判断，甚至提出质疑。新媒体的终极价值在于赋予了消费者更大的自由度，促销人员必须明白消费者在哪些方面的自由度被放大了，促销活动才能够有的放矢。

2. 创造持续参与感

新媒体拥有适合病毒式传播的天然环境，有效的新媒体促销能够达到的效果，远远超过它的支出。新媒体促销人员需要和消费者持续对话，策划出一个具有高度互动性的创意，以鼓励消费者积极参与，使其成为促销活动的主动参与者和传播者。

3. 技术性强

新媒体促销是建立在现代计算机和通信技术基础之上的。因此，新媒体促销不仅需要促销人员熟悉传统的营销技能，而且需要促销人员掌握相应的计算机和信息技术知识，包括各种软件的操作和使用。同时，虚拟媒体促销是在互联网这个虚拟市场上进行的，从事新媒体促销的人员必须跳出实体市场的局限。

在满足以上特征的基础上，企业可以开展线上转发互动活动、抽奖活动、团购活动、秒杀活动等多种形式的促销活动。

（四）新媒体公共关系策略

公共关系是一个社会组织运用各种传播手段，使自己和公众相互了解、相互适应的一种活动和职能。新媒体的出现对企业的公关关系策略产生了如下影响。

1. 改变了组织的公共关系传播方向

企业可以通过自媒体发布企业信息或澄清误会，树立品牌形象；可以通过文字加图片、图片拼接、视频等形式发布促销信息，吸引消费者关注；新媒体具备的随时发送等特点则让企业可以在适当的时间点发布适当的信息。

2. 拉近了企业与公众的关系

新媒体的出现不仅是媒体形式的创新，更促进了受众的参与性和互动性。受众可以通过网络媒体随时发布对企业的相关评价，企业必须做到随时关注网络媒体的最新动态和相关评论，监控负面信息，未雨绸缪。

3. 企业更容易塑造公众形象

新媒体时代，企业可以更深入地了解客户，通过新媒体与目标受众建立情感。企业要积极融入 SNS 社交媒体，与客户进行沟通。例如，利用微博，通过对字数、关键词、是不是关注者等条件进行设定，从这些用户中挑选出企业的目标受众进行有效沟通，开展利于公众形象提升的营销活动，继而达到提升公众形象的目的。

新媒体时代，企业可以参照以下流程开展公共关系策划。

（1）确定方向。

（2）定义目标。

（3）洞察引爆点。

（4）策划创意活动。

（5）执行方案。

（6）评估效果。

★案例赏析9-3

百事猴年线上公关活动策划案例

2015 年 12 月 26 日，基于对市场的深刻解读和对大众的洞察，百事中国选择微信朋友圈，首发由六小龄童老师亲自参与创作并演绎的微电影，与时下年轻人一起乐闹猴年。

随后，百事家族的明星们及微博意见领袖相继晒出收到乐猴王纪念罐的照片，并表示猴年定要把乐带回家。在明星和意见领袖的号召下，话题热度不断提升，网民们纷纷评论、转发，并询问如何买到乐猴王纪念罐。紧接着，百事中国宣布乐猴王纪念罐作为全球限量版，仅在京东作为赠品送出，购买指定产品即可获赠。

根据调查，消费者对百事的品牌喜好度提升了4%，通过这次"把乐带回家"春节营销活动，百事成功唤起了人们对传统文化传承的思考，并将其上升为一个社会话题。百事在这次活动中的具体操作模式如下。

（1）确定方向。2016年是农历猴年，在众多品牌借势猴年生肖的背景下，百事要突出重围，让消费者重新讨论一个熟知的公众人物（猴王），以提升品牌喜好。

（2）定义目标。

①商业挑战。随着国人越来越关注健康，如何保持和巩固在消费者心中的形象，是碳酸饮料行业面临的挑战，也是百事面临的难题。同时，面对可口可乐近年来的市场活动，百事也需要赶超其销量。

②传播挑战。春节本身就是品牌营销的热点时期，2016年春节是传统的农历猴年，而猴是中国人颇为喜爱的生肖形象，很多国内外品牌借势猴年做品牌营销，竞争异常激烈。如何才能冲出重围，讲一个好故事来打动消费者，既是百事面临的挑战，也是百事的机会。

③内部挑战。百事"把乐带回家"春节营销活动已经持续了5年，从小家团聚到社会大爱，每年都聚焦一个社会问题，已经取得了一定程度的成功。2016年，品牌如何突破自己也是一个难题。

（3）洞察引爆点。首先，百事通过很多事实和数据观察到，年轻人并不反传统，几千年的文化精粹融于他们的血脉，他们只是用自己的方式来表达对传统的热爱。其次，年轻人现在表达热爱以及沟通交流的阵地已经全面地互联网化和社交化。最后，春节是快速消费品尤其是饮料品牌的销售旺季，借着合家团聚的传统，此时对品牌和产品营销来说是一次很好的时机。因此，在春节期间，借势猴年，通过一系列有效的内容和媒体传播规划，抓住人们对传统的坚持与热爱，可以成功打造热议话题，提升品牌喜好度。

（4）策划创意活动。百事没有单纯将猴子与生肖做硬关联，在"把乐带回家"传播内容上，百事另辟蹊径，向消费者讲述六小龄童一家四代用猴戏把快乐带给千家万户的背后故事，体现百事塑造的"乐猴王"精神——向往经典品质、乐于传递快乐，引发网友对一个熟知的公众人物的重新讨论和对情怀坚守的情感共鸣；在传播渠道上，百事发挥传统媒体的生动性和社交媒体的扩散性，提高话题关注度。

（5）执行方案。方案分为三个阶段：第一阶段，预热百事和六小龄童合作，炒作微电影；第二阶段，传递百事乐猴王精神，推广乐猴王纪念罐；第三阶段，塑造品牌传承中国传统文化的形象。

（6）评估效果。媒介策略上，百事将"把乐带回家"营销传播运动的创意及媒体策略巧妙地同目标受众相连接，将传播效果最大化。社交媒体方面，百事利用微博关键意见领袖推广乐猴王纪念罐，增加话题曝光量；利用微信关键意见领袖，发布与猴王有关的年少回忆原创文章，加强百事猴王和消费者的情感联系与共鸣。最终极大增强了消费者和品牌之间的情感联系，提升了品牌喜好度，拉动了销售。

（资料来源：张向南．新媒体营销案例分析：模式、平台与行业应用［M］．北京：人民邮电出版社，2017.）

第四节　新媒体营销策划技巧

企业往往借助于新媒体开展各类营销活动，力求利用互联网的低成本优势为企业带来较大的品牌宣传效果和丰厚的利润回报。那么在激烈的竞争中，企业利用新媒体开展的营销活动如何才能成功？有何诀窍？本节主要针对新媒体营销活动的策划技巧进行介绍。

利用互联网开展营销活动的企业比比皆是，然而要想在互联网上引起公众广泛关注并不是一件轻松的事情。企业若想成功地利用新媒体策划好一次营销活动，必须在活动时机选择、活动产品选择、活动方式选择、活动推广载体选择等方面下功夫。

一、选择营销活动的时机

营销活动的开展时间并不能随心所欲地决定或是凭企业的主观判断，而是需要科学评判。选择一个合适的时机开展营销活动，会取得事半功倍的效果。一般而言，企业可以选择节假日、企业纪念日等特殊时间开展营销活动。一是因为在节假日消费者有空余时间进行线上消费，同时也有节日氛围；二是因为消费者需要一个"正大光明"的理由来相信企业营销活动的诚意和真实性。如果企业没有任何理由就开展营销活动，消费者会对活动内容持怀疑态度。

一年中适合企业开展营销活动的时间如表 9-2 所示。

表 9-2　一年中适合企业开展营销活动的时间

1—3 月	7—9 月
1. 元旦（1 月 1 日—1 月 3 日）	1. 暑假（暑假任意时间）
2. 春节（正月初一至初七）	2. 冰凉消暑季（气温高的时间）
3. 情人节（2 月 14 日）	3. 秋季开学季（开学前后一个星期）
4. 寒假（寒假任意时间）	4. 中秋节（八月十五及前后两天）
5. 春季开学季（开学前后一个星期）	5. 教师节（9 月 9 日—9 月 10 日）
6. 三八妇女节（3 月 7 日—3 月 8 日）	10—12 月
7. 3·15 消费者权益日（3 月 15 日）	1. 国庆节（10 月 1 日—10 月 7 日）
4—6 月	2. 双十一（11 月 11 日及前一个星期）
1. 劳动节（5 月 1 日及前后两天）	3. 双十二（12 月 12 日及前 3 天）
2. 母亲节（5 月第二个星期日）	4. 平安夜及圣诞节（12 月 24 日—25 日）
3. 儿童节（5 月 31 日—6 月 1 日）	
4. 端午节（五月初五及前后两天）	
5. 父亲节（6 月第三个星期日）	
其他时机：换季，企业周年庆、企业上市等特殊纪念日	

企业具体选择哪个时机来开展营销活动，要根据自身的经营范围、资金实力等进行综合评估。如经营妇女用品的企业，需要重点在每年的三八妇女节做好活动筹备；经营学生用品的企业，需要瞄准寒暑假及开学季的时机。经济能力强的企业可以选择在国庆的七天都开展营销活动，也可以只选择国庆前三天作为促销时机。

二、选择合适的活动产品

这里的活动产品既指本身进行活动的产品，又指作为活动附属的赠品等。选择合适的产品作为营销活动的载体，既能让目标客户产生消费冲动，又能为企业带来销售增长。活动产品的选择一般遵循 FUN 原则。

1. F（Funny）——趣味性

有趣的产品才能吸引消费者。如何根据活动和促销产品的特点来选择关联性强的促销品是活动成功的重点。企业可以通过建立自己的促销赠品库并定期去市场上寻找灵感，让礼品公司定期邮寄产品名册，向经销商及销售团队多了解渠道的需求，和消费者多沟通等，让自己的促销品新颖有趣，让活动更有意义。

2. U（Unique）——独特高质

将企业的高质产品作为活动产品，可以帮助消费者感受到企业的产品价值和活动诚意；同时选择独特高质的产品作为附属赠品，如限量版赠品，可以提高消费者参与活动的热情。

3. N（Necessary）——必要原则

促销产品的选择不是随心所欲的，而是要讲究必要性，突出效益。

（1）根据竞争的需要而选用。为了和竞争对手抗衡，争夺市场，可以选择与竞争对手分庭抗礼的产品作为活动产品。

（2）考虑投入产出。根据严格的销售预估制定出赠品的预算，盘整现有可用促销品，确定采购数量。

（3）考虑库存。库存压力大的产品可以重点作为活动产品。

三、选择合适的活动方式

各大企业在营销活动的设计上都绞尽了脑汁，创意层出不穷。只有设计足够新颖、有吸引力的活动方式才能起到引爆活动的效果。新媒体的营销活动追求消费者的高度参与，最好是"与我有关"的活动设计，这样才能吸引消费者。例如，通过有趣的活动赠品，吸引消费者主动对活动进行传播；通过设计与消费者息息相关的活动内容，吸引消费者成为活动的主要参与者；通过幽默风趣的文案，让消费者成为主动分享者等。新媒体的活动方式往往呈现出多样化、热点性、趣味性等特征，企业需要研究目标客户的消费心理，设计出能打动消费者并引起广泛关注的活动内容。新媒体营销活动形式有以下几种。

（1）投票活动。利用投票进行推广，借此吸引流量，推广产品和活动。

（2）转发活动。利用公众转发，促进活动宣传。

（3）抽奖活动。通过有吸引力的奖品，促使公众参与企业活动。

（4）集赞活动。通过集赞引起公众关注。

（5）优惠活动。直接将产品的优惠方式通过新媒体进行传播，借助活动内容的吸引力引导公众参与。

（6）扫二维码活动。通过扫描二维码增加活动关注者，引导公众参与。

（7）秒杀活动。在企业 App 上设置秒杀活动，利用公众寻求刺激性的心理和好胜心来激发其参与。

（8）直播购物活动。选择与企业形象相符的主播，开展直播活动，通过有吸引力的产品介绍，以及相应的优惠刺激，促进产品销售。

四、选择合适的传播载体

营销活动的成功，最关键的环节在于传播。选择合适的传播载体，有助于营销活动以恰当的方式让受众知晓。上一节介绍了各种类型的新媒体，不同的媒体面向的受众不同，也呈现出不同的传播特点，下面主要介绍微信传播、微博传播、企业 App 传播。

（一）微信传播

微信传播一般有微信公众号传播和微信朋友圈推广。

1. 微信公众号传播

一般而言，消费者只有对某个企业、产品感兴趣才会关注企业的微信公众号。因此，微信公众号面对的都是企业的忠实顾客或潜在顾客。在微信公众号上的营销活动推广必然会引起关注者的注意，活动也会取得较好的效果。但毕竟微信公众号的关注者数量有限，在公众号进行推广，一是要注意活动的针对性，二是要把握好活动的力度，不能让企业的忠实顾客感到失望或者麻木。具体而言，微信公众号传播有如下技巧。

（1）借势。借助热点事件进行活动策划，能够迅速吸引公众眼球，引起广泛关注；或者借助明星的影响力，策划与明星有关的活动，引起轰动效应。

（2）有意义。微信公众号发起的营销活动代表了企业的官方形象，因此，可以选择一些公益方面的活动，或是其他有益于身心健康的活动，既有官方信誉作为保障，也能加强公众对企业的好感。例如，知名房地产企业万科每年都会在全国范围内策划"乐跑"活动，吸引了万科业主、员工、媒体、合作者等人员广泛参与，对企业品牌起到了极强的正面宣传作用。

（3）有福利。微信用户一般对福利比较敏感，企业需要在活动界面讲清活动的规则、优惠方式、评选标准等，让消费者感觉到活动的公平公正，并被足够的优惠福利吸引，积极参与活动。营销者需要策划有吸引力的活动主题和宣传语，使消费者通过简短的标题便能了解到企业的优惠力度，继而进一步了解活动详情。

（4）图文并茂。微信公众号的活动界面，要讲清楚活动规则和内容；同时，活动界面设计不宜太过死板，让人难以阅读。一般来讲，静态的活动界面需要图文并茂，巧用流行语、漫画等形式提升阅读体验；动态的可以借助 H5 设计，为客户带来视听活动介绍。

（5）掌握推送时间。常用于营销推广的微信公众号有订阅号和服务号两种。订阅号每天可以向关注者推送 1 条消息，但不会有提示，发给订阅用户的消息，将会显示在对方的"订阅号"文件夹中；服务号 30 天内只可以发送 4 条群发消息，但发给关注者的消息会显示在对方的聊天列表中，跟普通微信消息一样有提示。无论是订阅号还是服务号，企业发给用户消息的目的都是希望用户可以打开、浏览，继而参与企业活动。在信息传播过度的时代，企业务必要掌握信息的推送时间，不然信息就容易石沉大海。

推送时间主要考虑消费者的微信浏览时间。一般而言，在工作日，21：00—22：30 这个时间段是消费者浏览自媒体信息的空闲时间；在双休日，早上 7：00—9：00，消费者在赖床的时候有浏览自媒体的习惯。因此，在这两个时间段进行消息推送会取得较好的效果。

2. 微信朋友圈推广

借助于微信好友的黏性，企业可以在微信朋友圈进行活动推广。具体而言，微信朋友圈推广有如下技巧。

（1）图文并茂。图文并茂的信息更具视觉冲击力，更能引起微信好友的关注。精心挑选质感强、精美的图片作为活动信息配图，在冗杂的朋友圈消息中会脱颖而出。

（2）简洁明了。在微信朋友圈发表文字时，字数少于 99 可显示全部。因此，企业的活动推广信息文字不能太冗余，不要寄希望于用户会主动点开消息来认真查看。尽量用简洁的文字将活动的精华进行介绍，这样即便用户一扫而过，也能留下印象。

（3）精准性。朋友圈推广讲求精准性，即合适的活动推广给合适的人群。这就要求企业建立精准的用户数据模型，借助大数据技术，将营销活动有针对性地推广给产品或服务的需求者。

（二）微博传播

微博是一个造就热点时事的地方，也是人们休闲娱乐、了解资讯的平台。微博日活跃用户数达 1.6 亿，每日访问量达百亿次。企业一定不能错过这个拥有巨大流量的传播平台。本章之前介绍的百事可乐的春节活动，便是利用微博用户的广泛参与从而带动活动的广泛传播，起到了品牌宣传和产品推介的作用。微博传播的主要技巧如下。

1. 活动吸引力

活动吸引力是引起公众主动参与最重要的因素。例如，近几年"双十一"期间，聚美优品创始人都会在其微博上开展转发送汽车活动。用户只要在微博上转发聚美优品"双十一"活动信息，就有机会抽取 MINI 轿车。同时，作为见证，聚美优品将在其官方微博、客户端全程直播送车过程。该活动每次都能吸引上万甚至数十万微博用户的转发参与。

2. 借助热点

微博往往是热点事件的发源地和汇集地，用户习惯在微博上关注热点、搜索热点。微博上传播的活动借助热点事件，可以很好地借势，增强活动传播效果。如 2018 年世界杯期间，燃具品牌华帝巧借世界杯热点，进行了一次极其成功的"法国夺冠退全款"活动，成了世界杯期间最大的赢家。

3. 讲明活动流程

清晰、简明的活动流程，能够吸引用户参与。模糊不清的活动规则，只会消磨用户的参与热情。

（三）企业 App 传播

除了微信、微博等自媒体平台，企业可以通过自身的移动 App 端口进行传播。如天猫、京东、唯品会等电商平台，App 是其营销活动的主要传播阵地。App 传播有如下技巧。

1. 需要人气高

一般而言，只有企业 App 的用户较多、关注范围广泛，其传播效果才能达到最佳。如果企业的 App 本身人气不足，那么就需要借助第三方 App 平台进行传播。正如很多品牌即使有自己的移动 App，也会选择在天猫上开旗舰店，并在天猫上进行宣传一样，都是为了借助天猫这一平台的巨大影响力和用户关注度。

2. 广告讲求质感

互联网上的广告内容繁多，消费者对广告有强烈的抗拒感，会主动排斥广告推送。因此，活动广告需要设计得有质感、有创意，这样才能在巨大的信息流中脱颖而出，获得消费者的青睐。每年天猫"双十一"的广告，都是一次成功的互联网广告示范，无论是广告的色调、元素搭配还是文案，都十足地打动人心。

3. 幽默风趣

幽默风趣的活动内容介绍，会拉近消费者与企业之间的距离。在消费者会心一笑时，潜移默化地加强消费者对企业的好感，激发其参与活动的热情。

可以推广营销活动的平台很多，以上只介绍了常用的几种。企业需要根据活动的特点和自身的经济实力，选择适合自己的传播平台，精心设计活动内容，将传播平台的优势最大化发挥，这样才能达到最好的传播效果。

本章小结

网络营销策划是结合现代营销环境、新理念、新技术，遵循营销策划的一般原理和技巧，以满足消费者行为变化而产生的新型营销策划模式。网络营销策划的意义不仅在于促进网上销售，还能提升品牌价值，培养忠诚客户，拓展信息发布渠道，改善企业和客户的关系等。本章主要对网络营销的特点、作用、常见形式，以及网络营销环境下企业市场营销组合策略的转变等进行了介绍。

新媒体是信息时代的产物，给企业提供了更加宽阔的营销平台。企业只有利用好新媒体，才能争取忠诚客户，不被市场竞争淘汰。新媒体营销是指企业借助基于互联网的新媒体进行品牌形象塑造、产品宣传的过程。本章对新媒体的概念、特征，新媒体营销的策略和技巧等内容进行了介绍。

思考题

1. 什么是网络营销？它有哪些主要特点？

2. 网络营销有哪些常见的形式？网络营销组合策划包括哪些内容？

3. 新媒体有哪些典型代表？分别有什么特征？

4. 如何借助微信平台策划好一次营销活动？

5. 如何借助微博平台策划好一次营销活动？

6. 总结新媒体营销的技巧。

案例分析

小米手机网络营销策略

2017 年，小米在国内及国外市场上的表现都极其出色。据统计，当中国手机市场销量下降 15.7% 时，小米却增长了 57.6%，全年共销售 5 094 万台。

小米公司从成立之初，就坚持线上营销的策略，借助互联网用户多、传播快、范围广的特点，迅速提升品牌知名度。之后，小米公司又制定了一系列网络营销组合策略，逐渐抢占市场，使小米手机一跃成为国产智能手机品牌的领先者。

一、产品策略

小米的每款产品都遵循用户体验为上的原则。小米手机可以说开创了一个全新的品类，即所谓的互联网手机。小米手机在产品策略上采用爆品策略，每款爆品自身都是获取巨大网络流量的广告产品。最被人知晓的"红色星期二"就是其专门针对上市不满 180 天、需求量很大的产品制定的特别销售时间。其第一代到第四代的产品，以及后来的红米以及 NOTE 都是通过此种方式销售。除了以"发烧级"产品作为重要的产品策略，小米公司还实行多种产品组合策略。这种打组合拳的产品策略令小米公司旗下产品互为补充，形成了强大的产品阵列。例如，2016 年，小米公司推出了空气净化器、小米智能台灯、小米电动滑板车、米家扫地机器人等产品；2017 年，小米公司继续推出米家激光投影电视、米家声波电动牙刷等重量级新品。小米生态链已成为全球最大的智能硬件平台，基于小米 MIOT 平台的联网设备总量突破 6 000 万台。由此可以看出，小米不仅在迅速发展的初期有魄力只做一种产品，到后期更有勇气也有信心做多种产品，为消费者打造了一个智能生活圈。这种根据自身实力不断调整产品策略的做法十分成功。

二、价格策略

在小米手机或者其他产品发布会上，可以发现，小米非常善于用同类参考产品来烘托其产品的低价。小米始终奉行高性价比的价格策略，以优势价格将产品覆盖到最大范围。此外，其新产品优质的产品参数也成为同行业内最具选择性的产品方案。小米软件则全部采用免费策略。例如，小米 MIUI 系统前期全部是作为免费操作系统供用户下载体验的，小米手机面市后，全部搭载了小米 MIUI 操作系统。小米手机免费的并且每周迭代的操作系统，符合中国消费者的消费习惯。

三、渠道策略

小米手机的营销渠道以电商为主、社交化媒体为辅，核心的售卖平台就是其官网，运营费用少、流程简单。小米在营销渠道上花了很多心思。第一，以购买资格为准，形成"一机难求"的火爆氛围；第二，引入了预售模式，大大规避了压货风险，并有利于控制量产；第三，小米手机主要面向的青年群体也习惯通过网络渠道进行产品购买。

四、营销传播策略

小米手机凭借网络营销成功地实现了品牌推广，并创造了国产手机的多项营销纪录。具体来说，其网络营销传播手段主要包括以下几项。

1. 门户网站营销

线上营销是小米公司始终坚持的营销模式。因此，小米公司自设立伊始，就广泛招募科技人员进行小米门户网站的开发，并将该网站作为小米手机的唯一销售渠道。该网站提供小米手机的线上订购功能，并在此发布小米公司的最新销售信息，为消费者提供手机的完整信息。小米官网还建立了一个官方论坛，消费者可以注册账号，在此进行小米手机的深度交流。论坛逐渐聚集了一大批小米用户，继而发展成一个专业的社群。不仅如此，小米公司也看到了网购消费的热度，同时在淘宝、京东等平台上开设了官方旗舰店，进一步扩大了线上营销的渠道，提高了产品销售量。

2. 事件营销

2013 年 8 月 16 日，在小米手机发布会上，小米手机的神秘面纱被全部揭开。超强的配置、极低的价格、极高的性价比，小米手机凭借这些特点赚足了媒体的眼球，而小米创始人以乔布斯风格召开的"向乔布斯致敬"的发布会被媒体广泛传播。这次新闻发布会后，小米手机在网络上的关注人数从几千上升到了 20 多万。

3. 微博营销

小米的微博营销别出心裁，不仅专业度高，而且分工明确。小米在微博上开设了小米手机、米聊、小米设计等具有不同作用的微博账号，它们联系紧密、目标一致，都是为了宣传小米的产品和科技。在宣传方式上，不仅有转发、点赞、送福利等传统方式，还充分利用名人效应，通过明星的微博代言，迅速提升知名度。此外，小米通过微直播、微访谈等活动加强与用户的互动性。在产品正式发售之前，小米通过微博宣传吸引了大量用户的眼球，提高了产品的关注度。

4. 饥饿营销

小米公司的饥饿营销是小米产品销售策略中最重要的一环。饥饿营销，是指企业通过对产品供应量的限制，使消费者对产品的需求欲望无限接近最大化。小米通过产品宣传，吸引了大批用户，但在销售产品时，却对产品的销售量严格控制，形成供不应求的局面，开启了一轮又一轮的销售热潮。对于小米的爱好者而言，小米销售新手机时，"抢小米"已经成为一种习惯。可以说，饥饿营销策略的成功，直接促成了小米今天的高度。

5. 口碑营销

小米手机十分注重用户口碑。在整个生产过程中，小米只扮演科技研发和销售的角色，中间的生产过程全部由相关制作商负责。因此，小米能够更加方便地聆听用户的意见，通过收集反馈意见，不断改进产品的品质，使其更加贴近用户需求。

作为依靠网络营销的成功典范，小米让我们看到了网络平台强大的影响力。随着网络用户群的日益扩大和网络功能的日益增长，这种影响力只会稳步提升。网络营销模式还在不断发展和完善，我们应当从小米的案例中得到启示，不断创新营销思路，开拓营销渠道，这样才能占得先机，在市场竞争中取得优势地位。

（资料来源：1.《读书文摘》2016 年 08 期；2. 站长之家网站）

【案例分析】

1. 请结合本案例，分析小米手机选择网络营销的动因，以及其网络营销取得成功的原因。

2. 通过此案例，讨论一个企业应该如何策划网络营销活动。

项目实训

实训目的：掌握网络营销策划的内容和方法。

实训内容：J 品牌陶瓷刀是面向中高端市场、专注做陶瓷刀具的品牌。该陶瓷刀的核心卖点在于其极致的北欧设计风格和环保健康的材质，主要面向 25 至 49 岁、有一定经济基础和社会地位、收入较高、追求生活品质的群体。J 品牌陶瓷刀具运营项目已经运营了快半年，建立了比较成熟的京东商城、淘宝店销售渠道，但是目前存在销售甚少、知名度较低、营销成效不显著等问题。

实训形式：以小组为单位，为 J 品牌陶瓷刀撰写一份网络营销策划方案，要求应用新媒体营销策略。

第十章

企业形象识别系统策划

■/// 学习导航

在以竞争为导向的时代，以什么形象展现在消费者面前，是企业首先要解决的问题。一个企业，只有塑造良好的企业形象，提升企业的知名度、美誉度、辨识度，才能加深消费者对企业的认同、理解和支持，才有利于在消费者心中形成良好的印象和品牌偏好。因此，了解企业形象识别系统、进行企业形象识别系统策划是营销策划中的重要内容。

企业形象识别系统策划是一个系统工程，需要企业全方位地开展工作，通过理解企业经营理念，将这一理念贯穿于各种行为活动、视觉设计之中。企业形象策划的成功实施，一方面可以形成企业的凝聚力，吸引优秀人才，使企业摆脱困境和旧的企业形象；另一方面也可以促进产品的销售，有效地改善公共关系，全面提升企业形象。

■/// 学习目标

- 掌握企业形象和企业形象识别系统的概念、作用。
- 了解企业形象识别系统导入的时机、步骤和内容。
- 掌握企业形象识别系统策划的内容。

★开篇案例

可乐双雄的形象大战

可口可乐年销售量居世界饮料行业第一，被称为第一饮料；百事可乐居第二位，被称为第二饮料。这两大品牌从创立之初至今，从未停止过竞争，在形象塑造方面的较量更是如此。

1886 年，美国药剂师彭伯顿利用南美 coca 树叶和非洲 cola 树籽炼制成一种健脑提神药，再加入苏打水与糖浆，合成了深红色的原始可口可乐饮料。坎德勒在 1891 年以 2 300 美元的价格收买了可口可乐专利权，1892 年创办了可口可乐公司，1893 年申请了可口可乐注册商标。

无独有偶，美国人布拉伯汉也在 1893 年把布拉德饮料改名为百事可乐，申请了注册商标，创造了独家生产经营的百事可乐公司。1919 年，美国实业家伍德拉夫以 2 500 万美元的价格买下了可口可乐公司。但是，两大可乐的市场销售始终平平，难分高低。

1934 年，可口可乐公司聘请设计师雷蒙·罗维重新设计了可口可乐的商标和包装：白色衬底烘托了鲜红的圆圈，圆圈内是波状曲线造型的可口可乐手写字体。整个产品识别标志红白对比强烈，色彩鲜明，给消费者带来强烈的视觉冲击。可口可乐的销售额顿时猛翻了数百倍，把百事可乐远远甩在了后面。这个纪录延续了 20 年之久。

1969 年，百事可乐公司新任总裁梯尔毅然做出决策，更新企业识别标志，导入企业识别战略。百事可乐英语原文为 Pepsi-Cola，Pepsi 发音清脆响亮，又使人联想到开启饮料罐时气体外溢而发出的"嘶嘶"声。所以，百事可乐干脆去掉 Cola 仅保留 Pepsi，进一步突出"嘶嘶"声。其视觉识别标志左右贯通无阻，上下反向对称分布了两个不规则的圆浪形，上为红色，下为蓝色，构成了红、蓝、白的色彩对比，以及开放和封闭的空间对比与变化。为了集中和加强视觉审美效应，百事可乐在标志两侧分别增加了红色和蓝色挖空的半方框。导入企业识别战略，为百事可乐公司带来了极为可观的经济效益和社会效益。1985 年，百事可乐全年销售量首次超过了可口可乐。

1970 年，可口可乐公司更新开发了统一的视觉识别标志并对外传播。原来的白底、红色圆形轮廓、红色手写字体和图形，变成了红底、红色方形轮廓、白色品牌手写字体图形，下面有一条与可口可乐玻璃瓶造型轮廓线相似的白色波状曲线，既延续了经典，又有新的变化。新的视觉识别系统实施以后，市场营销效果很好。然而，可口可乐却没有及时、系统地加以扩展、提升和推行。在百事可乐公司全面导入企业识别系统及其强大市场效应的冲击下，可口可乐公司最高决策层结束了长期的争论和徘徊，不惜代价地设计、导入、实施新的企业识别战略，确定将红底白字为特征的视觉识别系统应用于新一代可乐型饮料和非可乐型饮料以及其他产品上。随后，可口可乐公司从企业识别标志出发，进行了全方位的导入和推广。在视觉识别系统上，以红色冲击波为主的色彩策略突出了可口可乐"挡不住的感觉"；在行为识别系统上，以独特的生产经营方式及管理方式为主题，强调了可口可乐集中经营原浆、设备、技术、品牌和就地分散灌装、销售、服务、公关相结合的双轨制规范化行为方式；在理念识别系统上，力图展示可口可乐的全球性和永恒性，深化了可口可乐从美国大众文化转变为世界大众文化的新策略和价值观。

可口可乐与百事可乐的搏斗持续百年，就像一场永不谢幕的百老汇戏剧，其间的竞争博弈跌宕起伏。

（资料来源：魏浩浩. 可口可乐 VS 百事可乐：百年双雄战 [J]. 走向世界，2012（5）：38-39.）

第一节　企业形象识别系统策划概述

当今社会，企业形象已经渗透到消费者生活的方方面面。一个令人耳熟能详的品牌名称或者标志，总能触动人们的情感，影响到人们的购买决策。

一、企业形象

（一）企业形象的含义

企业形象是社会公众对企业的一切活动及其表现的总体印象和评价。企业作为被认识和评价的对象，其内部的生产经营管理、外部的营销服务及社会活动等必然会在社会公众心目中留下一定的印象并获得相应的评价。

社会公众是认识和评价的主体。由于社会公众对企业提供的产品或服务的需求不同，对企业的了解和认识程度不同，所以会对企业做出不同的评价。良好的企业形象可以使企业在市场竞争中处于有利地位，受益无穷；而平庸甚至恶劣的企业形象无疑会使企业在生产经营中举步维艰。

（二）企业形象的分类

企业形象是一个全面系统的有机整体，通常分为企业外在形象和企业内在形象两个部分。

1. 企业外在形象

企业外在形象是企业内在形象的外在展示。一般包括：企业物质设备形象，如厂房、办公楼及企业在公开场合使用的一切有形物品；企业员工形象，如员工的精神面貌、行为规范等；企业产品形象，如产品的质量、特色、风格、包装等；企业品牌形象，如企业的商标、口碑等。

2. 企业内在形象

企业内在形象是企业形象的灵魂和支柱，也是企业外在形象的源泉。一般包括：企业经营思想，如企业的指导思想、基本原则等；企业经营方向，如企业的业务范围、经营方针等；企业精神和价值观，如企业文化、发展愿景等；企业信誉，即企业经营道德，是企业内外部所有公众对企业履行和承担社会责任的综合评价。

二、企业形象识别系统与策划

（一）企业形象识别系统

企业形象识别系统（Corporate Identity System，CIS），是将企业的经营理念与精神文化，通过整体识别系统传达给周围的关系者，促使其对企业产生一致的认同感与价值观。CIS 是对企业的理念、行为、视觉形象等一切可感知的要素实行统一化、标准化、规范化和系统化设计，形成一套科学的管理体系，帮助企业在公众心中树立独特的企业形象。

CIS 主要由三大要素构成，分别是企业的理念识别系统（Mind Identity System，MIS）、行为识别系统（Behavior Idenlity System，BIS）和视觉识别系统（Visual Identity System，VIS）。CIS 的结构层次如图 10-1 所示。

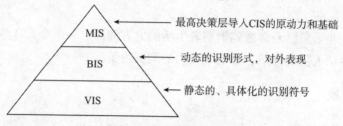

图 10-1　CIS 的结构层次

（1）理念识别系统属于精神层面，是企业得以维系的精神和理念。MIS 主要包括企业哲学、价值观念、经营宗旨、经营方针、经营策略、伦理道德和企业精神。MIS 是 CIS 的核心与灵魂，是 CIS 的"心脏"。

（2）行为识别系统是企业理念的行为表现方式，是企业行为和员工行为的统一。BIS 包括生产技术行为、管理行为、营销行为、服务行为等，它们都要形成以 MIS 为指导的标准化、个性化的行为规范。BIS 是 CIS 的重点，是 CIS 的"手"，是 MIS 在行为上的表现。

（3）视觉识别系统是 CIS 中形象性最鲜明的一部分，通过传达企业营销信息、塑造企业形象，从而提升企业的知名度和美誉度，让公众清晰地了解企业的信息。VIS 主要包括企业的标准字体、标准色、标识、象征图案，以及由这四个要素结合构成的企业组合标识。企业将基本的视觉识别系统应用于企业的产品、职工服饰、建筑物、环境、自办媒介、赠品、广告、交通运输设备、事务用品等，形成企业视觉识别应用系统。VIS 是 CIS 的关键，是 CIS 的"脸"，是 MIS 在视觉上的表现。

（二）企业形象识别系统策划

企业形象识别系统策划（CIS 策划），即对企业形象识别系统进行开发和设计，是企业对自身理念文化、行为文化和视觉识别进行系统的革新、统一的传播，从而塑造出富有个性的企业形象，进而获得公众广泛认可的过程。

良好的企业形象是企业的宝贵财富，需要企业花费巨大的人力、财力和物力，经过长期的努力才能建立起来。良好的企业形象可以为企业带来多方面的收益，为公众带来多方面的满足。

第二节　企业形象识别系统的导入

企业形象识别系统导入（CIS 导入），是指在企业长期经营战略的指导下，将企业的经营理念、经营行为与社会公众对企业的认知有机地结合起来，系统地进行企业形象设计和初步实施的作业过程。科学有效地导入 CIS，会使企业从表层的企业标识到深层的企业理念都发生积极性和革新性的改变，从而确立企业对内对外的主体性和统一性，并通过快速有效的企业信息传播，全面有效地提升企业形象和企业影响力，实现企业的长远发展。

一、企业导入 CIS 的意义

（一）塑造并提升企业形象

CIS 导入最主要的目的是塑造良好统一的企业形象，提升企业的知名度和美誉度。良好的企业形象是企业一项重要的无形资产，有助于赢得顾客对企业的产品或服务的信任，增强企业的凝聚力和吸引力，使企业获得社会各界的支持，在竞争中赢得优势。

（二）确立并明确企业的主体性和统一性

主体性即企业的同一性，或自我的一致性，也就是把自我和他物区别清楚，并保持一贯的自我主张。统一性主要表现在企业名称、标识要能表现出企业的特性，传达的含义与企业的产品、服务理念相一致，群体成员对企业的信念、价值、目标认识相一致等。导入 CIS，对企业内部形象和外部形象进行统一塑造、规范，使这种形象根植于员工、客户等相关利益者的心中，确立并明确企业的主体性和统一性。

（三）快速有效地传递企业信息

企业信息的传递过程，也是企业形象的传播过程。对企业信息的传递必须有统一而系统的计划、安排，以便增强信息的可信度和识别性，塑造统一的企业形象，使社会公众对企业产生认同感和信任感。CIS 正是满足这些要求的较佳的信息传播途径和手段。企业导入 CIS 能够保证信息传播的统一化、规范化、系统化、程序化，并使传播更经济有效。

（四）形成并增强企业对内的凝聚力和对外的亲和力

企业精神是企业在其经营管理活动中形成的，是为全体员工所认同和信守的价值观、理想、目标等意识形态的概括和总结。企业精神是企业的灵魂。企业导入 CIS 有利于形成优质的企业精神，从而增强企业对内的凝聚力和对外的亲和力。

（五）影响并获得公众的选择与认可

品牌是影响大多数消费者消费选择的重要因素，名牌更是如此。优质品牌是一种公众信任的标志、一种公众认可的象征。优质品牌所衍生出来的价值，让公众认为即使花费比同类产品高得多的钱也值得。企业导入 CIS 并有效策划，正是通过对品牌的缔造来赢得公众的认同。

二、企业导入 CIS 的原则

（一）系统原则

系统原则包含两层含义。一是 CIS 本身要有系统性。企业形象识别系统与整体形象战略本身是一个有机的整体，企业要注意 MIS、BIS、VIS 三大构成要素的协调，形成一个规范的大系统和内外密切联系的整体，得到"1+1+1>3"的效果。二是企业要把 CIS 的导入作为一项系统工程来实施，实施过程需要考虑到企业这个组织系统的全员性、全范围、全面的方法与手段。简单来说，导入 CIS 的系统原则是指应从系统整体出发来展示企业形象，而不是支离破碎地传递企业信息。

（二）统一原则

CIS 包含 MIS、BIS、VIS 三个子系统，三者各成体系。统一原则不仅要求三者内部各自统一、协调，而且要使整个 CIS 体系统一、协调，形成统一的企业形象识别系统，使企业形象在各个层面得到有效的统一。统一原则具体表现为企业理念、行为及视听传达的协调性，产品形象、经营策略与精神文化的和谐性，企业传播活动的统一性。统一原则能让企业各种信息的传播都围绕 CIS 的要求，形成一贯性作风和统一的"形象合力"，从而产生规模影响。

（三）差异原则

企业导入 CIS 的根本目的是塑造具有鲜明特色的个性形象，归根结底是一种差异性（个性化）的战略。日本著名企业识别战略设计专家中西元男有一句名言："CIS 的要点，就是要创造企业个性。"因此，差异性是 CIS 的本质特征。这种差异性是指应将企业特有的个性展示在消费者面前，而不是照搬别人的模式，即要创造差异，以"异"形成优势，以"优势"谋取成功。

（四）长期原则

企业导入 CIS 实际上是一种无形资产的投资，涉及时间长，投入多。运用 CIS 来强化企业的统一精神、培育自我独特的企业文化，需要长时间的积累与培养。国外企业导入 CIS 的周期一般在 10 年左右，即使只是部分导入往往也需要 3~5 年的时间。企业导入 CIS 必须树立长期的观念，有计划、按步骤地实施，使企业从外表到内在全面革新。

（五）可实施原则

CIS 的可实施性主要体现在四个方面：一是要有一套贯彻宣传企业理念的具体方法；二是要有一套可具体执行的行为规范；三是要有一套能形象直观地体现理念的视听传达设计；四是 CIS 方案的每一个环节都必须是可实施的，对存在的问题有相应的解决措施。

三、企业导入 CIS 的时机

企业导入 CIS 是一项需要投入大量人力、物力和财力的系统工程，需要整合好各种资源，还需要把握好 CIS 的导入时机。时机选择得好，企业导入 CIS 的作用发挥空间更大，效力更佳。实践证明，企业适宜在以下几个时机导入 CIS。

1. 企业成立、变更或重组时

企业成立、变更或重组对于企业来说均是一个新起点，新起点需要新形象。企业成立时是导入 CIS 的最佳时机，此时可以设定最理想的经营理念和识别系统，建立良好的企业形象。企业变更或重组时，由于受多种因素的制约，会产生不同经营思想、行为规范、视觉识别等的冲突。这时导入 CIS 可以迅速统一企业形象，消除公众的认知障碍，进而达到树立全新形象的目的。

2. 企业周年纪念时

创立周年纪念是对企业成长的肯定。这时导入 CIS，一方面可以表明事业兴旺发达，增强员工的向心力和凝聚力；另一方面也可以增强相关利益者的信心，进一步加强友好合作。企业在周年纪念时一般会举办各种庆典活动，此时引入 CIS 更易引起媒体和公众的关注，从而扩大企业的社会影响力和知名度。

3. 企业扩大经营范围、实行多元化经营时

随着时间的推移，企业不断地成长壮大，可能从国内市场扩展到海外市场。同时，市场环境的变化使企业不得不经常调整产品结构，甚至实行多元化经营。随着企业经营范围的改变，企业原来的名称、标识等必然变得不合时宜，这时企业就有必要导入 CIS，建立起与企业发展方向相符的新形象。值得注意的是，企业为了进军海外市场而导入的 CIS 必须适应他国文化。

4. 企业新产品开发与上市时

新产品是企业生命的源泉，也是企业充满活力的见证。企业成功开发出新产品时，是导入 CIS 的良好时机。由于新产品通常是创新的表现，而创新又是最易被公众关注的。因此，在新品开发成功、刚刚上市之际导入 CIS，最容易塑造崭新的企业形象和品牌形象，同时也可以为新产品上市造势。

5. 企业解决经营危机、消除负面影响时

企业面临经营不善的危机或产生负面影响时，为了消除公众心目中的阴影，就有必要导入 CIS，以提高企业活力和竞争力，增强公众信心。日本的松屋百货公司、意大利的蒙特爱迪生公司等，都是在企业发生经营危机时导入 CIS 转而渡过难关的。

企业导入 CIS 的契机很多，除以上几种情况之外，当企业名称老化，企业名称与产品形象不符，企业知名度低，在同业竞争中处境极为不利等的时候，都可考虑导入 CIS。

四、企业导入 CIS 的流程

企业导入 CIS 是一项系统工程，大致可以分为六步，分别是前期准备、调研分析、策划定位、开发设计、实施宣传、维系保持。

（一）前期准备

企业导入 CIS 的前期准备工作主要是确认导入 CIS 的动机和目的，并制订导入计划，落实人、财、物等条件的支持与支撑，为正式启动导入 CIS 做必要的准备。准备工作完成后，应提交一份规范的 CIS 提案书，内容一般包括导入 CIS 的理由和背景、基本方针、计划内容、日程安排、组织机构、项目预算、预期效果等。

（二）调研分析

CIS 调研的内容包括对企业的历史、经营状况、发展战略、管理层的经营风格、组织文化氛围、市场竞争形势、市场定位及产品力等问题的调查、分析与评估。调研前应制订一个调查计划流程表，以便控制调查进程；调研结束后，应对调查结果进行综合分析，写出调研报告，以便下一步工作参考。

（三）策划定位

在充分调研的基础上，深入分析企业内部和外部认知、市场环境和各种设计系统的问

题，进行企业未来的总概念定位，构筑理念系统，研讨形象塑造方案。策划阶段结束时，应提交一个能表达总体策划思想和战略的总策划报告书，提出 CIS 计划的基本策略、理念系统构筑、开展设计的要领、未来管理作业的方向等。

（四）开发设计

本阶段的开发设计是对形象概念的展开，即将前面总策划书设定的概念定位等转换成行为和视觉表达形式，以具体表现企业理念。企业行为设计的最高要求是科学性、规律性和可操作性，以及能够被员工所接受。视觉识别设计可分为三个步骤：第一，将识别性的抽象概念转换成象征性的视觉要素；第二，创造以实体象征物为核心的设计体系，开发基本设计要素；第三，以基本设计要素为基础，展开应用系统要素的设计。

（五）实施宣传

这一阶段的重点在于将设计规划完成的形象识别系统制成规范化、标准化的手册和文件，策划 CIS 的发表活动、宣传活动、培训活动，建立 CIS 的推进小组和管理系统。在实施阶段主要有三项工作：首先，选择时机对内对外进行 CIS 计划的发表，并借助各种传播媒体全面宣传企业形象；其次，有步骤地对企业员工进行 CIS 培训；最后，建立相应机构，监督 CIS 计划的执行情况。

（六）维系保持

企业 CIS 的导入与确立不是一朝一夕的事，需要长期不懈地维系、发展，以保证企业的良好形象。因此，企业 CIS 的导入需要完善、健全的企业制度和组织领导机构，以保证企业持之以恒地进行自我约束、自我教育。

第三节　企业形象识别系统策划的内容

企业形象识别系统由理念识别系统、行为识别系统和视觉识别系统三大要素构成。三者各有其特定的内容，既能独立形成三个识别子系统，又能相互联系，相互制约，共同协作，形成完整的企业形象识别系统。

一、企业理念识别系统策划

企业理念识别系统是企业形象识别系统的核心和基本精神所在。理念识别包含两层含义：一是企业理念要有统一性，即企业内外上下都必须一致；二是企业理念要有独立性，即每个企业的理念要区别于其他企业的理念，以达到有效识别的目的。因此，企业理念识别系统是体现企业自身个性特征的，促使企业正常运转与长远发展而构建的反映整个企业明确的经营思想的价值体系。

（一）企业理念识别系统策划的基本内容

MIS 策划的基本内容一般包括企业愿景、企业使命、企业精神、企业价值观、企业风格五个方面，此外还包括经营方针、企业文化、经营目标、经营战略等内容。

1. 企业愿景

"愿景"解决企业是什么、要成为什么的基本问题。企业愿景是指企业的长期愿望及未来发展蓝图，体现企业永恒的追求。

例如，联想集团的愿景是"未来的联想应该是高科技的联想、服务的联想、国际化的联想"；微软公司的愿景是"计算机进入家庭，放在每一张桌子上，（大家）使用微软的软件"；麦当劳的愿景是"控制全球食品服务业"；波音公司的愿景是"在民用飞机领域中成为举足轻重的角色，把世界带入喷气式时代"；迪士尼公司的愿景是"成为全球的超级娱乐公司"。

2. 企业使命

企业使命即企业的存在意义，是企业由于社会责任、义务所承担或企业自身发展所规定的任务。任何企业都有自己的经营目的和在社会上存在的价值。只有树立明确的使命感，才能满足企业员工自我实现的需求，持续地激发他们的创造热情，也才能赢得公众更普遍更持久的支持、理解和信赖。企业使命包含企业的经济使命和社会使命。

例如，联想集团的使命是"为客户利益而努力创新"；苹果公司的使命是"借推广公平的资料使用惯例，建立用户对互联网的信任和信心"；中国移动通信的使命是"创无限通信世界，做信息社会栋梁"；迪士尼公司的使命是"使人们过得快活"；华为公司的使命是"聚焦客户关注的挑战和压力，提供有竞争力的通信解决方案和服务，持续为客户创造最大价值"；耐克公司的使命是"体验竞争、获胜和击败对手的感觉"。

3. 企业精神

企业精神是企业的基本信念，集中体现了企业认定的在生产经营活动中应该遵循的根本原则、共同理想信念和追求。它是企业员工的群体意识，对员工具有很大的导向和激励作用。

企业精神主要源于爱国主义精神、集体主义精神、主人翁精神、奉献精神、科学精神、艰苦创业精神、开拓创新精神、竞争精神等，一般由企业家积极倡导、全体员工自觉实践而逐渐形成。

企业精神的表达方法有以下几种。

（1）厂名命名法。如一汽集团的"一汽精神"，重庆钢铁公司的"重钢精神"。

（2）产品命名法。如沈阳风动机厂的"齿岩机精神"，无锡自行车业公司的"长征精神"。

（3）人名命名法。如大庆油田的"铁人精神"，鞍山钢铁的"孟泰精神"，广州白云山制药厂的"白云山人精神"。

（4）概括命名法。如沈阳新光机械厂的"———精神（一体同心、一丝不苟、一往无前）"。

（5）借物寓意命名法。如戚野机车车辆厂的"火车头精神"。

（6）形象比喻命名法。如北京百货大楼的"一团火精神"，煤炭企业的"火炬精神"。

4. 企业价值观

企业价值观是企业理念系统的基础，是企业内部形成的、全体员工对其工作意义的认识和所推崇的行为目标的认同，即企业认为什么最有价值、什么没有价值，以及这种价值观念的明晰程度。价值观作为一种意识形态，对企业行为产生了一系列重大影响，调节和控制着员工的信念、道德标准，规范着员工的行为，并贯彻到企业的生产、销售、服务、广告等各个方面，如财富观、人才观、竞争观、审美观、时间观等。

例如，联想公司价值观为：成就客户——致力于客户的满意与成功；创业创新——追求速度和效率，专注于对客户和公司有影响的创新；精准求实——基于事实的决策与业务管理；诚信正直——建立信任与负责任的人际关系。

5. 企业风格

企业风格是企业精神和价值观的具体体现。它主要通过企业对外部环境和内部环境的认识来体现，对外包括企业在处理与顾客、社区、政府等关系时的指导思想，对内包括企业在处理与员工、股东、债权人等关系时的基本观念。

海尔集团强调"把人当主体，把人当目的，一切以人为本""尊重人、信任人、理解人、关心人""你能翻多大的跟头，我就给你搭多大的舞台"等，以此来激励员工的士气和斗志。可见企业要想获得成功，就必须从努力追求顾客、股东、员工、社会满意的角度入手，在企业内外部环境中形成多赢的良性互动关系，营造一个能够提高各方积极性的氛围。

（二）企业理念识别系统的表现形式

1. 标语、口号

企业理念有着丰富的内涵，但是为了使理念便于了解、传播和执行，往往把企业理念的核心内容提炼为一句言简意赅、凝练的标语或口号，以此作为统一的意志和行动指南，形成一种舆论和精神氛围。

例如，海尔集团的理念为"真诚到永远"，永辉超市的理念为"民生超市，百姓永辉"，龙湖物业的理念为"把平凡的工作认真做好一百遍、一千遍，就是不平凡"。

2. 广告

广告是树立企业形象的有效形式之一。广告不等于企业理念的内容，但却有一定的联系，广告语可以体现出企业理念的内在精神。

例如，某厨房电器企业的一系列广告语"因关爱而存在""创造健康生活"等，便可以彰显该企业所倡导的热爱生活、关爱家人的理念。

3. 企业歌曲

企业歌曲就是根据企业理念的有关内容谱成的歌曲。企业歌曲一方面以通俗易懂、朗朗上口的词句和优美流畅的旋律起到感染人的目的，另一方面又可以达到放松心情的目的。优秀的企业歌曲能够激起人们团结、奋发向上的激情。

4. 企业座右铭

企业座右铭本质上是企业信条、标语、价值观。准确地说，企业座右铭是企业领导人遵循的准则，可以用横幅、条幅等书法形式陈列于办公室内。

★ 相关链接

世界 500 强企业座右铭（部分）

通用汽车：结局很美妙的事情开头并非如此。

沃尔玛超市：顾客永远是对的；若有疑问，请参考第一条。

皇家荷兰壳牌集团：你可能不理解他人，但请先尊重他人。

花旗集团：当人人都认为发生灾难时，我们却把它看成是机会。

大众汽车：没有人能够想当然地指望永远"保有"一份好工作，而要去争取一份好工作。

松下电子：如果你是个做拉面的，也要做出比别处更鲜更美的拉面。

宝洁公司：不把鸡蛋放在同一个篮子里。

杜邦公司：用飞跃的想象、信心和勇气换取飞跃的未来。

爱立信公司：我们应该以全球的方式进行思考，以本地的方式采取行动。

戴尔电脑公司：只有偏执狂才能生存。

可口可乐公司：做独一无二的事情，就没人能够超越你。

微软公司：如果为每一个人提供他所需要的资源，那么每一个人都能做出伟大的事情来。

企业理念的应用范畴和表现形式还有许多，如企业条例、守则、企业领导人的重要讲话等。一个企业的各种理念应形成系列，各有不同的侧重点，不应当局限于一种表现形式。

二、企业行为识别系统策划

如果说 MIS 是 CIS 中的"想法"，那么 BIS 就是 CIS 中的"做法"，把抽象的企业理念落实到具体的生产经营活动中。BIS 的内容相当广泛，大体可以分为对内和对外两部分，内外相互支撑，共同推进。

（一）企业内部行为识别系统策划的基本内容

1. 企业领导机构与组织制度

建立和完善领导制度，通过章程、制度等形式确定管理层次和管理幅度，合理设置组织机构和人员编制，明确各部门的职责、权力分工及相互之间的关系，使企业机构正常运行。

2. 企业决策与计划机制

根据问题的轻重、缓急程度制定决策与计划的层次、程序、原则、标准与权限等，使每个问题都能得到及时有效的处理。

3. 各项专业管理规范

对企业经营管理的各个职能板块的专业管理工作进行规范，制定工作流程，确定责任部门，并以此作为企业日常生产经营活动的准则和依据，使企业各项工作有章可循。

4. 部门工作与岗位工作职责

通过责任制等形式，让每个部门及各个岗位明确各自的工作职责、工作范围、权力和利益，以及与其他部门的关系等，使每个部门和岗位的职、权、利相联系，保证企业有序运转。

5. 服务与礼仪要求

服务与礼仪要求包括服务态度、服务水准、仪容仪表、应对技巧、电话礼貌、体态语言、规范语言等，以体现企业和员工的精神风貌和素养。

（二）企业外部行为识别系统策划的基本内容

1. 产品规划

产品规划主要包括市场调查、产品设计开发、品牌包装、质量保证等。其中，市场调查是基础，质量保证是关键。

2. 服务活动

服务活动包括售前、售中、售后服务三个阶段。

3. 广告活动

广告活动包括广告定位、广告制作、广告发布、广告测试四个环节，具体形式有产品广告和企业形象广告。

4. 公关活动

公关活动包括展示活动、公益活动、文化性活动、新闻发布会、专题活动等。企业公关活动对企业取得社会公众的了解、支持、认同和合作，进行双向沟通和交流大有裨益。

（三）企业行为识别系统内部组织传播与规范

1. BIS 说明书

BIS 说明书的内容包括企业导入 BIS 的背景、过程及制定的企业理念等。

2. 内部员工教育用幻灯片

利用幻灯片展示 BIS 说明书的内容。

3. 利用内部传媒来传递信息

利用公司内刊/海报、微信公众号或 OA 办公平台等提出改革的口号，让员工有心理准备，鼓舞员工士气，同时记录好员工的反馈意见。

4. 员工手册

编印说明企业理念、企业行为规范、企业视觉识别的手册，让员工可以随身携带。

5. 企业内部的沟通

开展奖励企业员工使用本企业产品的活动，召开晨会、座谈会等，促进企业内部的信息交流和沟通。

6. 促进自我启发

举办真正使 BIS 理念融入行为的企业员工与主管讲习会等。

企业在进行内部传播教育时，除了利用正式传播媒体，对非正式传播网络（如传闻、小道消息等）也不能掉以轻心，必须适当加以引导和利用。

★案例赏析 10-1

中铁十局集团有限公司企业行为识别系统摘要

一、全体员工职业道德基本规范

第一条　忠诚企业，热爱团队。维护企业利益，珍惜企业荣誉，保守企业机密，爱企如家，无私奉献，积极为中铁十局改革发展献计献策。

第二条　明礼修身，完善自我。注重加强思想道德修养，积极践行公民道德基本规范和社会主义荣辱观，自觉抵御"黄、赌、毒"等各种腐朽思想和生活方式的侵蚀，树立社会主义新风尚。

第三条　诚实守信，待人友善。行事光明磊落，重信守诺；待人坦诚热情，忍让宽容。尊重他人的隐私和感受，做到己所不欲勿施于人。

……

二、管理人员职业道德基本规范

第一条　知恩感恩，回报企业。对企业给予的工作待遇和发展机遇及领导、同事的帮助知恩图报，对企业具有高度责任心和使命感，自觉勤勉工作回报企业。

第二条　令行禁止，恪尽职守。坚决贯彻和执行上级领导分配的任务，完整理解自己的岗位工作标准，保证所承担的职责全面履行落实；准确把握自己的职责权限，不越级授权，不越级指挥，工作到位不越位；加强工作沟通协调，及时向上级汇报反馈工作情况，积极与下属沟通，做到上情下达、下情上报。

……

三、领导干部职业道德基本规范

第一条　坚持原则，坚定信念。坚持用科学理论武装头脑，在政治上始终同党中央保持一致，在工作上坚决执行上级规定要求，坚持正确的国有企业发展方向。

第二条　科学决策，作风民主。自觉坚持民主集中制原则，不断健全管理制度。充分尊重员工的首创精神，虚心听取员工意见，善于运用先进的管理思想协调各种复杂的矛盾，依法治企，依法行政。

……

四、职业形象具体要求

中铁十局员工职业形象要求包括以下几个方面：仪容仪表、言行举止、公关礼仪、办公环境等。

（资料来源：中铁十局集团有限公司官网）

三、企业视觉识别系统策划

VIS 是企业形象识别系统中最为独特、具有极强感染力和传播力的重要部分，它将抽象的企业理念与价值观通过静态的、具体化的、视觉化的传播系统，有计划、有组织、正确快捷地借助各种传递方式传达给社会公众。

（一）企业视觉识别系统策划的基本要素

VIS 的基本要素包括企业名称、企业标志、企业标准字、企业标准色、企业吉祥物、企业宣传标语等。

1. 企业名称

企业名称与企业形象有着紧密的联系，是 CIS 设计的前提条件。企业名称不仅是一个简单的文字符号，也是企业理念的缩影和体现。企业名称必须反映企业的经营思想，体现企业理念。企业名称要简洁明了，富有特色，国际型企业还要注意适应外国人的发音，以避免外语中的错误联想。设计企业名称时，还应考虑企业名称与企业标志的统一与协调。

2. 企业标志

企业标志是把抽象的企业理念精神用具体的图案符号统一地表达出来。在 VIS 的设计中，标志是启动并整合所有视觉要素的核心与基础。企业标志不仅要具有强烈的视觉冲击力，而且要表达独特的个性和时代感，还要有特定的造型和适当的延展性。

3. 企业标准字

企业标准字是根据企业名称、品牌名称、企业口号等精心设计创作的，包括中文、英文或其他文字，广泛应用于企业 VIS 的各项要素中。标准字不同于普通文字，它注重字体的造型设计，强调整体的风格和个体形象，通过笔画形状、背景颜色、字体的配置、字距的幅宽、线条的粗细搭配等设计，来丰富和增强文字的表现力。

标准字设计须注意两个问题：一是标准字应与企业标志相协调；二是标准字设计应具有联想感。如在英文中，"曲线构成的字体"让人联想到香水、纤维制品等，"角形字"易让人联想到机械、工业用品类。

4. 企业标准色

标准色是企业选定的，代表企业形象和产品形象的特定颜色。标准色是通过一定的色彩或一组色彩系统的视觉刺激和心理反应来传递企业理念和产品特质的识别要素。通常，大多数企业会根据人们的视觉心理感受来选择标准色。

企业标准色要根据企业的行业属性确定，突出企业与同行的差别，并创造出与众不同的色彩效果。标准色通常不超过三种颜色，与标志、标准字等相配合，形成较强的视觉刺激。例如，IBM 被称为"蓝色巨人"，可口可乐的红色洋溢着青春健康的欢乐气息。

标准色的设计要注意以下几点。

（1）要凸显企业理念和企业形象，体现企业特性。

（2）要注意不同色彩的象征意义。

（3）要迎合不同地域背景的受众心理。

5. 企业吉祥物

企业吉祥物是指以可爱的人物或拟人化形象来唤起社会大众的注意和好感的象征物，是一种具象化的造型符号。滑稽可笑的"麦当劳叔叔"，憨态可掬的"康师傅"，迪士尼的"米老鼠与唐老鸭"等，都是塑造得比较成功的企业吉祥物。

在设计企业吉祥物时，不同的图形设计有不同的含义。例如，幽默滑稽的人物造型，能带给人热情、周到的服务暗示；威武凶猛的动物形象，可以带给人强劲、霸气的品质保证；娇嫩、率真的植物卡通，可以带给人呵护备至的关爱情怀。正确选择人物、动物、植物的个性和特质，能准确而轻松地表达企业的经营理念。

同时，企业吉祥物的设计要注意宗教信仰和文化风俗的好恶，还要注意企业的业务经营范围和产品特性。

6. 企业宣传标语

企业宣传标语就是用简洁的文字写出有宣传鼓动作用的口号并向公众传达。宣传标语的作用是便于"造势"，用以宣传某些政策，或主张某种理念，一般读起来朗朗上口，比较有韵律。

★相关链接

著名企业宣传标语

IBM：得客户者得天下。

迪士尼：我们想要一个有意义的公园，一个使家庭团聚的地方。

摩根：危机之中自有良机。

索尼：公司产品与产品的差异，在于细节。

海尔：日事日毕，日清日高。

中国联通：让一切自由联通。

阿里巴巴：让天下没有难做的生意。

福特：我要为大众生产汽车。它大得足够一家人乘坐，但也可以小得只要一个人开动和维护就够了。

微软：让每一张桌子上、每一个家庭中都有一台计算机，都使用微软的软件。革命就在这里爆发，而且是微小的软件革命。

沃尔玛：每一个微小的细节都值得企业密切关注，每一个细小的行动都是企业管理工作中的有机组成部分。只有对它给予足够的关注，修正细小的偏差，企业才能成就宏图伟业。

苹果：要想在这个微利时代站稳脚跟，并获得长足的发展，对每一个细节加以完善，是唯一的可行之路。

星巴克：作为产品，必须一开始就表现出它的与众不同。这种与众不同不是仅仅通过夸大的、不属实的广告宣传就能实现的，真正有效的方法是在细节上加以处理。

（二）企业视觉识别系统的应用展示

企业所有的信息传递平台，均可以作为视觉传递的媒体。企业视觉识别系统的应用展示主要包括以下几个方面。

1. 办公事务用品

办公事务用品是企业信息传递的基础单位，主要包括信封、信笺、便笺、公文纸、工作证、名片、胸卡、臂章、标牌、徽章、企业票据、单证夹、文件袋、办公文具系列，企业统一的公文箱与公文包等。

2. 员工制服

员工制服主要包括企业管理层制服、文员制服、生产人员工作服、公关人员服饰、勤杂人员制服、保安人员制服、文化衫、企业运动服、专用领带、工作帽等。

3. 交通工具

企业交通工具的视觉识别设计，应根据不同类型的交通工具的外形采用不同的表示方法，以充分发挥企业基本视觉要素的延展作用。

4. 内外建筑与设计

企业建筑物是企业生产、经营、管理的场所，也是企业形象的象征和展示。企业各建筑物的外观与装饰，办公室、会议室、接待室环境空间设计，生产点和销售点环境空间设计，公共环境标识系统设计等都是企业视觉形象传递的媒介。

5. 标识标牌

标识标牌是企业的门面，是吸引社会大众的主要宣传媒体。标识标牌主要包括企业招牌、企业旗帜等。

6. 产品包装

包装是产品的延伸，是销售过程中的"无声促销员"。良好的包装设计不仅能使消费者获得美的享受，也能为企业带来丰厚的利润回报。产品包装的视觉设计能够有效体现企业的视觉形象。

7. 产品或服务的宣传媒介

企业通过各大媒介来推介展示自己的产品或服务，主要包括报纸、杂志、电视、网络等外部媒介，也包括企业宣传画册、产品样本与目录、广告年历、企业宣传片等内部媒介。企业要充分用好各大媒介的宣传作用，在宣传产品或服务的同时注意传递统一的视觉识别形象。

8. 企业网站

当今，企业网站越来越多地承担着企业形象展示的任务。因而，企业网站的设计应纳入企业形象识别系统策划的范畴。

（三）企业视觉识别手册

企业在完成视觉识别系统的基本要素、应用要素设计后，需要将这些要素系统化、规范化、标准化，以便以后使用和执行，因此，就需要制作 VIS 手册（或延展为 CIS 手册）。

VIS 手册一般包括以下四部分内容。

1. 序言

（1）企业最高管理层人员的致辞。

（2）企业经营理念、目前与未来发展状况。

（3）引进 VIS（或 CIS）的动机和目的。

（4）手册使用方法的说明。

2. 基本要素

（1）标志、标准字、标准色。

（2）标志、标准字、标准色的变化设计。

（3）标志、标准字的制图法和标准色的使用方法。

（4）标志、标准字的误用举例。

（5）附属基本要素，如企业 Logo、专用印刷字体、版面排版方式等。

3. 基本要素的组合

（1）基本要素的组合与规范。

（2）基本要素组合系统的变化设计。

（3）基本要素组合误用举例。

4. 应用要素

不同系列的应用、说明与范例。

本章小结

企业形象识别系统策划又称 CIS 策划。本章对 CIS 的概念和构成、CIS 的导入、CIS 策划的三个要素，即理念识别系统、行为识别系统和视觉识别系统进行了详细介绍。MIS 是 CIS 的中心，直接关系企业的发展方向和前途，也是 BIS 和 VIS 策划的依据；BIS 是 MIS 的具体表现，即理念识别系统的经营宗旨、经营方针和企业精神等，都要通过行为识别系统将其具体化；VIS 的主要作用是将抽象的精神理念和具体的行为活动通过视觉形象表达出来。

通过本章学习，学习者要重点掌握 CIS 系统中三个要素之间的关系，发挥三者合力，共同让企业形象得到广泛传播，达到让消费者识别、记忆、认可的目的。

思考题

1. 简述企业形象的含义与作用。

2. 简述企业形象识别系统策划的内容。

3. 简述企业 CIS 导入的意义和时机。

4. 简述企业 CIS 导入的流程。

5. 分别说明企业 MIS、BIS、VIS 策划的基本要素。

案例分析

你不在星巴克，就在去星巴克的路上

星巴克（Starbucks）咖啡公司成立于 1971 年，主要经营咖啡豆、手工制作的浓缩咖啡和多款咖啡冷热饮料等。长期以来，公司一直致力于向顾客提供最优质的咖啡和独特的"星巴克体验"，让全球各地的星巴克店成为人们除工作场所和生活居所之外温馨舒适的"第三生活空间"。因此，很多人喜欢去星巴克。当有人问起你在哪里时，"我不在星巴克，就在去星巴克的路上"就是最好的回答。

从一杯咖啡开始，星巴克已经改变了世界各地人们喝咖啡的习惯。更了不起的是，它让一种沿街叫卖的产品变成了高档产品。它开创了一种星巴克式的生活方式，这种生活方式正

被越来越多的人所接受。星巴克已从昔日西雅图一条小小的"美人鱼"进化到今天遍布全球多个国家和地区、连锁店近万家的"绿巨人"。

从不做广告，却依然做得如此成功，这是属于星巴克的商业奇迹。40多年来，虽然星巴克很少有商业广告，但星巴克的营销之路却走得格外让人印象深刻，这与其有效的CIS策划息息相关。

一般的咖啡馆倾向于选择安静的地方，即使在热门地点也会选择角落位置。星巴克却偏爱商圈、写字楼、商场，通常会在显眼热闹的地方，甚至不避讳临街。热门地标是白领的典型领地，显眼的位置让他们不用花太多时间就能到达店内。

星巴克明亮的白色门面也让它更容易被发现。品牌采用白绿搭配色调，显得简洁、自然，摒弃繁复的装饰实际上也是在迎合都市白领的品位，出现在整洁的写字楼中毫不违和。星巴克的标志很有神秘色彩，是根据一幅16世纪斯堪的纳维亚的双尾美人鱼木雕（版画）图案设计出来的。对称的标志造型和对色彩严格的把握，使得从标志延伸出来的是一个横跨欧亚、覆盖全球的王者形象。

星巴克卖的是咖啡，不过在营销上，却和市面上所见的咖啡品牌营销有很大不同。这种不同体现在两个层面。首先，星巴克在人们视野中的出镜率相当高，在电影、电视、营销活动、社交网络中都经常出现。再加上全平台的自媒体宣传与互动，在宣传体量上，星巴克比其他品牌高出许多个等级。而更深的层面，身处餐饮业的星巴克在营销上并不像麦当劳、肯德基那样以产品为主角，营销重点不是口感、原料，而是放在品牌形象上。通过产品情境教育和对特定人群的强关联，让品牌与潮流、前卫、高端、品位等感性概念产生联系，提升品牌溢价。

星巴克人认为，他们的产品不单是咖啡，咖啡只是一种载体。而正是通过咖啡这种载体，星巴克把一种独特的格调传达给顾客。咖啡的消费在很大程度上是一种感性的文化层次上的消费，星巴克通过咖啡店所营造的环境文化感染顾客，并与顾客形成良好的互动体验。

星巴克公司以心对待员工，员工以心对待客人，客人在星巴克享受的不仅是咖啡，而是一种全情参与活动的体验文化。一杯只值3美分的咖啡为什么在星巴克会卖到3美元？星巴克为什么既能为顾客带来期望的价值，又能让企业获得更可观的利润？一个重要的原因就是，星巴克始终坚持"尊重员工，从顾客出发，与员工及客户多赢"的经营理念。星巴克伙伴通过每一次和客人在店里相遇的机会与瞬间，创造独一无二的服务与体验价值，"承诺用自己的智力、心力和劳力，热情地解决问题，而且绝不再争功诿过"。

（资料来源：根据搜狐网《你不在星巴克，就在去星巴克的路上》一文整理）

【案例分析】

1. 分析本案例，找出星巴克CIS策划的主要内容。
2. 根据你对星巴克CIS策划现状的了解，就其未来发展趋势与方向提出意见和建议。

项目实训 \\\

实训目的：企业形象识别系统策划。

实训内容：通过调研，搜集一家企业的基本资料，按照 CIS 导入的流程，为其策划一份完整的企业形象识别系统（包含理念识别系统、行为识别系统和视觉识别系统）。

实训形式：以小组为单位，编制该企业的 CIS 策划方案，并进行 PPT 展示。

营销策划书撰写

■■■\学习导航 ....

营销策划书是营销策划方案的书面表达形式，是市场营销策划的具体成果体现。营销策划书编写的规范性有助于营销组织和实施人员最大限度地认识和理解营销策划人员的策划思想，在此基础上更好地执行营销策划方案，保证更好的营销效果。企业营销策划的类型、内容十分丰富，因此，营销策划书并没有一个统一的标准和模板。然而，从营销策划活动的一般规律来看，有些要素是必备的，也存在一些可供参考的通用格式。因此，本章对营销策划书写作的一般内容、技巧、格式等内容进行探讨，旨在帮助策划人撰写一份规范的营销策划书。

■■■\学习目标 ....

- 了解营销策划书的内涵和作用。
- 掌握营销策划书的内容和结构。
- 掌握营销策划书的写作技巧。
- 掌握营销策划书的写作格式。
- 能够进行营销策划书的撰写。

★开篇案例

甲方愿意为什么样的策划案买单？

（1）策划人即是说客。好的策划人其实并不是闭门造车的，更多时候，对个人品牌的精心打理更容易让客户信赖。策划人必须能够说服客户，说服的过程不仅是展示PPT，也不是夸海口，而是对趋势的判断和对环境的观察，要有自信和资本。甲方能够认同策划案往往是在认同策划人的思路，认同一种趋势和定位。而这些抽象的诉求并不是能够通过"提需求"探听出来的，更重要的是去分析客户每一步布局、打法、公司理念，以及关键人的战略思路。

（2）策划必须符合趋势，而非理想主义。策划人有时候会有个人主义、理想主义的创意，而且创意不写出来就不甘心，一定要放在 PPT 上才觉得能够影响整个世界。但是常常当局者迷，入戏太深反而对整个策划方案有害无利。战略型、品牌型的策划案较为理性，比较好操控。但是广告创意、事件营销、公关活动策划类的案子往往更容易让人激动，也让策划人失去理性的角度和客观的"控制感"。有激情、有想法是好的，但是在商业世界里，更需要冷静的头脑，时时把策划人拉回现实。

（3）不要使用模板。使用模板的时候，给人的感觉只会是"哦，他在糊弄我""他没有下功夫也没有鉴别能力""他觉得我的业务不需要定制，只需要让我为这堆他觉得漂亮的东西买单"。使用模板百害而无一利。

（4）不要用纯文字的策划案，也不要使用到处都能找到的情绪图片。换句话说，用心做，否则别做。

（5）通常情况下，策划案并不是单独的一个 PPT，而是一套文件，包括管控表、预算表、策划报告、工作细分等。所以，别用太初级的东西去敷衍客户。花 2 小时拼出来的方案，别人只会花 2 分钟看一眼；而认真查阅写出来的东西，可能会成为客户整体战略的一部分。

（6）可以尽情地做沟通简案、预调研报告、创意草案等，但不到有百分百的把握时，不要轻易出策划案。通常，一家乙方公司的策划案就代表着公司的态度、理念、资源和实力。所以，如果策划人和客户都没搞清楚要达到什么目标，就别随便去完成策划案。

（7）沟通的必要性。策划的优势在于比别人看得更深更远，比一般人更了解某个行业、某种趋势。服务客户最好的办法就是引导他发现自己的需求。策划案不是"冲动型消费"，客户有充分挑刺和否定的时间及机会。如果是战略型的策划案，充分、反复的沟通非常有必要，定时更新和联络维护也很重要。如果是执行类的策划案，那搞清楚目标才是应该做的事情。

（8）工作节点非常重要，不要为"不买单"的服务工作。客观地讲，整个市场对策划人并不是非常有利的。虽然雇主和客户都在强烈呼吁"策划最重要，创意最重要"，然而，支付费用的时候往往是按照资源或者 KPI（Key Performance Indicator，关键绩效指标）支付，策划的工作成果没有得到回报。这就给策划造成了生存压力，恶性循环后导致策划沦为一项"充门面"的工种，而非起主导作用。所以，现在很多公司选用"项目经理"的职位而非"策划人"去履行工作职责。事实上，这是非常糟糕的。策划人应当回归到自己的位置上并发挥作用，而不是成为一个兼职。

（资料来源：虫子公共关系工作室网站）

第一节 营销策划书概述

一、营销策划书的概念及分类

（一）营销策划书的概念

营销策划书，即营销策划方案的书面表达形式，是指企业在进行产品或服务的市场销售之前，为达到预期目标而计划的各种营销活动的整体性策划文书。营销策划书是表现营销策划内容的载体，既是策划人策划思想的主要成果体现，也是企业进行营销活动的行动指南。营销策划书编写的规范性有助于营销组织和实施人员最大限度地认识和理解策划人的策划思想，在此基础上更好地执行营销策划方案，保证更好的营销效果。

（二）营销策划书的分类

在营销实践中，根据策划活动和对象等，可将营销策划书分为不同的类别。

1. 根据策划项目划分

（1）品牌策划书。

（2）促销策划书。

（3）广告策划书。

2. 根据策划书呈报对象划分

（1）内部营销策划书。

（2）外部营销策划书。

3. 根据策划书提供的内容划分

（1）综合策划书。

（2）专题策划书。

4. 根据企业开展经营活动的需要划分

（1）市场调研策划书。

（2）市场营销战略策划书。

（3）管理策划书。

（4）产品策划书。

（5）价格策划书。

（6）分销渠道策划书。

（7）促销策划书。

本章主要讨论综合策划书的写作，即针对企业营销活动进行全方位策划而形成的策划书。

二、营销策划书的作用

营销策划书既是策划工作的表现形式，又是实施具体营销活动的行动指南，其作用可以归结为以下几个方面。

1．准确、完整地反映营销策划的内容和思想

营销策划书是营销策划内容的反映，是策划人思想的体现。它可以帮助策划人整理信息，全面、系统地思考企业面临的营销问题；通过系统梳理企业环境和营销问题，为企业提供解决问题的方法和依据。

2．促进决策者和策划人之间的有效沟通

营销策划书的提交与讲解，可以帮助策划人和企业决策者进行沟通，帮助策划人充分、有效地说服决策者。营销策划书还可以帮助企业决策者对方案的可行性进行评估，并对方案所需的资源进行调配。

3．作为执行和控制营销活动的依据

营销策划书是实施具体营销活动的行动指南，是执行和控制营销活动的依据。

三、营销策划书撰写的原则

为了提高营销策划书撰写的准确性与科学性，首先应把握其编制的几个主要原则。

1．逻辑思维原则

策划的目的在于解决企业营销中的问题，应按照逻辑性的构思来编制营销策划书。首先是设定情况，交代策划背景，分析产品市场现状，再把策划的目的全盘托出；其次是详细阐述策划内容；最后是明确提出解决问题的对策。

2．简洁朴实原则

营销策划书应该要做到简单明了、通俗易懂，要注意突出重点，抓住企业营销中要解决的核心问题，深入分析，提出相应的可行性对策。切忌为了展示策划人的表达才能而使整篇策划书虽辞藻华丽，却不知所云、废话连篇，没有实际指导意义。

3．可操作性原则

编制的营销策划书是要用于指导营销活动的，其指导性涉及营销活动中每个人的工作及各环节关系的处理。因此，策划书的可操作性非常重要。不能操作的方案，创意再好也无任何价值。不易于操作也必然要耗费大量人、财、物资源，管理复杂，显效低。

4．创意新颖原则

新颖的创意是营销策划书的核心内容，要求策划的"点子"新、内容新，相应的表现手法也要新。营销策划书的文案应该充分体现策划的创意性，给人以全新的感受。

5．严肃规范原则

营销策划书是一种规范的书面表达，是策划人与委托人的重要沟通工具，也是营销活动的具体行动指南。因此，营销策划书的撰写应当严肃、规范，涉及的数据需要经过考究，实事求是，所提观点应当合乎社会道德规范。同时，在策划书的文案、格式、排版等方面，也应当做到规范、严谨，准确表达策划人的真实意图。

6．灵活弹性原则

营销策划书没有一成不变的格式和内容，它依据产品或营销活动的要求，在策划的内容与编制格式上有所变化。每份营销策划书都应有其风格，不能千篇一律、一成不变，而应该灵活设计、体现特色。

★ 相关链接

一份优秀策划书的特征

（1）粗略过目就能了解策划的主要内容。

（2）语言简洁易懂，充分体现企业的利益与要求。

（3）与同类策划书相比有明显的差异性和优越性。

（4）图文并茂，创意性足，可读性强。

（5）条理清楚，逻辑清晰，格式规范。

（6）能体现企业的基本特征和核心优势。

第二节　营销策划书的结构和内容

营销策划书没有一成不变的格式，它根据产品或营销活动的要求、内容，在策划的内容与编制上有所变化。但是，从营销策划活动的一般规律来看，有些要素是共通的。

一、营销策划书的基本要素

营销策划书的基本要素是指一份营销策划书应当包含某些方面的基本内容，通常用"5W1H1E"进行归纳。"5W1H1E"具体包括以下内容。

（1）What：策划内容，即策划方案的具体事项。

（2）Who：营销人员，即策划方案的具体实施人员和责任分工。

（3）Why：策划目标，即为什么执行策划方案，预期达到何种目标。

（4）Where：策划实施渠道和场所，即在何处执行策划方案。

（5）When：策划实施时间，即具体实施行动的时间节点安排。

（6）How：策划手段，即如何执行策划方案，涉及人、财、物等资源的协调安排。

（7）Evaluation：策划评估，即对策划实施中的可能风险进行评估，并提出控制方案；同时，对策划方案预期产生的经济效益和社会效益进行评估。

二、营销策划书的基本结构和内容

营销策划书的基本结构就是营销策划书的框架和具体内容安排。通常，一份完整的营销策划书至少包含以下内容。

（一）封面

封面是营销策划书的"脸"，人们对营销策划书的第一印象多半是由封面形成的。因此，应该全心全意地去制作封面，给相关阅览者留下较好的视觉效果，从而对策划内容的形象定位起到帮助。营销策划书的封面可提供以下信息，如图 11-1 所示。

```
编号：第268          密级：机密

      ××产品2018年度营销
           策划书


      策划委托人：ABC公司

      策 划 机 构：SC传媒

      策划负责人：李××

      联 系 电 话：023-88563290


      日　期：2017年12月20日

      执行时间：2018.01.01—2018.12.31
```

图 11-1　营销策划书封面示例

1. 营销策划书的名称

营销策划书的名称就是营销策划书的标题。标题应该简明扼要，使人一看就明白主要的策划对象和内容。有时为了突出策划主题或表现策划目的，也可以加一个副标题或小标题。

2. 策划委托人

策划委托人是指支付费用，委托策划机构或某个策划人为其开展营销策划的企业或个人。

3. 策划机构或策划人的名称

如果策划者是个人，则体现策划人姓名；如果是策划机构，则需要列出策划机构全称。

4. 策划机构或策划人的联系方式

在封面上留下策划机构或策划人的联系方式，便于有问题随时接洽。

5. 策划日期及策划执行时间

策划日期一般是指策划方案完成日期或者呈报日期。由于每份策划方案都有其适合执行的时间段，因此，需要在策划书上标注其执行时间，如某企业一季度营销策划方案的执行时间为 2018 年 1 月 1 日至 2018 年 3 月 31 日。

6. 编号及密级

如果是专业的策划公司，须在营销策划书的上方列明编号，以标明是本公司的第几号作品，并且注明作品的保密级别：绝密、机密、秘密。

以上内容仅说明营销策划书封面的文案内容。在实际操作中，可在营销策划书封面上配上与策划内容相呼应的照片、插图等，以给阅览者留下深刻印象；但需要做到美观大方，切忌过于花哨，或者配图与策划内容无关。

（二）前言

前言的作用在于使阅览者产生继续看下去的欲望。前言的文字不宜过长，1 000 字以内较为合适。前言的内容应该包含以下方面。

1. 明确委托方所委托的策划内容

阐述接受委托的情况，例如，本公司接受××公司的委托，就××产品进入××市场的整合营销策略提出具体的实施方案。

2. 对接受此策划案的认识

这部分内容要写清楚策划人对项目本身的看法，以及本次策划的重要性和必要性，吸引阅览者进一步阅读正文。

3. 表明策划者的态度

阐述策划人围绕该策划所做的工作，表明策划人对这份策划的重视，并且需要说明策划人对于该策划案的核心观点。

★案例赏析11-1

"前言"举例

本公司于2018年9月接受××公司委托，特对××产品四季度营销策划提出具体的方案。

从接手本策划案至今，我们组织了专业团队，围绕着贵公司所提出的××产品四季度营销策划方案这一专题，经过前期1个月的市场调查、竞品走访、内部交流，在征求了公司内外多方意见的基础上，结合该市场的客观状况和贵公司的实际情况，我们认为，××产品四季度营销策划方案的关键在于整合各种营销手段，调动各方力量，以求重点突破。

在此，首先对贵公司各级人员在策划期间给予的大力支持表示感谢。希望大家能够对本方案提出宝贵意见。

（三）目录

短小的营销策划书可以不用编写目录，但是长篇营销策划书一定要编写目录。目录是提取信息所不可缺少的检索系统，可以使营销策划书的结构一目了然，也便于营销策划书的撰写者审核营销策划书内容。同时，清晰的目录便于阅览者了解整本策划书的主要内容，查询需要详细了解的对应内容。

目录的编写层次应分明，至少要体现到营销策划书的二级标题。通过办公软件生成目录后，策划人需要对目录格式进行调整，使其规范、美观。

（四）正文

正文是营销策划书最关键的部分，也是营销策划书撰写中最复杂的部分。具体而言，正文包含以下内容。

1. 项目背景

项目背景主要交代本次策划的前因后果、项目制约条件（人、财、物等各项资源的限制）、主要问题、主要解决方向、预期目标等内容。

2. 营销环境分析

营销环境分析包括宏观环境分析、行业与竞争环境分析、微观环境分析等内容，在前面的章节中已经详细阐述过，此处不再赘述。

值得注意的是，分析营销环境的目的是能够得出必要的结论，而将对环境的分析写进营销策划书，意在向他人说明得出这一结论的必然性。然而，营销环境分析的内容涵盖面非常广，如果面面俱到，且都体现在营销策划书上，容易出现"头重脚轻"的情况。因此，营销环境分析要突出重点和相关性，而与结论无关或关系不大的环境不要放入其中，并且应当明确所分析的环境因素对本策划对象的影响方式和影响结果，以及继而产生的对策划内容的相关影响，而不是千篇一律。切忌"为了分析而分析"，而应该是"为了发现和解决问题而分析"。换言之，在进行营销环境分析的时候，需要预判对自己的策划产品可能有影响的环境因素，再进行深入分析和撰写。

环境分析的资料非常丰富，但是策划人应当明确，环境分析并不是整篇营销策划书的核心内容，因此需要"克制"，通常只需将要点简洁明了地表现出来，也常用图表的方式更加直观地加以表现。

3. SWOT 分析

SWOT 分析是为了发现企业内部的优劣势，以及面临的外部机会和威胁。值得注意的是，SWOT 分析一定是在营销环境分析的基础上才形成的。有些策划人根本没有进行内外部营销环境分析，就直接得出 SWOT 分析表格，这是十分不严谨的。SWOT 分析更像对营销环境分析的一种结论，既然是结论，那必然要有过程的支撑。

4. 营销目标

营销目标是指通过本策划的实施拟达到的预期目标。营销目标的设置之所以在环境分析之后，是因为营销目标不是哪一个人的主观愿望，策划人必须通过对环境的分析，科学地制定本次策划的营销目标。营销目标可以从市场占有率、市场知名度、销售增长率、销售额、销售渠道等多方面进行制定，同时，营销目标的制定应当遵循 SMART 原则。

5. 营销战略

营销战略主要体现为目标市场营销战略，包括市场细分、目标市场选择及市场定位的相关内容。市场细分应当体现市场细分的依据和结论；目标市场选择应说明理由及选择的结果，并对目标市场的特征进行分析；市场定位须说明市场定位的方法、依据，以及定位结果、定位语的表达等内容。

6. 营销策略

营销策略也是营销战术，是在营销战略的指导下，制定与贯彻执行营销战略的具体战术措施，通常包含产品、价格、渠道、促销等具体策略，也就是常说的 4P 或 4C 营销组合策略。营销策略的制定与目标市场的选择、市场定位有密切关系，是针对目标市场完成市场定位而制定的营销组合策略。因此，该部分的内容不能脱离前述内容而进行独立策划。同时，营销策略内容最能体现策划人的创意，也是策划书最主要的行动依据和具体的行动指南。因此，该部分内容十分关键，必须清晰、详细，并且可操作性强。

7. 营销执行计划

对策划书中所涉及的各阶段的营销活动，应该制定具体的行动方案，主要是执行时间、执行地点、执行人员、所需物资等各项内容的安排。行动方案要细致、周密，便于执行和检查。

8. 营销预算

营销预算是对策划书各项费用的预算。这一部分记载的是整个营销策划书推进实施过程中的费用投入，包括营销过程中的总费用、阶段费用、项目费用等，如对策划书所安排的广告费用、促销费用、公关费用、劳务费用等。

营销预算的原则是以较少投入获得最优效果。但是，不能为了在表面上节约费用，而故意将某些费用"视而不见"，应该尽可能详细、准确、真实地反映实施该策划书的投入，以使委托方尽早评估可行性并进行财务准备。营销预算通常以表格形式予以体现。

9. 营销控制措施

由于营销环境的不确定性，任何营销计划在实施过程中都可能会遇到一些风险，如政策风险、竞争风险、市场风险、执行风险等。因此，需要在策划书中针对可能出现的风险提出控制措施，以提前预估和防范风险。

（五）附录

附录是营销策划书的附件，对策划书起着补充说明的作用，是策划书中一些结论的过程性材料或推导依据，便于策划书的阅览者和实施者了解相关问题的来龙去脉。

附录一般有调查问卷、访谈提纲、市场调研报告、原始图片等内容。如果附录不止一个，应当标注顺序，以便查找。

以上内容是营销策划书的一般结构。实际操作中，并不是所有的营销策划书都应当如此千篇一律、面面俱到。企业所处的环境、经营内容、战略目标等不同，以及各时期的营销目标不同，营销策划书的内容和结构也可以有所变化，灵活调整。

表 11-1 归纳整理了营销策划书的一般结构。

表 11-1 营销策划书的一般结构

营销策划书的结构			主要内容
封面			营销策划书名称、策划委托人、策划机构或策划人名称及其联系方式、策划日期及策划执行时间、编号及密级
前言			引言、策划起因等概述
目录			策划书提纲和索引
正文		项目背景	项目基本情况和主要策划目的概述
		营销环境分析	宏观环境、行业与竞争环境、微观环境
		SWOT 分析	内部优势和劣势，外部机会和威胁，构建 SWOT 矩阵
		营销目标	市场目标、销售目标、财务目标等
		营销战略	目标市场营销战略
		营销策略	营销组合策略
		营销执行计划	人员安排、物资安排等
		营销预算	广告费用、促销费用、公关费用、劳务费用等
		营销控制措施	风险预估与控制措施
附录			调查问卷、访谈提纲、市场调研报告、原始图片等

第三节　营销策划书的表现技巧

一、营销策划书的撰写技巧

营销策划书90%不是为自己写的，而是一种说服性材料，它通过提供使人信服的材料，为提案者和接受方在营销策划的实施中提供通用的语言。因此，营销策划书对可信度、可操作性、说服力的要求特别高。在撰写策划书的时候，应该注意一些撰写技巧，以使策划书的沟通意义更强。

1. 构建清晰的文字逻辑

营销策划书的文字主要是对营销策划书的概念、内容、策略等予以说明，是营销策划书最主要的表现方法。对营销策划书文字的基本要求是通俗易懂、清晰明了，以下几点比较关键。

（1）将语句按适当的顺序排列，以构建清晰的逻辑。

（2）使用逐条列举法来表现，条理清晰，避免大段文字的出现，以免阅览者失去兴趣。

（3）用适当的连接词、转折词连接各分句，使语句通顺。

（4）厘清各层级标题，使文案内容层次清晰、一目了然。

（5）避免口语化以及重复、啰唆。有些策划书中会出现大量的非正式语言，例如，"我觉得""也就是说"等，严重影响了策划书的质量，使策划书内容的可信度大大降低。

2. 合理使用理论依据

要提高策划内容的可信度并使阅览者接受，就必须为策划人的观点寻找理论依据。但是，理论依据要有对应关系。纯粹的理论堆砌不仅不能提高可信性，反而会给人脱离实际的感觉。

3. 适当举例说明

在营销策划书中，适当加入成功与失败的例子，既可以充实内容、调整结构，又能增强说服力。例如，可以选择一些国内外先进的经验与做法来印证自己观点的有效性，也可以通过一个失败的案例进行反面示范，增强说服力。

4. 利用数字说明问题

营销策划书是一份指导企业营销实践的文件，必须保证其可靠性。任何一个论点最好都有依据，而数字就是最好的依据。在营销策划书中，利用各种绝对数和相对数来进行比较对照是必不可少的。要注意的是，各种数字最好都有出处以证明其可靠性，并且要引用最新的数据。例如，2019年提案的一份策划书中需要说明某个地区的经济发展，那么需要列举近几年如2016—2019年的数据，而不是年代久远的数据。

5. 运用图表增强视觉效果

图表有助于阅览者理解营销策划书的内容，同时还能增加页面的美观性。图表的主要优点在于有强烈的直观效果，因此，用图表进行比较分析、概括归纳、辅助说明等非常有效。图表的另一优点是能调节阅览者的情绪，有利于阅览者加深对营销策划书的理解。

6. 突出重点，切勿面面俱到

营销策划书的写作应突出重点，抓住主要矛盾，使阅览者感受到其策划思路清晰、层次结构清楚、谋篇布局合理、详略得当。

7. 合理利用版面安排

营销策划书的视觉效果在一定程度上影响着策划效果的发挥。有效利用版面安排也是撰写策划书的技巧之一。版面安排包括打印的字体、字号、字距、行距、黑体字的采用，以及插图和颜色等。如果整篇营销策划书的字体、字号完全一样，没有层次之分，那么这份营销策划书就会显得呆板，缺少生气。总之，合适的版面安排可以使营销策划书重点突出、层次分明，严谨而不失活泼。

8. 注意细节

这一点对于营销策划书来说十分重要，却往往被忽视。如果一份营销策划书中错别字连续出现，阅览者对策划人难以留下好的印象。因此，对打印好的营销策划书要反复仔细检查，不允许有任何差错出现，对企业的名称、专业术语等更应仔细检查。

二、营销策划书的版面设计

1. 图文排版

一份营销策划书中，通常有多类图表，并辅之以文字说明。那么，图表和文字之间的排版结构应该精心设计，确定在版面中的哪个位置放置文本、哪个位置安放图片，使整份策划书看起来严谨而不失活泼；同时图文相辅相成，增强可信度和可读性。

2. 页码、页眉设计

为方便阅读查找，应该给整本营销策划书编页码。页码的编写要注重细节，如封面一般不出现页码。同时，如果一份营销策划书有页眉的设计，那么页眉可以成为画龙点睛之处，表现出一份营销策划书的独特性和美观性。营销策划书的页眉可以体现策划书标题、委托人机构名称、策划人机构名称等内容，进一步加深阅览者的印象。

3. 标题设计

一份优秀的营销策划书，标题的设计十分重要。标题可以分为主标题、副标题、标题解说等，通过简练的文字，使营销策划书的内容与层次一目了然。标题设计应注意层次性，各级标题之间可以从字体大小等方面分别设计，以使版面活泼、层次分明；也可以在标题前加上统一的识别符号或图案，来作为策划内容的视觉识别标志。

4. 版面装饰

营销策划书的封面和内页可以设计一些辅助性的、与策划主题相关的图片，凸显独特风格，从视觉上脱颖而出。值得注意的是，图片只是起辅助作用，不能过于花哨、元素太多，或者与策划内容无关。

第四节　营销策划书范例

本节通过某品牌陶瓷刀的营销策划书，对营销策划书的基本内容和结构进行示范。其基本内容如下。

××陶瓷刀营销策划书

一、项目背景

××陶瓷刀是由重庆××陶瓷有限公司开发的产品，委托××机构为其进行 2018 年营销推广策划工作。在合作初期，××机构进行了大量的市场调研与产品考察，双方于 2017 年 7 月初达成初步合作协议。

陶瓷刀行业品牌众多，产品同质化严重，大部分品牌的目标人群重合，导致行业竞争压力大，其他刀类等替代品也带来激烈的行业竞争，这对于试图进入市场的新品牌并不友好。本次策划主要是找准产品的市场定位，发展独特的品牌诉求，以在竞争激烈的市场上占据一席之地。

二、营销环境分析

（一）宏观环境分析

1. 经济环境

近几年，中国经济水平不断提高，人们的生活也越来越好。经济发展水平的不同，带来社会观念、规范等的不同，消费者对于产品的知名度、商标等方面的需求、爱好程度也就不一样。××陶瓷刀需要借助经济发展的东风，通过塑造独特的形象，迎合新经济时代消费者的产品偏好。

2. 社会文化环境

随着我国经济的发展和人民生活质量的提高，人们的消费观念发生了深刻变化，对刀具的需求由更强调"耐用"转为注重"时新"，刀具世代相传或一套刀具用一辈子的观念，逐渐被追求时尚和新异的消费心理所代替。

3. 科技环境

近年来，我国的刀具行业获得了很大发展，新材料、新工艺、新技术及新的款式注入刀具行业中。陶瓷刀作为现代高科技的产物，它的高雅和名贵可见一斑。

（二）行业与竞争环境分析

1. 行业特点分析

随着新材料技术的不断发展，时尚健康生活理念的不断兴起，具有环保、耐酸、耐碱、永不生锈性能的实用型刀具——陶瓷刀，逐渐被越来越多的人认可。陶瓷刀使用精密陶瓷高压研制而成，作为现代高科技的产物，具有传统金属刀无法比拟的特点。

随着中国陶瓷生产工艺和技术的迅猛发展，陶瓷刀市场的产品个性化突出，并开始走向高端市场。根据未来陶瓷刀具的行业发展趋势，摆脱价格战的恶性竞争、占领技术高地、不断改进生产工艺、提高产品的性能是本企业改变现状的关键。

2. 行业竞争分析

目前，市场上的陶瓷刀品牌主要有山东 A 品牌陶瓷刀和重庆 B 品牌陶瓷刀，它们以"贵族刀""环保刀"为主打形象，宣传其耐磨、环保、无毒、无氧化等特性，在市场上占据主导地位。然而，其品牌形象过于传统，缺乏独特个性，正是××陶瓷刀打入市场的契机。

（三）微观环境分析

1. 消费者分析

通过为期两个月的市场调查，我们分析得出：在全国使用陶瓷刀的人群中，30～39岁的人占主要地位，为主要消费人群；40～49岁人群为第二消费主力军。其中，女性约占35%。同时，消费者购买陶瓷刀最主要的两大用途为家用和作为礼品。（图表分析略）

2. 产品分析

××陶瓷刀面向中高端市场，专注做陶瓷刀具，以精良严苛的制作工艺和无与伦比的刀片锋利度，力图成为中高端人士的品质之选。其核心卖点有：保证食材的自然原味、极致的北欧设计风格、环保健康的材质、家·和谐·圆融的情怀。同时，××陶瓷刀也面临品牌知名度小、推广渠道单一（目前只进行线上推广）等问题。

（四）SWOT分析

S——优势	W——劣势
1. 工厂一直以代工起家，具有完善的生产线（产能有保障） 2. 产品线完善，系列产品线清晰（产品品质） 3. 有一定的消费人群基础（市场基础）	1. 品牌定位不清晰，知名度不高 2. 推广渠道单一，力度不足 3. 品牌视觉识别系统不规范
O——机会	T——威胁
1. 目前市面上还没有互联网陶瓷刀标杆品牌 2. 消费者对环保健康品质的消费需求日益增强 3. 消费者个性化消费心理的需求	1. 细分市场的产品严重同质化 2. 消费者对网络销售的信任度较低 3. 市场信任度不高，同行替代的可能性较大

三、营销目标

（1）塑造××陶瓷刀的独特产品形象。

（2）提高××陶瓷刀的市场知名度，打造成陶瓷刀首选品牌。

（3）扩大××陶瓷刀的网络销售份额，使其销售量提升20%。

四、营销战略

（一）市场细分

按照年龄、收入、生活方式、价值观念、购买时机、利益追求、使用频率等标准将整个陶瓷刀市场划分为以下三个细分市场。

（1）时尚新宠。25～39岁，收入相对较高，接受过良好的教育，交友广泛，要求精致生活，喜欢美食、烹饪，对吃有讲究，比较热爱时尚，追求领先的男性群体。

（2）白领阶层。25～39岁，公司白领，喜欢美食、旅游，收入相对较高，接受过良好的教育，追求生活品质和档次，喜欢标榜个人高雅品位的女性。

（3）富贵管理阶层。40～49岁，有较高的社会地位和体面的工作，企事业单位的中层及以上领导者或管理者，收入较高，具有家庭责任感，追求生活高档化的男性群体。

（二）目标市场选择

结合××陶瓷刀自身特性以及细分市场的可进入程度，我们主要选择"时尚新宠"和

"白领阶层"作为主要目标市场。

这部分消费者集中在25～39岁，有一定的经济基础和社会地位，收入较高，主要分布在中国的一、二线城市。他们追求生活品质和档次，爱家爱生活，享受生活，富有家庭责任感。他们喜欢有品牌和设计感的产品，用产品标榜自己的高雅品位。同时，他们注重理性诉求，比较看重产品质量、实用性，看重产品的品牌、使用效果。

（三）市场定位

（1）市场定位语：高端·精致·时尚·绚彩。

（2）感性诉求：爱与温暖，家庭的责任，人生的沧桑和练达，极具设计感的外观。

（3）理性诉求：德国品质和工艺，美瓷品牌拥有者，健康安全，材质环保，轻巧锋利，营养保持，自然口感保证。

五、营销策略

（一）产品策略

1. 品牌理念

××陶瓷刀用无比热爱的信念，积极传递家的责任、爱的温暖、精致的生活态度和严谨奋进的事业心。品牌尊崇消费者的个性，体现和谐圆融的中国传统文化；以家为圆心，融合爱、事业、生活，彰显独特品味，演绎精彩人生。

2. 产品组合策略

按照产品功能，××陶瓷刀主打以下系列。

类别	产品
菜刀	斑马系列TB601，陶瓷三件套TT301，贝壳陶瓷三件套（3色）TB301，陶瓷二件套（5色）TT201，菜刀（黑白）DC101，糖果系列DT101
水果刀	黑金系列TH301，斑马系列TB601，陶瓷三件套TT301，贝壳陶瓷三件套（3色）TB301，陶瓷二件套（5色）TT201，小鸟系列DX101，糖果系列DT101，3寸折叠刀DZ101
削皮刀	母婴辅食系列TM301，糖果系列DT101，贝壳陶瓷三件套（3色）TB301
餐具	西餐三件套TC301
配件	菜板DC101

3. 产品包装策略

（1）内层包装。采用印有品牌名称的蓝色透明磨砂纸，将刀刃包裹住，体现产品品质。

（2）外层包装。主题色为蓝白色，印有品牌名称与Logo的方形盒子包装。

（3）包装袋。主要为纸质礼品包装袋，主题色为蓝白色，印有品牌名称与Logo。

包装示意图见附件（略）。

（二）价格策略

主要采用需求导向定价法，通过对消费者的预期价格进行调查，以市场能接受的主要价格作为定价参考。同时参考竞争导向定价法，结合市场上主要竞争对手的定价，对价格进行修正。各系列产品的最终定价见下表（略）。

（三）渠道策略

根据目标市场客户的消费行为习惯，我们以线上销售为主（京东、淘宝、全网营销），同时在一、二线主要城市开设少量专营店，以起到线下品牌推广的作用，加深消费者的品牌认知。我们构建的渠道网络见下图（略）。

（四）促销策略

1. 广告策略

（1）广告推广语：××陶瓷刀——每个人都是刀尖上的舞者。

刀尖是产生让人无法承受的疼痛的地方，然而每一次成长，都要经历一次脱胎换骨，才能化茧成蝶。我们需要有如大刀阔斧般的黑金系列，也要有黑白爱憎分明的斑马系列。

（2）主要推广媒介：一线卫视、主要社会化媒体平台（微博、微信精准广告）、电梯轿厢广告。

2. 促销活动设计

（1）互联网促销方式。结合各电商平台的促销节点，开展赠品促销、抽奖促销、积分兑奖促销等各类促销活动。

（2）线下推广活动。以"环保、健康、时尚"为主题，开展全国性的路演活动，具体活动方案见附件（略）。

六、营销执行方案与财务预算

（一）人员分工表（略）

（二）物资安排表（略）

（三）费用预算表（略）

七、营销风险预估与控制措施（略）

附录：

附件1：市场调查问卷

附件2：消费者调查报告

附件3：广告推广画面及包装设计稿

附件4：促销活动方案

[资料来源：根据赵博（重庆工程学院）《JSD品牌策划方案及SLOGAN设计》方案改编]

本章小结

本章介绍了营销策划书的撰写原则、基本结构、主要内容及其表现技巧等。随着市场竞争日益激烈，好的营销策划成为企业创名牌、迎战市场的决胜利器。营销策划书要把握好逻辑性、简洁性、可操作性、新颖性等原则。虽然营销策划书没有一成不变的格式，依据产品或营销活动的要求，在策划的内容与编制上有所不同，但有一些通用的元素，也就是本章重点讲解的营销策划书的基本结构和内容。营销策划者不仅要有"想法"，还要将"想法"转变为文案，使之成为与决策者沟通的工具。

思考题

1. 试述撰写营销策划书的原则。
2. 试述营销策划书的一般结构。
3. 你认为撰写营销策划书有哪些技巧？

案例分析

毛绒玩具网络营销策划书

本文以东升艾克玩具有限公司为例，和大家分享毛绒玩具的网络营销策划书。该策划书主要包括：产品介绍、网络营销策划、SWOT分析及营销策略的选择四大部分。

一、产品介绍

该公司专业生产毛绒、布绒类面料及玩具、家纺制品。公司的产品价格、款型、质量优势比较突出，在市场上有着相当的竞争力，并已通过ISO等多项质量体系认证。

该公司产品近90%出口外销，适应欧美等地的操作风格和安全环保要求，有进出口许可证；服务上以人为本，让客户享受真正的无忧落单、无忧结单。

二、网络营销策划

1. 网页设计

（1）网页设计风格。公司专业生产毛绒玩具，整个网页用黄色调来装饰。黄色本身就是暖色调，再搭配一些造型逼真可爱的毛绒玩具的图片，更让人喜欢，带给人们温馨的感觉。

（2）网页功能设计。公司网站具有在线留言、产品目录相册、产品动态、联系方式、公司介绍等模块，力求成为最全面的网络营销平台。

（3）网页设计定位。主要以浏览和网上交易为主。

2. 消费者分析

（1）消费的对象。毛绒产品已不仅是小孩手中的玩具，它的主要消费群已经明显由儿童或青少年转向成人群体。他们购买后有的将其作为礼品送人，有的出于兴趣随手把玩。随着中国人口老龄化时代的到来，老年人也成为玩具消费群体之一，玩具成为老年人闲暇时活跃思维、消磨时间、排遣寂寞的伙伴。

除了玩具功能，毛绒产品的装饰功能也越来越突出。例如，它被现代家居装饰所青睐，毛绒拖鞋、毛绒靠垫、毛绒小熊等，成为现代人装饰家庭的一种新选择。同时，毛绒产品已成为车内装饰的主流用品。

（2）大人玩具的潜力。国内玩具市场99%的制造企业生产儿童玩具，在美国，40%以上的玩具是专门为成年人设计制造的。

成年人玩具市场的潜力有多大？中国社会调查事务所的一项调查表明，64%的消费者表示，如有条件，可以考虑购买适合自己的玩具，其中，33%的成年人认为自己喜欢并愿意购买玩具。然而，我国城市成年人人均玩具年消费很低。这种消费现状反映出我国成年人玩具市场有着难以估量的发展潜力。

三、SWOT 分析

S（优势）——随着我国经济的发展和生活水平的提高，毛绒文化已成为一种新兴的文化形式。不仅孩子们喜欢毛绒玩具，很多成年人也将玩具作为一种积极的、新颖的消遣方式。随着中国人口老龄化时代的到来，老年人也会成为玩具消费群体之一。如此多的消费人群，给毛绒玩具带来了巨大的商机和发展潜力。

W（劣势）——目前，我国已经具备较强的玩具加工生产能力，能生产出世界一流的产品，却没有属于自己的世界一流品牌。国际市场对中国出口的玩具的评价是"一等产品、二等包装、三等价格"，这足以体现我们在产品包装方面的落后。此外，众多中小型玩具企业，不仅地点分散而且资金、技术短缺。

O（机会）——加入了世界贸易组织，也意味着我国玩具业必须完全与国际市场接轨，攻克欧盟标准体系，化被动为主动。欧盟统一的技术安全与卫生标准越来越高，毛绒玩具要想进入欧洲市场，必须符合欧盟的安全环保指令。

T（威胁）——长期以来，我国玩具制造企业对发达国家的 OEM（原始设备制造商）委托存在一定程度的依赖，削弱了企业抵挡发达国家传递经济危机、维护自身经济安全的能力，同时也失去了技术创新的机会和主动性。

四、营销策略的选择

1. 产品策略

在网络营销中，网站依旧是市场竞争的重要武器。要想在激烈的竞争中取得优势，网站是一个至关重要的环节。在网络营销中，公司的网站以黄色为主，给整个网站定下了灿烂而明亮的暖色基调。暖色系烘托了人们的热情和温暖，拥有可爱造型的毛绒玩具更是让人喜欢。

2. 价格策略

公司在世界范围内提供最具价格优势的产品，并采用灵活的定价策略，在一些特殊的日子里对不同年龄段的玩具爱好者实施优惠或免费策略。

3. 网络推广策略

（1）搜索引擎推广。搜索引擎带来的流量是购买率极高的优质客户，因为他们正是通过搜索引擎在寻找产品或者服务。与传统广告和其他的网络推广方式相比，搜索引擎推广更便宜、更有效。

（2）E-mail 营销。企业可以尽可能地收集爱好毛绒玩具的人群和有潜在购买力的人群的 E-mail 地址，向他们有针对性地传递产品及其活动信息。

（3）论坛。通过在目标市场所在区域有影响力的论坛上进行产品信息推广，提升知名度。

（4）友情链接。在网站上链接一些中国著名毛绒玩具厂和世界知名品牌的网址，以提高网站的点击量。

（资料来源：梅花网《毛绒玩具网络营销策划书》）

【案例分析】

你认为上述毛绒玩具策划书有哪些地方可以修改完善或提升亮点？提出你的观点和修改意见。

项目实训 \\\\\

实训目的：掌握营销策划方案的撰写。

实训内容：选择一款市场上的新兴产品，自拟主题，为其进行营销策划，形成一份营销策划书。

实训形式：以小组为单位，合理分工，共同策划，协力完成一份《××产品营销策划方案》，并以 PPT 形式进行成果汇报。

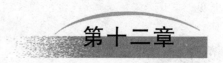

第十二章

营销策划的提案、实施以及
评估与控制

◢◤**\学习导航** ....

在营销实践中常常面临这样的问题：当将一份自认为十分满意的营销策划方案呈递给决策者后，迟迟收不到决策者的反馈，甚至收到不尽如人意的反馈，抑或决策者反复提出修改意见……这些对于策划人而言都是十分头痛的事情。一份营销策划方案完成之后，并不是呈递上去就等候反馈了，还需要关注其实施过程，及时控制纠偏。本章的主要内容便是对营销策划的提案、实施、评估、控制等进行探讨。

◢◤**\学习目标** ....

- 了解营销策划的提案过程。
- 掌握营销策划的实施过程。
- 掌握营销策划的评估内容和方法。
- 掌握营销策划的控制内容和方法。

★**开篇案例**

老鼠的天堂

有一则英国寓言说，在一座古老的城堡里，生活着一群快乐的老鼠。它们在这里谈情说爱、安居乐业，过着神仙一样无忧无虑的生活。一只有学问的老鼠感叹道："这里简直就是天堂。"忽然有一天，尖利的猫叫声打破了老鼠天堂的宁静。一只流浪的黑猫来到这里，给众多老鼠带来了朝不保夕的恐惧和灾难。于是，老鼠们聚在一起召开动脑会议，商量怎样应对这只可恶、可怕、可恨的黑猫。老鼠们纷纷哭诉黑猫的暴戾与凶狠，想要找到一个有效的办法来逃避猫的魔爪。那只有学问的老鼠捋了捋胡须，说："我有一个主意，只要在猫的脖子上挂一个铃铛，就万事大吉了。这样，每当猫走近，我们就能听到铃铛声，然后马上逃跑。"

"这个主意太好了!"全体老鼠欢声雷动。

"可是，"另一只老鼠疑惑地问道，"怎样才能将铃铛挂到猫的脖子上去呢?"

刹那间，所有的老鼠都闭上了嘴。

这个故事并不可笑，给了我们很多思考。能执行的策划才是好的策划，又或者，好的策划需要有较强的执行力才能实施。就像许多营销策划者在策划时喜欢采取大手笔、大运作一样，一出手就可能要搞得仿佛"惊天地、泣鬼神"。策划的创意非常好，策划方案也写得相当诱人，使人听了热血沸腾。而真正的执行人员去做时，却傻眼了——根本无法执行或不知如何执行;或者是策划方案中所提出的活动与措施成本过高，花费太大，如果执行有可能得不偿失。

(资料来源:周强. 浅谈如何提高执行力 [A]. 广西烟草学会. 广西烟草学会2005年度学术年会论文集 [C]. 广西烟草学会:广西壮族自治区科学技术协会，2006:2.)

第一节　营销策划的提案

美国4A广告公司奥美的一个观点是 "If an idea isn't bought，we have all wasted our time"("如果点子没卖掉，我们全都白忙一场")。当一份策划方案完成以后，策划人要做的第一件事便是向策划委托人或其他决策者推出这份策划方案，以获得他们的认可，从而使策划方案付诸实施。这个过程便是对策划人的策划方案进行营销，也就是提案的过程。

一、营销策划提案概述

提案是销售一个概念、一个稿子、一个创意或一个计划的过程。而营销策划提案便是对策划人的营销计划及其相关的创意思想进行营销的过程，营销的对象便是能够决定这份营销策划方案是否通过并付诸实施的相关决策者，包括策划机构决策者、委托方决策者、第三方评审委员会等。

通常，提案以汇报展示的形式进行。提案者需要在限制的时间内，将方案正确地传达出去，并推动决策者做出提案者所期望的决定。提案是一种说服工作，是策划公司成功说服客户的必要手段。要想实现对策划方案的成功营销，营销策划者就必须了解营销策划提案的一般步骤、方法和技巧。

二、营销策划提案步骤

(一) 提案准备

为了提高营销策划书推销的成功概率，有必要做好充分准备，正所谓"磨刀不误砍柴工"。

1. 人员准备

人员准备包括两方面：一是提案方的人员准备；二是对听取提案的人员进行分析工作。

提案方（策划机构）应当精心挑选成员并成立提案小组，让客户觉得提案小组成员便是未来营销策划的实施小组成员。提案小组应做好团队内部分工，如确定团队领导者、报告者（主讲人）、器材操作者、助手等，彼此无缝配合，体现专业精神，从团队组建上获得客户信任。

除了自身的提案准备，还应当了解"观众"是谁，也就是听取提案的人员构成。通常，"观众"可以分为三种层级：一是决策层，即企业管理者；二是分析层，即各职能部门相关人员；三是旁听层，即秘书、执行层人员等。不同的"观众"听取提案时的关注重点不同，如决策层更加关注方向是否正确、目标达成的可能性等；分析层关注具体的成本、利润空间等；旁听层更关注执行难度、可行性等。针对不同的"观众"，在提案汇报时应该区分重点，各个击破。

2. 地点和工具准备

现场布置、气氛营造、周围的环境等对提案结果也有影响。如果对方没有指定场地，那么提案方需要选择合适的提案场所并进行会场布置，包括桌椅、灯光、窗帘等，使会场具备提案条件，并营造和谐友好又不失庄重的氛围。准备工具包括投影仪、海报、音响、产品、摄像器材、营销策划书等。灵活运用工具和辅助设备，可以使提案的内容更具表现力和说服力。

3. 前期沟通

前期沟通一方面是指在其余工作全面展开之前，与客户方进行沟通，确认提案会的时间、地点、议题、双方参与人员等，更重要的是指在正式提案之前，为取得有关人员的理解、认同及协助而做的准备工作。奥美公司表明，"别人若对你感到厌烦，绝对不会买下你的点子"。因此，与客户方进行必要的事前沟通，消除误解与偏见，获取支持和信任，是十分关键的。前期沟通的内容可以是虚心向其请教、请求指点，也可以是邀请其共同参与、共同策划；创造机会，达成有效沟通。

（二）设定提案目标，确定提案构架

1. 设定提案目标

提案的目标不是策划人单方面决定的，应该基于与委托方的双向沟通，根据策划方案的完成阶段，判断对方在本次提案中期望获得的信息和达成的目标，由此设定本次提案的主要目标。提案的目标可能有增进理解、加强沟通、提高信任、证明能力、达成协议等。

2. 确定提案构架

提案构架是指提案的主要内容和流程。除了营销策划书本身的内容之外，提案还应该包括策划企业展示、服务团队介绍、互动桥段等其他内容，如图12-1所示。

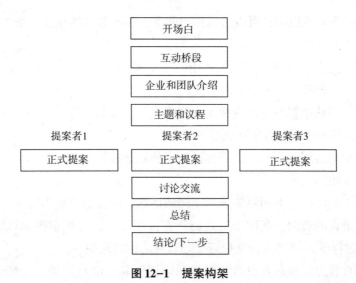

图 12-1 提案构架

（三）模拟演练

为了提高成功的概率，在提案前需要进行模拟演练。一是为了提前熟悉汇报的节奏，了解内容之间的关联；二是模拟在评审过程中可能遇到的各种场景，以提前准备好应对方法。模拟演练时的技巧有以下四点。

（1）主讲人模拟汇报给自己听，自己找问题。

（2）团队模拟对方的参加者，主讲人汇报给团队听，由团队进行提问和修正，由此准备对方可能提出的问题的答案或者是对反对性的意见的解释或说明。

（3）在规定时间内，对提案内容进行整体演练，注意前后的衔接和用时。

（4）找到最关键的说服点，观察内部人员的反应，以此预估提案效果。

（四）提案汇报

"养兵千日，用兵一时"，之前所有的准备工作都聚焦于提案汇报能否获得成功。因此，在提案汇报时要讲求策略、注意表现，向对方充分展示团队成果，以期达成目标。以下是提案时的注意事项。

1. 眼神聚焦

提案者应纵观现场，尽量照顾到每一个人，但 50% 以上的时间应放在主要决策者上，然后第二顺位给决策影响者。眼神要有深度，不要对"观众"视而不见，给人目光游移不定、缺乏自信或应付的感觉。

2. 手势自然

提案者的手势应当自然、大方，避免做作。展示汇报或回答问题时可以适当运用手势进行重点提示，同时可以作为大小、数量、趋势的表达，或者传递感情、营造气氛。

3. 注意表达技巧

提案者要用自己习惯的语气，自然、诚恳，避免过于严肃或高调。可以幽默，但不可滑稽，否则会降低信赖度。

在表达上，必须咬字清晰，对提案内容了然于心，不要照本宣科。针对提案的重点或关键处，适度地进行强调及说明；可以适当提出问题，引起对方的注意，增加参与感。

以下是说话的七个技巧。

（1）要真诚。这在口头语言表达艺术中是极重要的一点，即要求有诚意。例如，在回答肯定的问题时，要充满诚意地说一声"是"。

（2）要让自己的热情在音阶的变化中呈现出来。交流时要带有感情，声音要有说服力，至少要用七八个音阶来体现声音的抑扬顿挫。

（3）要有意识地运用话语间隔，以提高语言的表达效果。

（4）要克服啰唆的毛病。

（5）要针对不同时机、不同对象选择不同的话题，内容要尽量丰富。

（6）要注意语言的选用。我国幅员辽阔，方言很多。方言很重的地区，提案者不妨恰当地使用方言，这样既方便交流，又拉近了与客户之间的距离。

（7）声音要有魅力。提案者说话时要做到语调温和、语句通顺、合情合理，使人感觉温暖，乐于倾听。

4. 懂得倾听

懂得倾听不只是一种交流的技巧，也是一种需要自我修炼的功夫。提案时要注意倾听客户方的意见，特别是领会对方的"弦外之音"，把握对方的诉求重点，对客户方提出的关键内容进行归纳、复诵、确认。对于对方的反对意见或带有情绪的看法，应避免正面言语冲突，如能机智地整理与转换，形成有利的看法，则能更胜一筹。

5. 用心提案

当你用心讲时，别人就会用心听。用心是装不出来的，必须事先进行充分准备。

（1）首先要了解客户需要的是什么，期待听到什么。与对方培养感情与默契，了解其习性。

（2）了解提案内容，注意条理性，层层推进。

（3）布置好提案现场，提供茶水等服务。贴心的问候与服务往往可以开启会议融洽的第一步。

以上介绍了提案的注意事项。当然，提案汇报的成功与否不在于汇报者一人。从提案方来说，团队状态、配合的默契度、专业素养等都是重要的影响因素；同时，与对方的主观状态，如心情、偏好等也有关联；甚至天气、场地、环境等其他因素也会影响成功的概率。但是，在所有因素里面，提案方最能掌控和影响的便是自身的因素。因此，做好充分的准备，在提案时收放自如、掌控全场、与对方友好沟通等，都是促使提案成功的关键。

（五）回顾分析

提案完成后，提案团队要对本次提案的全过程进行回顾分析，总结经验，进行补救，准备下一次提案。

（1）整理会议记录。

（2）整理客户对提案的问题，对未完整答复的问题进行回应。

（3）追踪提案的效果，开检讨会，确定改善事项。

（4）分工执行后续工作。

（5）准备下一次提案。

三、营销策划提案的策略

（一）充分了解接受方

"知己知彼，百战不殆"。提出策划方案前，需要做的第一件事情就是掌握接受方的理论层次和角色身份，从而把握提案所采取的介绍方式。

例如，某个企业在提出新的市场开发营销策略时，由于策划小组的成员都是本科以上学历，而且数学解析能力较强，因此，在提案会上运用了大量图表，出现了一些数字和难以理解的图形，但听取提案的"观众"大半讨厌这些复杂的数字，甚至觉得枯燥。结果，结论就变成了"你们这些有学问的人说的话，我们实在听不懂"，而对提案的决定，也就只好暂时保留了。

（二）注意表达和表演技巧

提案就是一场现场演出，只要登场，就没有第二次机会重来、暂停、临时换角、改换主题等。所以，提案者只有一次机会来赢得"观众"的掌声与肯定。在提案汇报时，可以掌握以下表达技巧。

（1）注意与观众的视线交流。

（2）语调切忌太过平淡，应该用抑扬顿挫的嗓音，突出重点，有情绪起伏。

（3）通过适当的手势和移动，与听众保持和谐互动。

（4）控制现场的舒适度与活跃度，以适当的幽默缓解紧张和尴尬的氛围。

（5）注意把握时间，通常用规定时间的80%左右完成策划提案是比较受欢迎的，切忌拖延。

（6）策划人应对自己的策划有自信，并以慎重、礼貌、能够令人产生好感的态度显示自信。

（7）对于反对意见和批评意见，要以沉着的态度应对，避免意气用事，引起对方反感。

（8）允许适度出现"小谎言"，如在说明和资料的表现上多少加工一点，以增强表现力。稍微夸张是无伤大雅的，但不可过分夸大或危言耸听。

（三）让审议者成为"友方"

可以让担任审议的人士以某种形式参与策划过程中，请他们提出自己的意见或出一些主意，再将其巧妙地纳入策划方案，借此使他们共同加入策划人员的阵容，成为"友方"。这样一来，这些人很可能变成策划方案的赞同者，至少很难再反对了。

策划人在立案阶段，可以事先拜访担任审议的人，请他们对策划的宗旨作一番说明，并请他们提出建议和意见等。然后把他们的意见和建议纳入策划方案，而且尽可能以他们能够认出来的表现手法处理。当策划完成时，要带着策划方案拜访他们，一方面表示谢意，另一方面进一步把对方拉进自己的阵线。

（四）将说明升华为说服

策划人需要的不是雄辩饶舌，而是具有说服力的说明和应答。如果能将说明力提升为说服力，那么策划方案便能够在强有力的支持下得到承认。

要想说服对方，需要以自己的想法引起对方共鸣，使对方认同自己的想法。如何才能使说明更具说服力？简单地可以归纳为以下几点。

（1）对策划方案及其可能产生的成果要有自信。

（2）策划方案要显示策划者的自信。

（3）说明时要能体现对企业来说，这样的策划是必要且有用的。

（4）在面对质疑时，要以充满信心的态度应答。

（五）看准时机，一锤定音

很多人以为策划方案既已做成，那么就可以随时提案。其实，看准时机，一次获得认可，才是最理想的。

例如，如果有多家策划机构一起提案，则要斟酌策划方案的排列次序，因为有时审议的顺序也会影响评委的打分。当对方的决策者特别忙的时候，最好设法将策划提案的日程向后顺延，以免被无故否决；相反，如果决策者心情愉悦，选择比较恰当的时机向其提出，成功的概率就会大大地提高。

（六）掌握细节

影响提案成功的因素包括：说什么（情况、选择、建议）；谁来说（职称、地位、背景）；怎么说（精神面貌、肢体语言、语调、个人魅力及辅助工具）等。在各个环节中的任何细枝末节都可能影响策划提案的成功。成功的提案要力求完美，在各个方面尽力做到最好。

★相关链接

提案"十要诀八忌讳"

一、十要诀

1. 相信你所说的。

2. 搞清楚对谁提案。

3. 关键处增强说明的效果。

4. 舞台原则：不可背对观众。

5. 看着客户的眼睛，使用自然的肢体语言。

6. 很好的开场白，注意语气的高低。

7. 超长的提案需要互动。

8. 意外状况处理预案。

9. 顺序逻辑、现场管理能力。

10. 时间掌控。

二、八忌讳

1. 资料制作上的不足。

2. 不知道提案重点。

3. 只是一厢情愿地读资料（单调、无聊）。

4. 每一张内容太多、字太小。

5. 没有有效地使用颜色。

6. 格式不统一。

7. 说明和资料的相关性不明确。

8. 缺乏自信。

第二节　营销策划的实施

营销策划的实施是指将营销策划方案转化为行动和任务的部署过程，并保证这个过程顺利完成，以实现营销策划所制定的目标。

策划方案一旦通过，策划活动的重点就从策划方案的制定转移到了策划方案的实施。无论多么杰出的策划方案，如果最后没有付诸实施，那么它只是纸上谈兵而已。因此，营销策划的实施是最关键的一个程序。

一、影响营销策划实施的因素

策划实施并不是轻而易举的过程，它涉及大量的工作、资金和时间安排。另外，策划得以实施还须满足两个条件：一是策划方案具有实施的现实可能性；二是实施策划的组织和人员必须了解和掌握策划实施的科学方法、技巧和程序。

营销策划实施主要解决"由谁去做""在什么时候做"和"怎样做"的问题。90%的策划人认为，他们的战略和战术之所以没有成功，是因为没有得到有效的执行。影响营销策划方案实施的不利因素如下。

（1）营销策划方案脱离实际，所需的资源通过努力仍无法获取，实际实施需要企业难以承受的财力等。

（2）营销目标不明确，如目标模棱两可、长期目标与短期目标相矛盾等。

（3）思想观念的惰性，实施中缺乏主观能动性，不愿意突破现状。

（4）实施方案不具体明确，缺乏系统性。

（5）责任不明确。

★相关链接

营销策划实施中可能会遇到的问题

（1）将策划做成关于某些指标需要达到的目标及实现这些目标的相关费用支出预算。

（2）忽略营销策划执行过程。

（3）对营销策划缺乏计划。

（4）过于细化，过于超前。

（5）将营销策划视为例行公事。

（6）将营销策划任务委派给一个策划者。

（7）最高权力者和高层管理人员的支持不力，缺乏完善的组织结构和职能部门。

（资料来源：王学东．营销策划——方法与实务［M］．北京：清华大学出版社，2010．）

二、做好营销策划实施前的准备

营销策划的实施是相当复杂的，实施者不仅要面对动态环境的变化，还要接受各种不确定因素带来的挑战。要想使策划的实施工作进展顺利，首先就必须在策划实施前做好充分的准备，避免"打无准备之仗"。策划实施前的准备工作可以从以下几个方面入手。

（一）落实执行者

落实营销策划方案的执行组织和人员，是进行营销策划实施准备工作的首要任务。

首先，要根据行动计划明确承担执行策划方案的机构，并组织、调配各层级人员及设立相应的领导班子；然后，在此基础上划定每个职位的职责、权限及与其他组织间的关系；同时，要制定相应的规章、制度，并交代注意事项等。

落实策划方案的执行组织和人员，比较关键的一点是要使每个执行者的分工和责任明确，从而各司其职、各负其责，使策划方案的各项措施都能落到实处。

（二）实施前的充分沟通和培训

在策划实施之前，应确保实施者已真正理解策划的内容，特别是对策划意图、策划要点有了深刻的认识。在实际工作中，因为缺乏沟通而使策划的实施偏离预定方向，并带来许多麻烦的现象是常见的。

例如，一家企业拟订了一份策划方案，要求其三十家经销商协助推动"新春门店装饰活动"，其主旨是通过经销商对经营门店进行统一的包装，协力推进企业视觉识别系统的落地，加深客户对企业统一形象的认识。然而，由于在策划方案中没有具体约定，策划人与经销商并没有直接沟通。最后，企业前往验收的时候，发现各家门店的装饰五花八门，档次不一，不仅没有起到对企业形象统一宣传的作用，低质量的装饰还对企业形象造成了很大程度的损害。

策划方案的实施，最终要由具体的操作人员来执行。操作人员的素质、能力及对方案的理解程度，都是影响实施工作顺利进行的重要条件和因素。因此，在正式实施方案之前，对相关人员进行培训就显得十分重要。一般情况下，培训讲解的内容主要应包括：策划的意图、策划的目标、实施内容、实施步骤、实施要领和注意事项等。

（三）做好物资准备

对于资金的筹措，需要提前和企业的财务部门协商好，使本次营销策划执行中的费用预算在财务资金允许范围内。

物资的筹办主要是对有形物资进行筹集，工作主要由两部分构成：一是物资的筹措，二是对物资进行部署。这些有形物资既包括用于各项开支费用的资金，也包括实施各项活动所必需的资料、设备和工具等。这些物资一部分是企业自有的，另一部分则需要进行采购。而物资部署，则主要是对筹措到的各种有形物资按编制预算进行最佳分配和调拨。自有物资安排好运输；采购物资则需要联系卖方，及时运输和安装。

（四）做好组织协调工作

策划人应该充分考虑策划与组织的关系，想办法通过组织的力量取得优秀的成果。营销策划执行工作与财务部、人事行政部、产品设计部、采购部等多个部门存在工作衔接，需要最大限度地争取对方部门的支持和配合。

策划人应当研究如何才能与组织建立亲密而和谐的合作关系，要运用协调与说服的能力，使各部门既分工又能合作，让企业的整体战斗力发挥得淋漓尽致，以达到策划方案中想要实现的目标。

三、策划方案实施的步骤

一般来说，策划方案的具体实施大体可以由三个步骤构成：首先，进行方案模拟实施；其次，正式实施方案（分工实施）；最后，做好实施考核（过程考核）。

（一）模拟实施

舞台剧目在正式上演之前，都需要彩排；策划方案在正式实施之前，也需要彩排。策划方案的彩排就是模拟实施。

策划人必须根据已经拟妥的预算表与进度表，运用"图像思考法"，模拟出策划实施的布局与进度，把未来可能的发展，一幕一幕详细地在脑海中呈现出来。

策划人进行模拟实施时，首先，要熟悉策划方案实施的整个过程；其次，要注意在执行过程中找出执行的关键环节；最后，还要尽可能地去发现执行过程中可能会遇到的各种问题，从而及时准备、早做预防。

（二）分工实施

分工实施，就是全面落实策划方案各项措施的具体过程。这个过程是整个策划方案实施工作中最为核心的部分，不仅直接关系策划目标能否圆满实现，同时也是检验策划方案成效的一个重要过程。

首先，策划活动的组织者要明确方案执行过程中各执行人员的分工和责任，将策划方案的各项措施落实到人；其次，在实施过程中要以策划方案为依据，并严格执行；再次，要对实际支出和工作进度进行有效控制；最后，对策划实施过程中出现的偏差和遇到的问题做好反馈工作，以便及时发现、及时调整。

（三）过程考核

过程考核对于策划方案的执行来说是必不可少的一步。通过过程考核，策划人和执行者可以及时掌握策划方案的实施情况，从而实现对方案执行进度与执行效果的及时控制。做好过程考核，也是策划人真实意图得到贯彻与执行的一个有效保证。

过程考核的内容包括实施费用与支出情况、实施进度、实施效果等；考核形式可以是定期评估，也可以是随机抽查，策划人应根据实际情况灵活安排。

第三节　营销策划的评估与控制

一、营销策划的评估

营销策划的评估一般指的是在策划工作结束（阶段性结束或者总体结束）后对策划方案的实施情况及实施结果进行的评定与分析，以总结经验和教训，在下一次或者下阶段的策划中进行改进，这样，该项策划工作才真正结束。

（一）营销效果评估的原则

1. 有效性原则

坚持有效性原则，是指测评工作必须达到测评的目的，要以具体结论而非空泛的评语来证明营销策划的实施效果。这就要求在测评时必须选取真正有效的、确有代表性的测评指标作为衡量标准，并且尽可能采用多种有效的测评方法，全面综合考察，广泛收集意见，以得出客观的结论。

2. 可靠性原则

按照可靠性原则，前后的测评工作必须具有连续性，所采用的测评指标、方法和测评对象要相对稳定。

3. 相关性原则

相关性原则是指测评的内容必须与所确定的策划目标相关。在进行策划评估活动时，要根据不同的策划目标，来界定测评的相关性。

（二）营销效果评估的形式

1. 过程性评估

这主要是指在营销策划方案实施过程中按阶段来评估，主要目的是了解前一阶段方案实施的效果，为下个阶段实施营销策划方案提供指导及经验、教训等。

2. 终结性评估

这主要是指在策划方案实施的最后阶段所进行的总结性评估，这样可以掌握整个营销策划方案的实施效果，为以后的方案设计提供依据。

★案例赏析12-1

市场拉新裂变活动效果分析的维度与模型

活动总结的目的在于通过活动结果数据，对活动流程、推广渠道、用户兴趣喜好等方面进行复盘分析，发现整体活动中的优点和缺点。做完拉新裂变活动，如何总结活动经验？又该从每次拉新裂变活动中发现哪些可复用的经验？本文从拉新裂变活动总结的角度，总结了活动数据分析的维度和模型。

1. 活动效果总结的数据维度

活动效果统计数据包括"曝光量""点击量""参与人数""完成人数""目标达成度""新增用户""分享转化人数"七项数据。针对这七项数据，对标活动推广主题与活动推广渠道进行对比分析。

曝光量指推广信息在各渠道的展示量，点击量指进入活动页面的用户人数。通过曝光量与点击量，可以计算出用户转化人数。对比不同活动主题文案、不同推广渠道的用户转化情况，评估各渠道用户对不同主题表达方式的兴趣程度，总结活动文案的写作方法。

参与人数是指进入活动第一步的人数，完成人数是指完成活动任务的人数。通过参与人数与点击量可以计算出参与转化人数，对比不同活动主题、落地页交互设计方式找出最优的活动展现形式。

通过参与人数与完成人数的比值，可以计算出目标达成度。这一环节可以加入漏斗分析，找出用户流失环节，总结出活动的可优化策略。

新增用户是指通过活动注册、下载的用户数量，而分享转化人数是指参与活动的用户通过分享裂变带来的新用户数量。通过单次分享转化的新增用户人数，可以衡量裂变效果。

2. 优化活动流程设计的漏斗分析

用漏斗模型进行活动效果总结，即通过分解进入活动首页的人数、参与活动的人数以及活动主流程中每一步的参与人数，形成漏斗分析。

进行漏斗分析时，除了统计每一步关键流程的参与人数，还要统计活动周期内每日参与用户的变化情况。以点击量为例，需要统计每日进入活动落地页的人数，建立日期维度的人数变化曲线，观察活动周期内参与用户的变化情况。

3. 分析新增用户的后续留存/活跃情况

拉新活动最重要的效果总结在于对新增用户后续留存/活跃情况的总结。通过表格记录新增用户中每日带来的活跃/留存用户数据，并统计未来30天内该日新增用户的活跃/留存变化情况。

活动效果总结的目的在于分析活动的优劣势，通过对不同推广渠道的活动效果分析，发现适合的推广渠道；通过漏斗分析，优化活动流程设计方式；通过对用户活跃/留存情况分析，发现转化用户的质量。

（资料来源：根据新社汇平台转载发布的《市场拉新裂变活动效果分析的9个维度与3个模型》一文整理编辑）

二、营销策划的控制

营销策划的控制是指市场营销管理者为了监督与考核企业营销活动过程的每一个环节，确保其按照企业预期目标运行而实施的一整套规范化约束行为的工作程序或工作制度，以对实施中发现的问题及时采取纠正措施，确保营销目标实现。

（一）营销策划控制的内容

1. 年度计划控制

年度计划控制，是指企业在本年度内采取的控制措施，检查实际绩效与年度计划之间是否有偏差，并采取改进措施，以确保市场营销计划的完成。年度计划可以分阶段进行控制，如通过季度目标、月度目标的达成来确保年度计划的有效达成。

2. 盈利能力控制

盈利能力控制是用来测定不同产品、不同销售区域、不同顾客群体、不同渠道和不同订货规模盈利能力的方法。

盈利能力的考察指标有销售利润率、资产收益率、净资产收益率、资产周转率、存货周转率。

3. 成本控制

通过控制成本，企业能提高利润。企业的营销成本如下。

（1）直接推销费用。直接推销费用包括推销人员的工资、奖金、差旅费、培训费、交际费等。

（2）促销费用。促销费用包括广告媒体成本、广告资料印刷费用、赠奖费用、展览会费用、促销人员工资等。

（3）仓储费用。仓储费用包括租金、维护费、折旧、保险、包装费、存货成本等。

（4）运输费用。对于租用车辆，应计算每天或每趟的租赁费用。

（5）其他市场营销费用。其他市场营销费用包括市场营销人员的工资、办公费用等。

4. 效率控制

效率控制的目的在于提高人员推销、广告、销售促进和分销等市场营销活动的效率。

（1）销售人员效率。企业各地的销售经理要记录本地区内评估销售人员效率的几个主要指标，包括：每个销售人员平均每天的销售访问次数；每次会晤的平均时间；每次销售访问的平均收益；每次销售访问的平均成本；每百次销售访问和订购的百分比等。

（2）广告效率。评估广告效率，企业市场营销人员至少应做好如下统计。

①每种媒体产生的每千人成本。

②顾客对每种媒体工具注意、联想和阅读的百分比。

③顾客对广告内容和效果的意见。

④广告前后顾客对产品态度的变化。

⑤顾客受广告刺激而引起的询问次数。

（3）促销效率。评估促销效率，主要考察以下几个方面。

①由于优惠而销售的百分比。

②每一销售额的陈列成本。

③赠券收回的百分比。

④因促销示范而引起询问的次数。

（4）分销效率。分销效率是指确定销售渠道的方针是否合理，所选择的分销渠道是否适当，对中间商的控制和激励是否有效等，是反映企业分销策略的有效指标。

5. 战略控制

战略控制是指采取一系列行动，使实际市场营销工作与原规划尽可能一致，在控制中通过不断评审和信息反馈，对战略进行不断修正。其目的是确保企业目标、政策、战略和措施与市场营销环境相适应。

（二）营销策划控制的步骤

1. 确定营销策划控制的对象

营销策划控制的内容涉及方方面面，企业应当确定控制的重点，在过程中做到有的放矢，提高控制的效率。

2. 设置营销策划控制的标准

营销策划控制标准就是营销策划控制的目标，是指策划人希望企业的营销活动能够达到的状态或完成的任务，一般根据控制者的要求、市场环境、目标市场的情况、竞争者情况和控制者的控制能力等因素确定。

3. 确定营销策划控制的检查方法

营销策划控制的检查方法很多，由于控制的对象不同而有所差异。例如，对销售量的控制需要采用销售分析法，对市场扩张情况的控制需要采用市场占有率分析法等。

4. 对比营销实绩与营销策划控制标准

通过实际执行情况与控制标准的对比，发现哪里出现了偏差，并分析偏差的性质。对不同性质的偏差，营销策划控制的目的有所不同。例如，对企业不利的偏差，营销策划控制的目的在于纠偏；而对企业有利的偏差，营销策划控制的目的在于找出原因，以便向有利的方向引导。

5. 剖析偏差产生的原因

偏差产生的原因有可能是表象的，需要追根溯源，从根本上解决问题。例如，看起来是销售业绩出现了偏差，实际上是营销配合出现了问题；营销配合的问题，有可能是由激励政策不科学导致的。通过搜集资料、深入调查，可以找到偏差形成的根源，从而采取有效的纠偏措施。

6. 采取纠偏措施

根据偏差形成的原因，对症下药，采取相应的纠偏措施。

（1）修正营销目标和营销战略，适应环境变化。偏差有可能是因环境变化或资源变化导致企业以前制定的营销目标和战略不再适用；也可能是策划者过于乐观或者悲观地预估了营销执行效果，导致原来制定的营销目标与现在的营销实施不匹配。无论哪种原因，都需要进行修正或调整。

（2）修正营销策划实施过程中的各个环节。如果经过评估，设定的营销目标和营销战略并无问题，而是营销策划实施中的各个环节达不到实现营销目标的要求，则需要针对出现的问题进行各个击破。

本章小结

本章介绍了营销策划的提案、实施、评估与控制。营销策划提案是对营销计划及其相关的创意思想进行营销的过程。策划提案一旦通过，策划活动的重点就从策划方案的制定转移到了策划方案的实施。营销策划方案的实施是指将营销策划方案转化为行动和任务的部署过程，并保证这个过程顺利完成，以实现营销策划所制定的目标。营销策划的实施要做好实施准备工作，并按照实施的步骤进行。营销策划的控制是指营销管理者为了监督与考核企业营销活动过程的每一环节，确保企业按照预期目标运行而实施的一整套规范化的工作程序或工作制度，以对实施中发现的问题采取纠正措施，确保营销目标实现。营销策划控制的步骤主要包括：确定营销策划控制的对象；设置营销策划控制的标准；确定营销策划控制的检查方法；对比营销实绩与营销策划控制标准；剖析偏差产生原因；采取纠偏措施。

思考题

1. 营销策划提案有哪些策略？
2. 营销策划方案实施的程序有哪些？
3. 为什么要进行营销策划控制？
4. 营销策划控制包括哪些内容？

案例分析

新媒体传播效果评估：除增加关注者外，我们还能怎么考评？

大部分营销方案的实施，会在传播效果的评估压力下进入这样的误区：假设有一个1 000人参加的会议，每个与会者都将会议的相关情况直播到微信朋友圈，并且每个与会者都有3 000个好友，那这场会议的精神就足以影响300万人。如果会议是以产品为核心的，而每个与会者都是该产品的目标消费者，根据物以类聚的原则，接收到他们微信分享信息的好友也差不多是这个产品的受众，那么这场发布会就可以认定是一场成功的发布会。

但以这样的传播效果来衡量新媒体的营销效果有用吗？显然，既不科学也没有意义。当下的新媒体营销以微信为龙头，不但颠覆了传统媒体，同时也在挤压BBS（论坛）和SNS（社交网络服务）等"传统"新媒体的生存空间。许多营销机构及负责品牌的人员对于新媒体营销非常看好，同时也抱着必须切入新媒体的信念，但是有许多地方不甚了解，比如，具体活动如何策划？怎么做效果最好？做了之后的效果如何衡量？带来的关注者会不会都是假关注者？ROI（投资回报率）如何衡量？

1. 再小的"微营销"事件，也有评估效果的方法

新媒体营销中，最直观、最能获得评估反馈的就是那些将"销售效果"作为考核依据的微商。我们近期对一些微商的传播和销售效果进行了考察。举个例子，有家卖永生鲜花的淘宝卖家"12·12"做微信营销推广，该卖家无微信粉丝，需要借助其他大号推广。在"12·12"的前一周，他便选取了10个与其所售商品比较符合的微信公众平台大号，以"'12·12'微信用户商品免费送，送完为止"为活动主题进行了图文专题发送，用户点击

图文专题后，跳转至淘宝卖家购买页面。当日总共覆盖了 100 万个微信用户，点击量 4 万，实现购买 2 500 单。

从这个体量小到不能再小的微商案例中可以看出，以"总覆盖"和"点击量"来考核传播效果都是假的，最终成交的 2 500 单才是最关键的。这类做短线的商家，不会关心有多少消费者看到了信息，只关心有多少人进行了消费。

举以上这个例子是为了说明，在全民"微营销"的时代，再小的品牌也有营销的价值。而在这个前提下，衡量新媒体营销效果的方法更多是看销售效果。

2. 除增加关注者外，我们还能通过什么考评？

时至今日，微信公众号的数量已经超过了 400 万，并以每天 5 000 个以上的速度在增长。我们在研究微商如何评估新媒体营销效果的同时，也会关注一些大品牌微信公众号的效果评估。例如，一年一度的国内某大城市马拉松赛的赛事新媒体营销。该活动拥有很高的关注度，之前一直通过微博发送最新活动信息，微信公众号开通后，微信用户可以通过微信随时获取到最新的活动信息。我们利用微信消息接口，做了深度开发（微信公众号后台只能开出 200 个自动回复规则）。经过开发后，规则可以无限添加，并且与该活动数据库进行了打通，用户输入想问的问题，数据库便自动返回结果。从与用户的沟通渠道上讲，微信公众号的开通，让用户有了一个与企业零距离互动并获取信息的新渠道。

从该案例中能看出，微信的效果衡量有很多方式，如微信内容承载页的点击数（移动端流量）、关注者增长数、销售额等。

3. 新媒体考评：唯快不破

新媒体营销最关键的是速度。当商家直面消费者的时候，若是做品牌，可以由品牌代言人出面聊天；若是做电商（销售），可以做免费赠送活动。活动策划好之后，可以在互联网、微博上发公关稿，获得更多的关注。

其实新媒体的属性还是很强的，用户参与活动、查看内容的习惯还是有的，但微信对于品牌而言只是一种传播途径。对销售来说，无论微博还是微信，或是传统媒体营销活动，都只是一个助推器，不要把它当成救命稻草。只有全盘的、多渠道的、整体的营销推介，才能真正达到企业想要的目标。而若是盘活了全媒体营销的大格局，那试问，单单针对新媒体，甚至微信的营销效果考核，还重要吗？

（资料来源：陈晓冬. 从品牌格局看新媒传播效果评估 [J]. 国际公关，2015（1）：48-49.）

【案例分析】

1. 你认为通过新媒体可以开展哪些形式的营销活动？并说明其效果评估方法。

2. 如何理解本案例中作者的最后一个观点，即"新媒体考评：唯快不破"？速度反映了营销策划哪个环节工作的重要性？

项目实训

实训目的：能够开展营销策划的提案。

实训内容：自拟主题，完成策划报告，通过角色扮演，模拟完成一次正式的营销提案。由教师指派其他同学扮演客户方，听取提案，提出问题，进行评价，得出结论。

实训形式：以小组为单位，通过角色扮演，合理分工，协作完成。

参 考 文 献

[1] 程宇宁. 整合营销传播：品牌传播的策划创意与管理 [M]. 北京：中国人民大学出版社, 2014.

[2] D. 舒尔茨, H. 舒尔茨. 整合营销传播：创造企业价值的五大关键步骤 [M]. 王茁, 顾洁, 译. 北京：清华大学出版社, 2013.

[3] 唐·E. 舒尔茨, 凯奇. 全球整合营销传播 [M]. 黄鹂, 何西军, 译. 北京：机械工业出版社, 2012.

[4] 克洛, 巴克. 整合营销传播 [M]. 谭咏风, 胡静, 译. 上海：格致出版社, 2015.

[5] 亚瑟·M. 休斯. 数据库营销：策略与案例 [M]. 劳帼龄, 等译. 北京：机械工业出版社, 2004.

[6] 杨昌宇. 营销的魔方：数据库营销新方案 [M]. 北京：机械工业出版社, 2005.

[7] Bermd H. Schmitt. 体验营销：如何增强公司及品牌的亲和力 [M]. 刘银娜, 高靖, 梁丽娟, 译. 北京：清华大学出版社, 2004.

[8] 马连福. 体验营销：触摸人性的需要 [M]. 北京：首都经济贸易大学出版社, 2005.

[9] 冯英健. 网络营销基础与实践 [M]. 3 版. 北京：清华大学出版社, 2007.

[10] 查菲, 埃利斯·查德威克, 迈耶, 等. 网络营销：战略、实施与实践 [M]. 马连福, 译. 北京：机械工业出版社, 2008.

[11] 任锡源. 营销策划 [M]. 2 版. 北京：中国人民大学出版社, 2015.

[12] 赵静, 石晶, 张银存. 营销策划理论与实务 [M]. 北京：机械工业出版社, 2013.

[13] 张海. 营销策划原理与案例 [M]. 北京：中国人民大学出版社, 2016.

[14] 石江华. 营销策划学 [M]. 成都：西南财经大学出版社, 2016.

[15] 张永. 营销策划案例分析 [M]. 北京：中央广播电视大学出版社, 2011.

[16] 阿伦斯, 维戈尔德, 阿伦斯. 广告与营销策划 [M]. 丁俊杰, 程坪, 陈志娟, 等译. 北京：人民邮电出版社, 2013.

[17] 朱华锋. 中国市场营销策划 [M]. 合肥：中国科学技术大学出版社, 2013.

[18] 刘培艳. 市场营销策划实务 [M]. 大连：大连理工大学出版社, 2012.

[19] 谭俊华. 营销策划 [M]. 北京：清华大学出版社, 2014.

[20] 王学东. 营销策划——方法与实务 [M]. 北京：清华大学出版社, 2010.

[21] 庄贵军. 企业营销策划 [M]. 2 版. 北京：清华大学出版社, 2012.

[22] 秦仲篪, 袁超, 钟妙. 市场营销策划 [M]. 北京：清华大学出版社, 2015.

［23］孟韬，毕克贵. 营销策划——方法、技巧与文案［M］. 北京：机械工业出版社，2017.

［24］李先国. 分销渠道决策与管理［M］. 北京：清华大学出版社，2009.

［25］谭蓓. 市场营销策划［M］. 重庆：重庆大学出版社，2015.

［26］赵保国，余宙婷. 营销策划与案例分析［M］. 北京：北京邮电大学出版社，2012.

［27］李小红. 分销渠道设计与管理［M］. 重庆：重庆大学出版社，2015.

［28］王荣耀. 销售渠道的新变化［J］. 销售与市场，2000（9）：26-27.

［29］邹树彬. 分销渠道管理［M］. 广州：广东经济出版社，2000.

［30］弗里德曼，弗瑞. 创建销售渠道优势［M］. 何剑云，沈正宁，译. 北京：中国标准出版社，2000.

［31］谭俊华. 营销策划［M］. 北京：清华大学出版社，2014.

［32］刘厚钧. 营销策划实务［M］. 北京：电子工业出版社，2009.

［33］杨楠. 营销策划［M］. 北京：北京大学出版社，2014.

［34］李琼，程艳霞. 营销策划理论与实务［M］. 北京：人民邮电出版社，2014.

［35］邓镝. 营销策划案例分析［M］. 2版. 北京：机械工业出版社，2014.

［36］吴文辉. 势在策划［M］. 北京：人民邮电出版社，2014.

［37］黄聚河. 营销策划理论与实务［M］. 北京：清华大学出版社，2013.

［38］李百吉，王钰鉴. 营销策划原理与案例［M］. 北京：知识产权出版社，2012.

［39］董芳. 营销策划［M］. 成都：西南财经大学出版社，2009.

［40］周朝霞. 企业形象策划实务［M］. 北京：机械工业出版社，2006.

［41］孙在国. 营销策划实务［M］. 成都：西南财经大学出版社，2012.

［42］朱雪芹，李丰威. 市场营销策划［M］. 重庆：重庆大学出版社，2015.

［43］张国良，张付安. 市场营销策划［M］. 杭州：浙江大学出版社，2013.

［44］苏海. 活动策划实战宝典［M］. 北京：清华大学出版社，2017.

［45］张向南. 新媒体营销案例分析：模式、平台与行业应用［M］. 北京：人民邮电出版社，2017.